JN192439

人物叢書

新装版

松井友閑《まついゆうかん》

竹 本 千 鶴

日本歴史学会編集

吉川弘文館

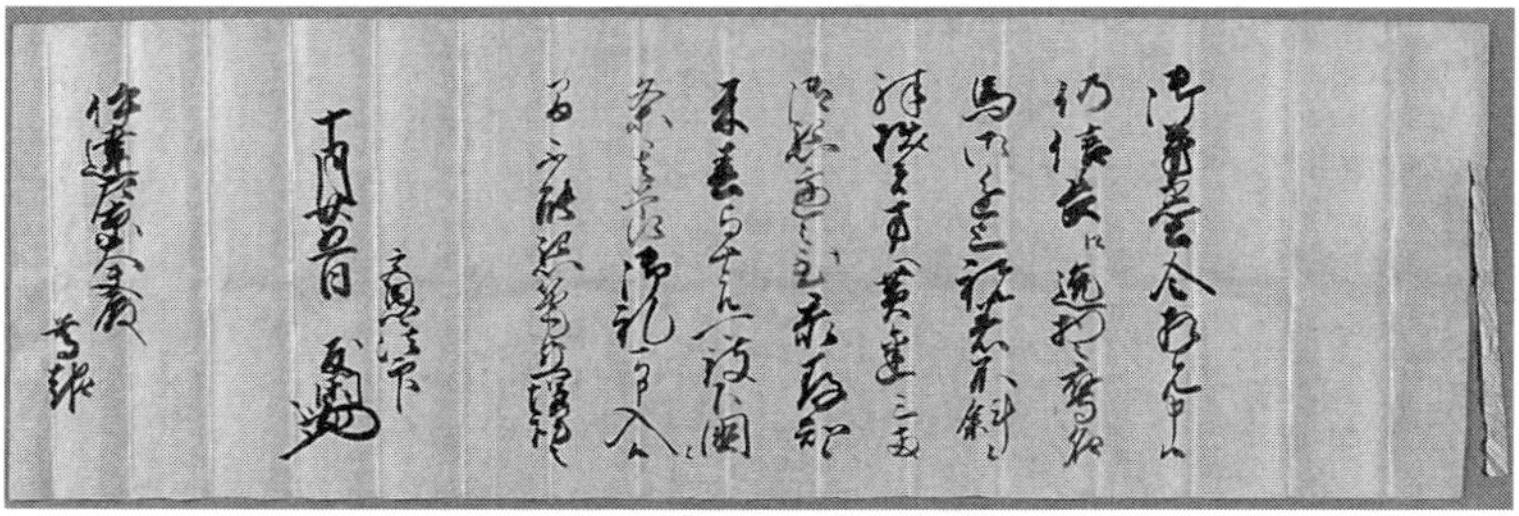

伊達輝宗宛の友閑書状（仙台市博物館所蔵）

大名宛に出された現存唯一のもの（本文93ページ参照）.

宮王肩衝

（彦根城博物館所蔵，画像提供：彦根城博物館／DNPartcom）

友閑が所持していた唐物の名物茶入．後世，大名物と高く評価され，現在は井伊家に伝わる（本文250ページ参照）．

はじめに

本書の主人公である友閑《ゆうかん》は、織田信長の家臣として歴史にその名を残したが、生没年はおろか、親、兄弟、家族もわからない。一般に知られている氏名は「松井友閑」。そのため、これを本書の書名としているが、それすらも確かな歴史史料にもとづいているとは言えない。加えて、肖像画も残されていない。いわばないない尽くしの友閑であるが、信長のもとでは側近でありながら、大坂・堺《さかい》の代官となり、また信長の希望により朝廷から宮《く》内卿《ないきよう》法印《ほういん》という僧位をたまわった。

そのような友閑と主君信長との関係は、滋賀県の蘆浦《あしうら》にある観音寺《かんのんじ》に伝わる信長の書簡からうかがい知ることができる。それには、信長が観音寺に宛てて、当地に滞在しているイエズス会の医師を派遣するよう求めたことが記されているのだが、その理由として「友閑に腫れ物ができたので、その診察のため」とある。状況によっては外科的な治療も必要となるので、その分野の知識を有する者を求めたのである。

ところが、信長の依頼からしばらくしても、医師の派遣はおろか、観音寺からの回答もない。そこで信長は、右筆《ゆうひつ》の武井《たけい》夕庵《せきあん》に観音寺へ書状を書かせ、先の書状が信長その人から直々に出されたものであるにもかかわらず、この事態はいかなることなのかと問いただし、再度、医師の召喚を求め、それにかかる人件費や交通費については、配下の佐久間《さくま》信《のぶ》栄《ひで》に申し出るようにとの具体的な指示を出した。これら二通の書状からは、信長がことのほか友閑の腫れ物を案じる様子がうかがえる。それほど友閑の腫れ物が急を要する状態であったのか、また信長がせっかちな性分であったのか、さまざまな推測ができようが、いずれにせよ、家臣を案じる信長の心中を読みとることができるエピソードではないか。

ひるがえって、信長にこれほど心配される友閑とは、いったいどのような人物であったのだろうか。信長の家臣といえば、羽柴秀吉《はしばひでよし》、明智光秀《あけちみつひで》、柴田勝家《しばたかついえ》など軍事にすぐれた部将が有名であるが、先に登場した右筆の武井夕庵や楠長諳《くすのきちょうあん》、そして京都所司代《きょうとしょしだい》の村井《むらい》貞勝《さだかつ》ら主に内政に携わった者の存在も軽視することはできない。彼らは部将の華々しい活躍と比べると一見地味な役回りのようだが、信長政権を内側から、つまり信長のかたわらで主君を支えた有能な側近衆であった。本書の主人公である友閑もまた、そのような吏《り》僚《りょう》のひとりであった。

だが、友閑はたんなる事務方だったわけではなく、独自の部隊を持ち、そのころ来日していたイエズス会宣教師ルイス・フロイスの観察によれば、ことのほか信長からの信任篤く、重用されている人物であったという。たしかに友閑に関わる史料をひもとけば、友閑が信長の吏僚として内政外交に、そして文化活動にと幅広く活躍した様子を見てとることができる。先に紹介したエピソードは、そうした友閑を気遣い、また大切に思う信長の心情を余すところなく語っているという意味で、きわめて珍しい。

このように信長から重用された友閑の足跡をたどり、その生涯を明らかにすることが本書の課題である。友閑に関する研究は、主として二つの分野からなされている。ひとつは戦国期に自治都市として繁栄を極めた大坂・堺に焦点を絞った研究のなかで、代官としての友閑に着目したものだ。その代表的な研究である川崎喜久子氏の論文「織田政権下の堺—松井友閑の役割について—」では、友閑の具体的な実務を整理するとともに、文治的官僚として有能であったためにこの職についていたと指摘する。いまひとつは信長の家臣団研究のなかで、側近としての友閑に着目したものだ。ここでそのすべてをあげることはできないが、注目しておきたい研究は、友閑の右筆説を否定した染谷光廣氏の論文「織田信長の右筆についての序説」だ。実は、この論文が発表されるまで、長きにわたり、友閑は明院良政《みよういんりようせい》、武井夕庵、楠長諳とならぶ信長の右筆と認識されていたのだった。

こうした先行研究に導かれながら、筆者は友閑その人に視座を据えた論文をいくつかまとめてきた。その一部は拙著『織豊期の茶会と政治』（思文閣出版、二〇〇六年）に組み入れ、友閑が信長の側近、もっと言えば懐刀《ふところがたな》として政治的、文化的ブレーンであったことを明らかにしてきた。というわけで、友閑と筆者とのつきあいは、かれこれ二五年ほどになる。その過程で集めてきた歴史史料、信頼のおける記録をもとに、血の通った等身大の友閑を、そして信長との関係を描き出すことをめざしたい。

さて、そろそろ友閑の生涯をたどる旅に出よう。この旅のお守りは、先人による次の言葉だ（ジャン・カナヴァジオ『セルバンテス』法政大学出版、二〇〇〇年）。

一つの人生を描くことは、それを構築することでもある。死者を蘇らせることは、死者を永遠に決定することである。

目次

口絵

伊達輝宗宛の友閑書状

宮王肩衝

挿図

挿表

第一　友閑点描

一　出自

生没年は不明

友閑《ゆうかん》は織田信長の重臣のひとりとして歴史にその名をとどめてはいるが、最も基本的なこと――彼がいつ、どこで誕生し、そして没したのか――は、現在のところ何ひとつわかっていない。そこで、残された史料をもとに、友閑という人物の概観、いわばその輪郭を描くことからはじめよう。

清洲の町人にして舞の師匠

友閑が歴史の表舞台にその姿を見せるのは、やがて仕えることになる信長が十代の終わりか二十代になったばかりの、つまり周囲から「大うつけ」と呼ばれていた時分である。信長の一代記である『信長公記《しんちょうこうき》』には、その「大うつけ」の実像に興味津々であった甲斐《かい》（山梨県）の雄、武田信玄《たけだしんげん》にまつわる小話が記されている。

ある時、尾張《おわり》（愛知県）の味鋺《あじま》村にある天永寺《てんえいじ》の住職であった天沢《てんたく》和尚が関東へ下向するにあたり、甲斐国を通過した。その際、天沢は信玄にひとこと挨拶をすることになったのだが、信玄は天沢が尾張国から来たと知るやいなや、信長の日常生活や趣味、人となりにいたるまで、あらゆる事柄を知りたがった。そこで天沢の知る若き信長像が語られたわけだが、信長が日々愛好しているものとして舞《まい》と小歌《こうた》があった。それを聞いた信玄は、てっきり幸若舞《こうわかまい》の師匠が稽古を付けに清洲《きよす》の城へ来ているかと思いきや、そうではなく「清洲の町人である友閑という者」をたびたび城に呼び、稽古を付けてもらっているという。しかも、信長は『敦盛《あつもり》』をただ一番舞うだけであった。

これが、おそらく友閑の名が記される最も古い記録となろう。そして、この清洲在住の町人の友閑こそ、本書の主役にして、後に宮内卿法印《くないきょうほういん》友閑となる、いわゆる松井友閑その人と考えられている。

二 名前と号

松井姓とは語らず

信長にとってきわめて重要な家臣であった友閑ではあるが、実は生没年どころか氏名すらも定かではないのである。というのも、友閑が信長やその家臣から松井という姓を付けて呼ばれていた形跡は見えず、また友閑自身も自らの姓を松井であるとは語っていないからである。友閑が自らをどのように名乗っていたのかを確認するためには、友閑がしたためた手紙の署名を見ていけばよい。友閑の書状は、現在のところ三三通残されているが、それらに記された署名に注目すると、次のことがわかる。

友閑は、永禄《えいろく》十二年（一五六九）頃は「徳庵　友閑」と署名し（『退蔵院文書《たいぞういんもんじょ》』）、元亀《げんき》三年（一五七二）には「徳斎　友閑」（『賀茂《かも》別雷《わけいかづち》神社文書《じんじゃもんじょ》』）、天正《てんしょう》三年（一五七五）七月三日に宮内卿法印に任官されると（『信長公記』）、それ以降の書状では「宮内卿法印　友閑」あるいは「宮法印」と自署し、天正六、七年頃には「友感」とも書くようになった。そのほか、年代の特定は困難なものの、「友閑斎　徳元」と名乗った書状もある（『小枝家文書』）。

このことを前提として、あらためて友閑に直接関わりのある史料を見ていくと、信長は彼を「友閑斎」「友閑」「宮内卿法印」と呼んでおり、友閑の同僚もそうである。そして、公家衆や大名、寺社関係者、一部の茶人といった政権外の人々も、「友閑入道」や「友閑法印」「友閑老」「宮内卿法印」などといくつかのバリエーションはあるものの、彼を松井友閑と呼んだ同時代の史料は現在のところ見つけることができない。

要するに、友閑が歴史にその姿を現した時には、すでに出家していたということだ。それは当時、剃髪者に対して俗姓を伴わずに呼びならわすことがごく自然なことであったからである。

以上のことから、信長に舞の指導を行っていた「清洲の町人友閑」こそが、本書の主人公であり、かつまた友閑の出自を示唆する唯一の史料という理解に行きつく。とすれば、友閑は当初より信長の家臣であったわけではなく、師匠であったということになる。しかも、天沢は「町人」と言っているが、実際には「徳」なる号を持った剃髪者であった。友閑は、まことに文化人たる姿をしていたわけである。そのことは友閑が信長に仕えることになった背景のみならず、友閑の人物像を考えるうえでもきわめて重要なことであるので、ここで友閑と会った人たちの証言を紹介しておくとしよう。

まず、京都在住の公家山科言継《やましなときつぐ》は自らの所領問題で信長からのお墨付きを得るべく、岐阜城を訪問したおり、信長の伝言を伝えにきた友閑と個人的に対面したのだが、言継はその時のことを「友閑入道が信長の使いとして来て尋ねることには……」と自身の日記にしたためている（『言継卿記』）。

続いて、岐阜城内ではじめて友閑と同席したルイス・フロイスは、友閑のことを「以前に仏僧であり、信長が大いに信頼している友閑なる老人」（『フロイス日本史』）と認識した。そして、さらに興味深いことは、この訪問で信長は、フロイスや同行者のロレンソ修道士に日本の神仏についての質問をぶつけたのだが、その返答を聞いていた友閑が「彼（ロレンソ）が、日本の諸宗教の秘儀をかくも根本的に把握していることは、仏僧らにおいても、まれなことで、予はその点で驚き入った」と発言していることである。つまり、この発言は、友閑が一般の僧侶以上に仏教への深い見識があったことを示していよう。

三　素　養

臨済宗の僧侶か

これまで見てきたように、明らかに友閑は法体《ほったい》の町人だったわけだが、それではいったい、友閑はどこで出家をしたのであろうか。実は、それについても確たる史料は残されていないのだが、いくつかの点（史料）をたどると一筋の光が見え、それは禅宗、もっと言えば臨済宗を照らすのだ。それらの点を列記してみよう。

まず、友閑は舞の心得のみならず、能《のう》や連歌《れんが》、茶の湯といった文芸に秀でており、とりわけ茶の湯に関しては、信長や嫡男信忠《のぶただ》の茶会を差配するほどで、いわば茶人の域に達していた（それについては後に詳しく述べる）。当時の主だった茶人が禅宗で出家していたことはよく知られているし、茶人は自らが帰依する法脈《ほうみやく》（仏教における宗派の系脈）を重視し、高僧の書すなわち墨跡《ぼくせき》を大切に扱っていた。それは、わび茶の祖と目される珠光《しゅこう》が、参禅の師一休宗純《いっきゅうそうじゅん》から印可状《いんかじょう》のかわりに円悟克勤《えんごこくごん》（一〇六三—一一三五、中国宋《そう》代の臨済宗の僧侶）の墨跡を譲られ、それを心のよりどころとしてわび茶を興したという茶の湯界の伝統にもとづく考え方であった。

無準師範の墨跡を所持

こうした茶人の常識に照らし合わせると、友閑が無準師範《ぶしゅんしばん》（一一七七—一二四九、南宋《なんそう》時代の臨済宗の僧侶）や痴絶道冲《ちぜつどうちゅう》（一一六九—一二五〇、南宋時代の臨済宗の僧侶）の墨跡を所持していたことは、それなりに意味のあることであろう。ちなみに、友閑所蔵の無準の墨跡は、当時、三本の指に入る名品と謳われていた名物である（『山上宗二記《やまのうえそうじき》』）。

古渓宗陳との親交

次に紹介したいのは、友閑の「徳」なる号に関連する記録である。天正元年（一五七三）正月十七日、古渓宗陳《こけいそうちん》は京都にある臨済宗大徳寺派の大本山大徳寺の一一七世の住持となったのだが、それに際し、禅宗僧侶や堺の豪商茶人といった古渓ゆかりの人々が寄進を行った。その詳細を記した目録のなかに、徳庵が華輪（花梨《かりん》か）の盆を一枚贈ったことが見える（『古渓和尚入寺之奉加帳《こけいおしょうにゅうじのほうがちょう》』）。この徳庵は、友閑その人と見てよいであろう。というのも、千利休《せんのりきゅう》や津田宗及《つだそうぎゅう》、山上宗二《やまのうえそうじ》といった堺在住の茶人とともに名を連ねていることに加え、何より友閑と古渓との親交も認められるからだ。

策彦周良との親交

また、天正三年元日に、堺にある臨済宗大徳寺派の南宗寺《なんしゅうじ》で行われた禅問答へ、先の堺衆とともに「徳」と名乗る人物が参会し、住職の笑嶺宗訢《しょうれいそうきん》の問いに答えている（『仙嶽宗洞答問二十一条《せんがくそうとうとうもんにじゅういちじょう》』）。おそらくこの「徳」も友閑のことであろう。これらの史料に関しては、石田雅彦氏が詳しく解説している（「天正三年正月南宗寺禅問答と堺の茶人たち」）。さらに付け加えると、天竜寺塔頭《たっちゅう》妙智院《みょうちいん》の第三世住持の策彦周良《さくげんしゅうりょう》と親交のあったこともわかっている（『思文閣古書資料目録』二五四号、二〇一七年）。

さて、これら四点の史料は、友閑が茶の湯の造詣をかねそなえた堺の代官として、たんに墨跡を茶掛けとして珍重していたに過ぎないとも、また堺での政務を円滑に運ぶために、臨済宗の僧侶と交流していただけの行為とも解釈することができるであろう。だが、先に紹介した『フロイス日本史』に見えるエピソードなどをふまえると、友閑と臨済宗との関係はかたちばかりのものではなく、もっと深い関わり、すなわち帰依という表現を使ってもよいのではなかろうか。

仁如集堯との親交

とすれば、次の史料も友閑と無縁ではないかもしれない。それは、永禄九年（一五六六）六月十一日の晩のこと、京都にある臨済宗相国寺《しょうこくじ》派の大本山相国寺の塔頭鹿苑院《ろくおんいん》に「友閑」が来て、塔主《たっす》の仁如集堯《にんじょしゅうぎょう》に扇への賛を求めたというものだ（『鹿苑日録《ろくおんにちろく》』）。賛とは絵のかたわらに書き入れる、画題にちなんだ詩や歌などのことをいうが、この「友閑」が携えてきた扇には「虎渓三笑《こけいさんしょう》の図」が描かれていたため、集堯はそれに見合った漢詩を作ったという。

仁如集堯といえば、当時の五山文学界のいわばスーパースターで、彼に賛を依頼できる人物ともなれば、それなりの教養と財力、社会的な地位を持ち合わせていなくては不可能であったはずだ。その一例としては、永禄五年に安芸《あき》（広島県）の戦国武将、毛利元就《もうりもとなり》の肖像画に息子の隆元《たかもと》の依頼によって書かれたものがある。だが、ここで問題となるのは、この「友閑」が本書の主人公をさすのか、あるいは同名異人であるのかという点であるが、筆者は前者である可能性がきわめて高いのではないかと考える。

京都の屋敷

というのも、先に述べたように友閑に禅宗への帰依、臨済宗寺院との関わりが見られることに加えて、集堯の詩文集から「徳庵」との交友関係が見出せるからだ。『鏤氷集《るひょうしゅう》』という名の詩文集によれば、天正二年四月十四日、九二歳の集堯は、「徳庵」に招かれて盃を交わしていたところ、雨が落ちてきたため一泊することになり、「徳庵」の主と和漢連句《わかんれんく》（漢詩と和歌を連ねる文芸）を行ったというのだ。それは、集堯が没する三ヶ月ほど前のことであった。集堯によれば、庵主は功を積み、徳を重ねた人物であると言い、また「徳庵」は三条広小路《さんじょうひろこうじ》にあったと詠まれている。後に述べるように、友閑の京都屋敷は三条にあったことがわかっている。よって、「徳庵」の主人が友閑であった可能性はきわめて高いと考えられよう。

「松井友閑」は不適切

これまであげてきた史料は、確実に本書の主人公友閑その人の足跡を示すものであると断定することは難しいものの、少なくとも友閑が「徳」なる号を持つ剃髪者であることを自負し、またそのように署名し、政権内でもそのように見なされていた背景を理解する一助にはなろう。また、そのような友閑だからこそ、僧位の最高位である法印に任ぜられているのである。とすれば、友閑をあたかも俗人のごとく「松井友閑」と呼称することで、友閑の特性を見失う恐れがあるのではなかろうか。そこで次に、松井姓について考えてみよう。

四　松井姓

松井姓の根拠

これまで見てきたように、友閑自身は自らの俗姓を名乗っておらず、また友閑と関わりのあった人々も「友閑」「友閑斎」などと呼び、松井友閑とする史料は少なくとも信長の周辺では見当たらない。

そもそも、友閑が「松井友閑」とフルネームで表記されるようになったのはいつのことであったのだろうか。言い換えると、友閑の俗姓が松井であったことを示す根拠は何だろうか。その初見史料は、堺の豪商茶人でのひとり今井《いまい》宗久《そうきゅう》の茶会記である。元亀元年（一五七〇）四月一日に、信長は名物の品評会を催したのだが、その奉行のひとりに任ぜられた友閑は、今井宗久によって「松井友閑老」と記録された（『今井《いまい》宗久《そうきゅう》茶湯《ちゃのゆ》書抜《かきぬき》』）。ただ、この史料は宗久その人が記した茶会記そのものではなく、文政《ぶんせい》三年（一八二〇）に、

松井姓の初見

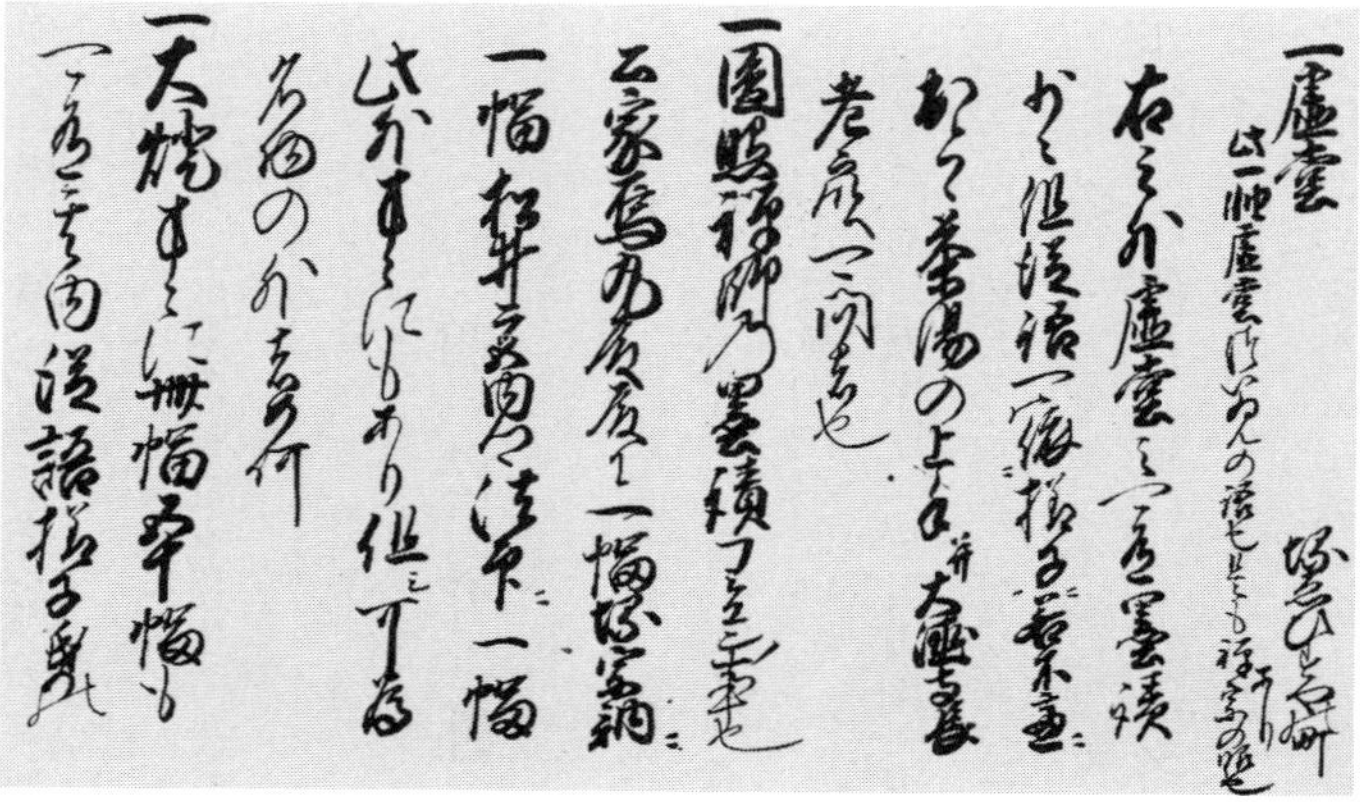

『山上宗二記』（部分，齋田記念館所蔵）
「松井宮内卿法印」との記載がある．

宗久が記した原本から著名人にまつわる茶会のみを抜粋して編纂され、しかも数回の書写を経て、弘化《こうか》四年（一八四七）に成立したという経緯があるため、同時代史料としての信憑性にいささか問題がある。

そこで、次に出てくる記録はというと、『山上宗二記』ということになる。ここには、茶の湯の名物である円照禅師《えんしょうぜんじ》（無準師範）の墨跡を所持している人物として「松井宮内卿法印」と記されている。この記録は、千利休の高弟であった山上宗二が、天正十六年（一五八八）二月に自らの茶の湯の知識をまとめた茶書で、諸本が知られているものの、ことに表千家が所蔵する一書は、宗二の自筆本として史料的価値が高いとされる。したがって、厳密な意味で言えば、この『山上宗二記』が友閑の俗姓を松井と表記した初見ということになろう。ただし、宗二が「松井友閑」と記していないことには注意を要する。

その後、小瀬甫庵《おぜほあん》による『甫庵信長記』（慶長《けいちょう》十六年〈一六一一〉刊）に「松井友閑法印」なる呼称が頻出し、『当代記』の「松井友閑」、堺市の地誌である『堺鑑《さかいかがみ》』（貞享《じょうきょう》元年〈一六八四〉刊）の「松井友閑法印」、堺の茶人である谷忍斎《たににんさい》の『数寄者名匠集《すきしゃめいしょうしゅう》』の「松井宮内卿法印」というように、松井姓が流布され、やがて「松井友閑」という氏名が定着していった。

松井姓の発信源

つまり、友閑の俗姓が松井であったというのは、堺の茶人がその発信源であった。今井宗久も山上宗二も友閑と親交のあった人物であり、たびたび茶会で同席していることから、その情報——友閑がかつて松井姓であったこと——に誤りはないと思われるが、いわゆる「松井友閑」という呼び名の誕生は、歴史史料としての価値が著しく劣る『甫庵信長記』なのである。

肥後松井一族とは無縁

それに関連するのだが、友閑の出自を細川幽斎《ほそかわゆうさい》（藤孝）の家臣である肥後《ひご》（熊本県）の松井一族に求める説がある。それは昭和五十三年（一九七八）に八代市《やつしろし》教育委員会から刊行された『八代市史　第五巻』なのだが、そこでは友閑を松井康之《やすゆき》の叔父すなわち康之の父松井正之《まさゆき》の弟であるとし、「友閑法印　宮内卿　足利義晴と信長に仕える」と説明されている。

たしかに享保年間《きょうほう》（一七一六〜三五）頃から編纂されはじめた『松井家先祖由来附』なる松井家の歴史を叙述した由緒書には、ただ一ヶ所、友閑を「松井友閑」とフルネームで記してはいるが、それ以上のことは書かれていない。また、現存する松井家関連の史料のなかにも、上記のごとく友閑と肥後松井家を結びつける史料はないとされる。『八代市史』の執筆者がいかなる史料を典拠としたのか寡聞にして知らないが、友閑を肥後松井一族のゆかりの者と想定することは、信憑性のある新史料の発見でもなされない限り、難しいであろう。

五　子息とされる人たち

これまで述べてきたように、友閑の出自については不明な点が多く、また俗姓が松井であったこともおぼろげに見えるくらいである。そのようなわけで、家族構成についても同時代の史料から見いだすことはできないのだが、後世の史料にいくつか友閑の子息と明記された人物が見える。以下、彼らを紹介しておこう。

松井宗徳

松井宗徳は、室町将軍家の「会所《かいしょ》の同朋衆《どうぼうしゅう》」であった相阿弥《そうあみ》の手による『君台観《くんだいかん》五巻書』という、茶の湯に関する指南書の奥書にその名が見える。それによれば、この書物が大永《だいえい》三年（一五二三）に相阿弥から珠光へ相伝され、それが武野紹鷗《たけのじょうおう》に伝わり、さらに「遊閑法印」へ相伝されて、慶長十二年（一六〇七）、「遊法」の息子が茶の湯に執心のため相伝された一書であると記されている。「遊閑法印」の息子は松井宗徳と署名している。また、この跋文は今日庵《こんにちあん》文庫所蔵の『相阿弥《そうあみ》茶湯之書《ちゃのゆのしょ》』のなかにも見えるという。この「遊閑法印」については、すでに堀口捨己氏によって友閑その人であることが指摘されている（『利休の茶』）。友閑には共通の趣味を持つ子息宗徳がいたということになろうか。

松井三成と実勝

松井三成（松井三位法印）と松井実勝（松井二位法眼快庵）の両名は、『相馬市資料集』に所収される奥州相馬《そうま》氏の家臣である松井系図に見える。これによれば、友閑は初名を「蔵人」と言い、その先祖は後醍醐天皇の病を治療した医師で、代々典薬頭《てんやくのかみ》として京都に住んでいたという。その友閑の子息とされる二名のうち、実勝は相馬氏の旧臣にして、天文《てんぶん》年中に信長に仕えた弥兵衛の子であったが、医術を学び友閑の養子となった。以後、医業に携わり会津芦名《あいづあしな》家に行き、天正十二年（一五八四）二位法眼に叙せられたという。その後、蒲生氏郷《がもううじさと》を頼るも、文禄《ぶんろく》四年（一五九五）に氏郷が没したことにより相馬に帰ったという。それ以後、実勝の系統が相馬氏の家臣になったことが記されている。

真嶋常賢

真嶋常賢（安栖斎）は、大阪市の『東区史』によれば、友閑の子であったが真嶋家を継ぎ、将軍足利義輝《よしてる》の眼疾を治療して安栖斎の号を賜り、元亀五年（原文のまま、天正二年か?）に豊後《ぶんご》（大分県）に下り、大友《おおとも》氏の眼疾を治療するなど医術に長じた者であったという。なお、江戸初期に尾張藩士樋口好古《ひぐちよしふる》によって記された『濃州徇行記《のうしゅうじゅんこうき》』によれば、馬島（真嶋?）大智坊律師《だいちぼうりつし》は尾張に住んでいたが、信長の命により岐阜に移り、代々眼科専門医として活躍したと記されている。しかし、この馬島と友閑との関わりについては言及されていない。

松井姓と医師

松井実勝と真嶋常賢に共通していることは、医師業との深い関わりである。鳥井和郎氏や大鳥寿子氏によって明らかにされているように、奈良や京都には「松井法眼」「松井安芸法印」など松井姓を称する医師が多数存在していた。これら松井姓の医師の系譜は、平安時代に典薬頭や施薬院使《せやくいんし》に任ぜられた和気《わけ》や丹波《たんば》といった医家が、室町時代以降、半井《なからい》と改姓して医家の名門として活躍した歴史（山口重正『典医の歴史』）をなぞっているように思える。

家族も不明

むろん、同時代史料において友閑を医家の出自とする記録は見当たらないため、養子となった松井実勝、養子に出された真嶋常賢のサクセスストーリーを受け入れることは難しいであろう。さらに付け加えるなら、『堺市史』によれば、友閑はもともと堺にいた茶人「箔屋九郎左衛門」であったという。友閑の出自の謎および信長家臣としての活躍が、後にさまざまな伝説をまとって系図や古い自治体史に書き留められたと思われる。だが、そのいずれもが確かな史料を根拠とされたものでないことが残念でならない。

残された史料の断片から、信長に仕える以前の友閑を概観してみたが、謎の町人、法体の友閑という姿はますます強まるばかりである。ただ言えることは、友閑は舞の師匠としての文化的素養、禅宗僧侶としての見識、町人としてのネットワーク、これら三種のバックボーンがあったからこそ、信長の師匠から家臣へと転身したに違いない、ということである。俗姓はおろか、その前半生をも黙して語らなかった友閑ではあるが、こうした多芸多才こそが彼の前半生をものがたると同時に、信長の重臣として取次《とりつぎ》に、裁判に、外交にと、縦横無尽に活躍する背景となっているのである。

第二　師匠から家臣へ

一　信長のための名物収集

師匠から家臣への転機

ここからは年代に従って友閑の足跡をたどっていくが、まず舞の師匠であった友閑が家臣となった時期を考えておきたい。それを具体的に示す史料は残されていないのだが、家臣として活動をはじめたことが確認できるのは、永禄十二年（一五六九）五月のことだ。その二年前の八月、信長は美濃《みの》（岐阜県）稲葉山井ノ口城《いなばやまいのくちじょう》を落とし、城主斎藤竜興《さいとうたつおき》を追放。井ノ口を岐阜と改め、ここに入城した信長は、本拠地を尾張から美濃へと移したわけだが、師匠であった友閑も、信長に稽古を付けるため、清洲を後にして移住したのであろうか。この頃の友閑の動向を示す史料がないため、確かなことはわからない。

信長の思惑

そして翌永禄十一年九月、信長は後に室町幕府最後の将軍となる足利義昭を伴って上洛を果たした。おそらく、これを契機に友閑は家臣に取りたてられたのではなかったか。つまり、信長は師匠として信頼を寄せる人柄に加え、友閑の持つ素養やネットワークが、この先、必要になると見通したということだ。

永禄十二年の初仕事

ともあれ、信長の家臣友閑としての初仕事は、主君信長のために茶会で使用する名物《めいぶつ》の茶道具を集めてくることであった。『信長公記』によると、永禄十二年五月頃のこと、信長は金や銀、そして米や銭の備蓄は十分であるので、次は舶来の高級品である唐物《からもの》、そのなかでも名物と呼ばれる天下の名品を収蔵すべし、という意思のもと、その収集を開始した。まず手を付けたのは京都上京であった。

この前年に義昭を擁して上洛した信長は、政権樹立に向けた大きな一歩を踏み出していたが、そうした政局をいち早く察知した人々から名物を贈られていた。大和《やまと》（奈良県）を本拠地としていた戦国武将の松永久秀《まつながひさひで》から「つくも茄子《なす》」（茶入《ちゃいれ》）、そして堺の豪商茶人である今井宗久《いまいそうきゅう》から「松嶋《まつしま》」（葉茶壺《はちゃつぼ》）および「紹鷗《じょうおう》茄子」（茶入）を献上されたのである。これらはいずれも由緒ある名品であり、かつ彼らの服従、降服の証として進上された名物であるが、すでに信長は織田家伝来の茶道具をいくつか所持しており、これを機にコレクション拡大をもくろんだと考えられる。その目的は、ひとえに茶会の場を充実させるためである。

茶会とは何か

ここで、茶道具の説明も兼ねて、当時の茶会のあり方について述べておこう。茶会とは一碗の抹茶を供するために行われるもてなしの一形態だが、たんに茶と菓子が提供さ

点前の様子（多賀大社所蔵「調馬・厩馬図」より）
「調馬・厩馬図」は桃山時代のものと考えられている屏風で，台子を前に点前する人物が描かれている．

れるだけではない。亭主は客人を迎えるために、座敷の室礼《しつらい》から茶、菓子、食事にいたるすべてに気を配り、そのひとときを生涯忘れ得ぬ一会とするために全身全霊をかたむける。客人はそのような亭主の心配りに敬意を払い、やはり一生に一度きりの場と心得て茶席に臨む。これを「一期一会」と言う。この言葉は幕末の大老《たいろう》井伊直弼《いいなおすけ》がその著『茶湯一会集《ちゃのゆいちえしゅう》』に記した名言であるが、そのもととなった理念はすでに千利休の弟子である山上宗二が説いている（『山上宗二記』）。

茶会に必要な道具類

こうして茶会は、主客ともにその場を作りあげる「一座建立《いちざこんりゅう》」となるわけだが、亭主がその場にかける思いや意図は道具の取り合わせに示される。まず床の間である。ここには掛け軸を中心に茶入（粉にした茶を入れる器）や葉茶壺（摘み取った茶葉を寝かせておくための壺）、花入《はないれ》（花瓶）といった格式高い名物が飾られる。床の間はその会の、いわば顔で

台子と茶道具（萬徳寺所蔵「武家邸内図屏風」より）

下段左より蓋置，釜をのせた風炉，柄杓と火箸を立てた杓立，その手前に建水，水指，上段左より天目台の上にのせた天目茶碗，茶筅，その手前に茶杓，仕覆に入った茶入．

ある。さらに、点前《てまえ》のための道具類——湯を沸かす炉（春夏は風炉《ふろ》）に釜を据え、水を溜めておく水指《みずさし》、すすぎに使用した水を一時的に溜めておく建水《けんすい》（当時は合子《ごうす》あるいは水こぼしと呼んだ）、湯や水を汲むための柄杓《ひしゃく》、釜の蓋を預ける蓋置《ふたおき》などが点前座に置き合わされる。当時は濃茶《こいちゃ》が基本であり、濃茶用の抹茶は唐物の茶入におさめられ、茶杓《ちゃしゃく》ですくって茶碗に入れる。その茶碗は唐物の天目《てんもく》とそれを支える天目台《てんもくだい》のセットが最も格調高いと見なされていた。現代では一般的となっている薄茶《うすちゃ》は高麗《こうらい》茶碗などで供されることもあったが、特別な会ではない限り用意されなかったようである。

このように一服の茶を供するためには、その場の飾りから道具にいたるまで、さまざまなものが必要になる。そのため、亭主はよりよい道具、すなわち自らの財宝や貴重な宝物と位置づける名物によって、茶会の場を演出するのである（ジョアン・ロドリゲス『日本教会史』）。主客ともにそのひとときを記憶に残すため、茶会の道具組を記録することもあった。それが茶会記と呼ばれる史料群である。茶会記については後にふれることにして（本書第四の二）、友閑が関わった信長の名物収集に戻ろう。

信長の使者となる

信長が京都上京で入手した名物は、『信長公記』を素直に読めば、次の六点であった。

町衆《まちしゆう》の大文字屋疋田宗観《だいもんじやひきたそうかん》から「初花肩衝《はつはなのかたつき》」（茶入）
医師の祐乗坊《ゆうじようぼう》から「富士茄子《ふじなす》」（茶入）
法王寺から「竹茶杓《たけちやしやく》」
町衆の池上如慶《いけがみじよけい》から「蕪無《かぶらなし》」（花入）
町衆の佐野《さの》（紹有《じようゆう》カ）から「雁の絵《かりのえ》」（掛け軸）
文化人の江村栄紀《えむらえいき》から「桃尻《ももじり》」（花入）

いずれも天下の名品に恥じない名物で、ことに「初花肩衝」は、「新田《にった》」「楢柴《ならしば》」とともに三大肩衝と謳われる逸品であるし、「蕪無」は天下にふたつとない一級品であると茶人の間では評判となっていた花入である。信長はこれらを入手するために、使者を差し向けたのだが、それが友閑と丹羽長秀《にわながひで》であり、彼らは信長に名物を売り渡した所蔵者に、その代価として金銀や米を遣わしたという。

従来より、この『信長公記』の記事は、信長によるいわゆる「名物狩り」（強制的な一斉収集）の最たるものと見なされていたが、筆者はそれが誤りであるばかりか、この時、信長は江村栄紀から「桃尻」を購入していないことを明らかにしている（拙著『織豊期の茶会と政治』）。

名物の品評会

では、この記事が語ることとは何かと言えば、すでに永島福太郎氏が述べているように、上京で信長のための名物の品評会が行われたということだ（『茶道古典全集 第十二巻』）。同様のイベントは天正五年（一五七七）にも開催された。そこには京都下京に在住する四二名の茶人たちが所有する七二点の名物が信長のために集められたのだが、信長は上覧した結果、わずか二点の名物を購入するにとどまっている。つまり、信長は名物を根こそぎ集めることはしなかったのであり、自らの好みにもとづいて厳選しながら収集していたのである。

それでは、あらためて永禄十二年の品評会に目をうつしてみよう。信長へ名物を提供した人々は、上京周辺に住する町衆（商人）や医師、文化人といった面々で、彼らのコレクションは『清玩名物記《せいがんめいぶつき》』（戦国時代の名物の所在を列記した目録）にも登場している。ことに、灰屋《はいや》の佐野氏は染め物に使用する漂白用の紺灰《こんぱい》を扱う問屋を営み、巨額の富を得、上層町衆として知られていたためか、六点の名物を所持していたことがわかる。この六点の灰屋コレクションのうち、玉潤《ぎょくかん》筆「落雁《らくがん》」の絵だけが信長によって購入された。また、大文字屋の疋田宗観は「初花肩衝」のほか、わび茶の世界ではことさら珍重される「虚堂墨跡《きどうぼくせき》」も所持していたが、信長が入手したのは前者だけであった。

名物の所在調査

つまり、『信長公記』の記事は、永禄十二年に開催された品評会の結果を伝えるものであり（先述のごとく、一部誤りはあるが）、そのような会の準備段階では、誰がどのような名物を所持し、それらの価格はどのくらいなのか、といった、いわば名物の所在に関する調査がなされたはずである。それらを経て、最終的に信長の目に叶った名物の適正な代価が支払われたのであろう。こうした名物の所在調査および代価の支払いが、友閑と丹羽長秀に課せられた「御使い」の具体的な任務である。

これ以後、友閑は信長のための名物の調達（『他会記《たかいき》』天正七年十二月二十六日条）や、信長が購入した名物の支払い（『兼見卿記《かねみきょうき》』天正八年正月二十六日条）に従事し、その目利きぶりを発揮していくのである。

二　饗応の場への参席

岐阜城でのもてなし

京都上京での品評会から三ヶ月後の八月一日、友閑は岐阜城で行われた山科言継らへの接待の場に同席している（『言継卿記』）。言継は七月八日に京都を出発し、十一日岐阜に到着。この旅の目的は三河《みかわ》（愛知県）の徳川家康の居城へ赴くことであったが、途中、信長へ挨拶をしようと岐阜に滞在し、対面の機会をうかがっていた。そこへ「和泉《いずみ》（大阪府）堺の薬屋宗久」が来て、同宿することになった。この人物は堺の豪商茶人今井宗久のことで、彼が火薬を扱ういわば死の商人であったことがわかる。

その宗久とともに、言継は八月一日の夕刻、山上の城（岐阜城は、金華山《きんかざん》の山頂と山麓にそれぞれ重層構造の建造物を備えた山城であった）へ招待された。午後二時頃、言継一行は「七曲《ななまがり》」と呼ばれる金華山の険しい山道を登って、信長の待つ山上の城へと向かった。同行者は、信長の側近であり、ことに言継と親交のあった坂井利貞《さかいとしさだ》とその家臣、堺の今井宗久、それに信長家臣の「江西」（好斎一用《こうさいいちよう》か）、武井夕庵、友閑、そして吏僚《りりょう》の島田秀満《しまだひでみつ》らであった。

城での接待

一行が山上の城に到着すると、まず音楽や囃子《はやし》で歓迎のもてなしがあり、ついで晩餐が供された。その時、信長は客人のために自ら配膳を行ったという。当時の武家社会の常識に照らせば、配膳は元服《げんぷく》前の若者が行うサービスだ。それを亭主の信長自らが行うとは、まったく驚くべき光景であるが、これは信長がことさら賓客を歓待する際の、いわば常套手段であった。それから、一行は山上に祀られている権現をはじめ、城内を信長の案内で見物してまわっている。言継は険しい金華山の風景に言葉を失ったようだ。日も暮れる頃、一行は下山し、それぞれ帰途についた（『言継卿記』）。

言継と宗久のどちらがこの日の主賓であったのかはわからないが、信長は暑い盛りに、老体に鞭打つがごとく京都から下向してきた言継に、殊勝なことだとの労りの言葉をかけ、その身での登山はきつかろう、と山麓の屋敷での対面を計画したほどであった（この時、言継は六二歳）。

堺代官の今井宗久

一方、宗久はすでに堺代官であり、朝尾直弘氏によれば、堺の北庄《きたのしょう》は宗久の手引きにより、従来の自治体制を保ったまま、信長に従属していた（「織豊期の堺代官」）。そして、近年では柴辻俊六氏によって、信長政権下の宗久の立場がより具体的となっている（「織田政権下の堺と今井宗久」）。柴辻氏は宗久の書簡集「宗久書札留」を分析して、次の二点を指摘している。①堺の中心部である南北庄はもともと室町幕府の御料所《ごりようしょ》であり、宗久は信長に従属することで、そこの代官に任命された。②すでに宗久が獲得していた堺五《ご》

宗久との初顔合わせ

堺の街並み（復元模型．堺市博物館所蔵）

ケ庄《かのしょう》の知行《ちぎょう》権および散在していた各所での得分権《とくぶんけん》、すなわち収益を安堵《あんど》された。友閑との関わりで言えば、友閑が代官として堺に着任して以降も、宗久は現地の実務を引き続き請け負っていたとの見方が一般的だ。この点については、本書第三の一で改めてふれることにする。

長らく自治都市として栄えていた堺に対して、信長が矢銭《やせん》（軍事費）を要求し、圧力をかけたのは永禄十一年（一五六八）十月頃のことで、それに対抗すべく、堺の主だった会合衆《えごうしゅう》（豪商茶人の集団）が堀をめぐらし、矢倉《やぐら》を開けるなどの対抗処置をとろうと試みたものの、結局は信長勢力に属することになった。永禄十二年二月のことであった（『自会記《じかいき》』）。その契機となったのが今井宗久の内応だったことを考えると、心尽くしの歓待もさもありなんというものだ。そして、おそらくこの時、後に代官として堺に赴任することになる友閑と宗久とがはじめて顔を合わせたのではなかったか。少なくとも、記録のうえでは両者の初顔合わせなのである。

信長が言継および宗久をもてなす席に、四名の家臣を同席させた具体的な理由は不明ながら、信長の賓客を接待する際に、欠かすことのできない人材として厳選されたことはまちがいなかろう。とりわけ友閑にとっては、この先いくたびも任命されることになる饗応役のはじまりでもあった。

三　寺社奉行および取次

臨時の寺社奉行

信長の上洛を契機に、師匠から家臣へと転身した友閑は、永禄十二年（一五六九）五月頃に行われた上京での名物の品評会、八月の山科言継への饗応を通じて着実に信長家臣として歩みはじめた。その活躍の場は、やはり友閑の素養を活かした文化の場であったが、ついに十一月、実務も担当するようになった。

「徳庵友閑」と署名

その具体的な内容は、現存する友閑の書状としては最も古いと思われる連署状《れんしょじょう》に示されている。『退蔵院文書《たいぞういんもんじょ》』に所収されているその連署状は、十一月四日付けで佐久間《さくま》信盛《のぶもり》と好斎一用とともに、京都の妙心寺《みょうしんじ》領内の横路の名主《みょうしゅ》、百姓《ひゃくしょう》へ宛てた年貢に関する指示書で、署名は「徳庵　友閑（花押）」となっている。これによれば、妙心寺塔頭無《む》明院《みょういん》領である横路の地を三千院《さんぜんいん》の応胤法親王《おういんほっしんのう》が横領するという事態が生じたため、現在それについて信長家臣の森可成《もりよしなり》が事情聴取中であるという。そのようなわけで、横路分として納めるはずの年貢などは厳重に保管しておくようにとし、もしそれを他所へ納めることになれば再度徴収する、とのことであった。

その後、この問題は解決を見たようで、横路分の年貢は従来通り妙心寺無明院に納入するよう、木下秀吉《きのしたひでよし》が指示を出している。つまり、友閑は信長のもとに舞いこむさまざまな問題に対処すべく、同僚たちと分担しながら臨時の寺社奉行も担ったということになろう。この先、友閑が担当することになる寺社をめぐる任務として、手はじめに行ったのがこの指令書の発給であった。

信長の取次

さて、この連署状を記した九日後の十一月十三日のこと、友閑は岐阜を再訪した山科言継の対応をしている。『言継卿記』によれば、言継は自ら抱える訴訟のことで信長を訪ね、鷹狩りより帰城する信長を待ちぶせしていたところ、用件を少々述べることができた。おそらくほんの挨拶程度のことだったのであろう。その日の夜、あらためて信長の使者が言継のものとを訪れて言うことには、今回は勅使もしくは私用なのかを尋ねよ、とのこと。その使者こそが友閑なのであった。結局、翌日も信長との対面は叶えられず、来春、上洛の折にその用件を聞くということであった。言継は友閑のもとへ赴き、使者として信長への取次をしてくれたことの礼に樽代（酒代）二〇疋を贈った。

以上のように、友閑が名物の調達や饗応の場への参席を経て、永禄十二年の十一月には一時的なものであるにせよ、寺社に関わる奉行となり、また信長への取次を行うようになっていたことがわかる。つまり、その生涯を通じて友閑が携わった多岐にわたる任務のうち、文化的な活動、奉行、取次の三点が確認できる。そして、おそらくこの頃に堺の代官にも任命されることになったのであろう。その時期を明確にすることはできないが、翌永禄十三年四月には堺に自邸を構え、そこで堺にある名物の品評会を信長のために開催しているため、これが代官としての初仕事だったのではないかとの指摘がある。それについては、章を改めて見ていくことにしよう。

第三　初期の活動

一　堺での名物収集と代官就任

連歌会を主催

明けて永禄十三年（一五七〇）正月二日、友閑は岐阜で連歌会《れんがえ》を催したという。そのことは、これに参会した細川藤孝《ほそかわふじたか》に関わる連歌の記録『玄旨公御連哥《げんしこうおんれんが》』に見える。この史料は中村幸彦氏によって紹介され（「翻刻・玄旨公御連哥」）、藤孝が参席した連歌会の時と場所、そして詠んだ句を列記したものだ。したがって、この友閑主催の連歌会の連衆や友閑の詠んだ句などの詳細はわからないものの、信長家臣のなかで連歌の素養を持ち、かつこの記録にも登場する明院良政や武井夕庵らが集ったものと考えられる。

古今伝授

戦国期以降、全国規模で茶の湯が大流行し、武将の嗜む文芸も連歌から茶の湯へと移行しつつあった時期ではあったが、たしかに連歌は文化として根づいていた。友閑にもその素養があったことは言うまでもなく、一説によると、友閑は牡丹花肖柏《ぼたんかしょうはく》から古今《こきん》伝授《でんじゅ》を受けたという（『数寄者名匠集』）。古今伝授とは『古今和歌集』に関する故実の秘事口伝を弟子に伝えることをいい、牡丹花肖柏は連歌師宗祇《そうぎ》から古今伝授されたというので、かりに『数寄者名匠集』の記述が信用できるとすれば、友閑の連歌は宗祇の系統であったと考えることができよう。ちなみに、先に紹介した『玄旨公御連哥』によれば、毎月二十五日は、友閑の月次《つきなみ》連歌会の日であった。こうした連歌への造詣は、その生涯を通じて友閑の公私にわたる活動を支えることになる。

友閑の月次連歌会

信長、堺で名物を購入

さて、それから二ヶ月後の三月五日、信長は岐阜城を発ち上洛した。四月には将軍義昭の御所落成を祝う能が催されるが、二十日に越前《えちぜん》へ向けて出陣するまでの間、信長は京都に滞在し、おそらくその間に大坂の堺まで足をのばしたのであろう。『信長公記』には、堺にある天下の名物を一覧し、これらを買いあげたと記されている。前年の上京に続き、二度目の大きな買い物である。信長が金銀を支払って手に入れた名物は、次の四点であった。

天王寺屋津田宗及《てんのうじやつだそうぎゅう》から趙昌《ちょうしょう》筆「五種菓子《ごしゅかし》の絵《え》」（掛け軸）
薬師院《やくしいん》から「小松嶋《こまつしま》」（小壺）
油屋常祐《あぶらやじょうゆう》から「柑子口《こうじぐち》」（柄杓立《ひしゃくたて》）
松永久秀から玉澗《ぎょくかん》筆「煙寺晩鐘《えんじばんしょう》」（掛け軸）

「小松嶋」を除く三点は、天正十年（一五八二）六月二日の本能寺の変で焼失している。つまり、信長が一生涯愛用したということだ。それもそのはず、これらの名物はいずれもその名を知られた逸品揃いであった。「五種菓子の絵」は茶の湯の掛け軸としてはトップクラスのものであったし（『山上宗二記』）、一説には足利義政《あしかがよしまさ》の好みでもあったという（『花《はな》之《の》絵《え》由緒《ゆいしょ》』）。「煙寺晩鐘」も瀟湘《しょうしょう》八景《はっけい》のなかで頂点を極める名物と絶賛されている（『山上宗二記』）。

再び名物収集に関与

　上京の場合と同様に、今回もまた、名物の数々を入手するという信長の意向を受けた友閑と丹羽長秀が使者となって所蔵者にその旨を伝えた（『信長公記』）。こうした役目を果たすということは、事前に誰がいかなる名物を所持しているのかという情報のみならず、それを手放す意思があるのかどうかといった事情まで知っていなければならなかったはずである。友閑と長秀は信長の意向をいかなるかたちで堺へ伝えたのであろうか。「御使い」の内容をできるかぎり具体化してみよう。

　この出来事と関連すると思われる史料が二点ある。ひとつは当事者である津田宗及の『他会記《たかいき》』（宗及は『自会記《じかいき》』も記したが、永禄十三年二月七日から九月末までの分は残されていない）。いまひとつは今井宗久の茶会記『今井宗久茶湯書抜』だ。まずは宗及の『他会記』からひもといてみよう。永禄十三年三月十八日、宗及は「不時ニ」、すなわち思いがけなくも宗久の茶会に招かれた。同席者は道巴《どうは》と武野宗瓦《たけのそうが》で、宗久の「鍋釜」を拝見した旨が記されている。ついで三月二十三日朝、薬師院の茶会へ道巴と赴く。この日はじめて薬師院が所持する「肩衝《かたつき》」を拝見した。続いて注目すべき茶会が四月四日夜に行われた。ここで宗及は油屋常宅《あぶらやじょうたく》（琢）邸にて「柑子口」をはじめて拝見し、姿かたちがよく、大きめであると目利きしている。二十三日昼、また不時に宗久の茶会があり、道叱《どうしつ》、宗於と参会し、はじめて「台天目《だいてんもく》」を拝見した。このように信長から名物買いあげの通達が出された時期における宗及の行動を追ってみると、信長のことや自らが提供した「五種菓子の絵」については言及していないものの、宗久からの突発的な招待、そして信長へ名物を差しだした薬師院や油屋との茶会というように、何やら慌ただしい動きが見られる。

品評会の会場は堺の友閑邸か

それでは『今井宗久茶湯書抜』はどうだろうか。永禄十三年四月一日条には「堺にある名物を信長様が一覧なさるとのこと、松井友閑老より通達があった。今日、友閑の自邸で信長様がご覧になった。宗久の名物のうち松嶋の葉茶壺と菓子の絵を召しあげられた」とあり、続いて翌二日には「信長様の御前で千宗易《せんのそうえき》（後の利休。以下、利休で統一する）が点前をして薄茶《うすちゃ》をいただいた。その後、信長様から御服や金銀を拝領した」と記されている。

一読してわかるように、多くの矛盾をはらむ内容だ。まず、信長は四月一日には京都にいたし（『言継卿記』）、宗久が「松嶋」を献上したのは永禄十一年十月のことで（『信長公記』）、「菓子の絵」を進上したのは津田宗及である（芳賀幸四郎『千利休』）。翌二日の記事についても、米原正義氏が指摘するように、宗易（利休）の点前云々は時期尚早の感があり、信憑性が低い（『天下一名人　千利休』）。

『今井宗久茶湯書抜』

こうした矛盾が見られるのは、『今井宗久茶湯書抜』が後世に抜粋および書写されたためのことである。それが編者の稲垣休叟《いながききゅうそう》（一七七〇―一八一九）による誤写なのか、あるいは何らかの改変や意図的な改竄《かいざん》が加えられたのではないかといった疑問が残る。稲垣休叟は宗久のみならず多くの茶人の記録を参照して茶書を編纂したが、それらを比較しながら検証した筒井紘一氏によれば、原本に手を加えたり改竄した形跡は見られないという（「稲垣休叟の茶書」『茶道学大系十』淡交社）。とは言え、その後の書写の段階でそれらが行われた可能性もないとは限らない。そうしたことなどから、近年では捏造《ねつぞう》されたものと考える向きもあるが、それは早計に過ぎる。ここは従来通り、原本はおろか対校すべき異本もないことにかんがみて、傍証史料にとどめておく。

使者としての役割

したがって、『今井宗久茶湯書抜』の記述をうのみにすることはできないものの、次の二点については、『信長公記』や『他会記』のすきまをうめる記事として無視することはできないと思われる。それは、信長が名物を上覧することが友閑から堺へ伝えられたこと、そして名物上覧の会場が堺にある友閑の自邸であったという二点だ。先に紹介したように、宗及の『他会記』に見える宗久の不時茶会や名物提供者の茶会、そして何より油屋での「柑子口」拝見などが堺で行われた信長による名物上覧と無縁であったとは考えにくい。おそらく、信長の意向は友閑を通して堺の代官であった宗久に通達され、宗久から堺の茶人たちへ伝えられたのではなかったか。そして信長の上覧に適した名物が厳選され、ある程度の数が友閑邸に集められ、信長がそこで一見した後、好みの四点が買いとられたと思われる。こうして見てくると、使者としての友閑の役割は、今井宗久と連携して堺にある名物の所在調査、所蔵者の意思確認、上覧会場の設営、そして購入代金の支払いであったと想定できよう。

堺代官としての初仕事

さて、ここで堺の代官について考えておかねばならない。友閑がいつ代官として堺に着任したのかを示す史料が残っていないため、これまでの研究でも曖昧な表記となっている。『今井宗久茶湯書抜』に従うなら、永禄十二年四月の時点で友閑が堺に自邸を構えていたこと、そして『信長公記』によれば、堺での名物収集の奉行となっていることから、この頃、代官として着任したのではないか、ということになる。もっと言えば、この名物収集の奉行こそが代官としての初仕事と見なす研究もある（川崎喜久子「織田政権下の堺」）。

その具体的な任務は、堺の南北庄の年貢《ねんぐ》や地子銭《じしせん》、臨時の賦課金といった信長の収入源となる税金の徴収とその管理、そして信長が必要とする物資の調達であることが指摘されている。ただ、友閑は堺に常駐する代官ではなく、むしろ堺を起点として信長のいる岐阜（天正四年以降は安土《あづち》）や京都を激しく行き来している。そのような友閑はいかにして代官としての政務を行っていたのであろうか。川崎氏は三つの可能性をあげ、それらを折衷したのが堺代官としての友閑の立場であると考察している。

その第一は、堺の豪商たちのうち、「堺衆」として信長に統轄された者たちが、合議あるいは順番で実務を請け負い代行するというもの。この場合、友閑は名目上の責任者または監視者ということになる。

第二は、いち早く信長に内応し、永禄年間には代官として活躍した今井宗久が、信長の収入源である堺南北庄の税金管理を友閑のもとで行っていたというもの。

友閑の家臣たち

第三は、友閑直属の家臣、あるいは信長の家臣が友閑を補佐するかたちで実務にあたっていたというもの。宗及の茶会記を見ると、「政所《まんどころ》の衆」として富田清兵衛、等見《とうけん》、富田清左衛門、伊藤孫太郎、富田三蔵、半身といった者たちがいたことがわかる。このうち富田清左衛門は友閑の「私《わたくし》の取次」とあるので（『宇野主水日記《うのもんどにっき》』）、明らかに友閑の家臣である。

指令の流れ

川崎氏も指摘しているように、この三つの道筋はあくまでも可能性であり、結局のところ友閑は「堺衆」や「政所の衆」を臨機応変に使いながら、代官の任務を遂行していたのであろう。すなわち年貢の徴収や物資の調達は、友閑の指令に従って「政所の衆」が行い、それにあたっては南北庄の自治組織をきずいてきた「堺衆」を適宜利用していたという考え方である。指令の流れを簡単に示すなら、

信長→友閑→「政所の衆」→「堺衆」

となろうか。もちろん、これはひとつの可能性ということではあるのだが。

友閑のオリジナリティ

もうひとつ、忘れてはならない代官としての重要な任務がある。それは友閑の後継者として豊臣秀吉によって代官に任ぜられた小西立佐《こにしりゅうさ》・如清《じょせい》父子には見られないもので、いわば友閑オリジナルの任務と言ってもよい。それが、茶会を介した「堺衆」との交流だ。この点についても、川崎氏は茶会記の分析をもとに、次のように指摘する。友閑が「堺衆」主催の茶会へ参席するのは天正三年四月頃からであり、友閑主催の茶会の初見が天正四年十二月二日であること。そしてこれらは、信長が天正三年十月二十八日に「堺衆」を招待した最後の茶会と時期的な関連性があること。つまり、茶会を利用した「堺衆」との接触、そして統轄という政策が、天正三、四年を画期として、信長から友閑へと引きつがれたとする。そのことは、「堺衆」が信長政権のひとつの分子となった

ことを示すとともに、友閑が信長の、いわば代弁者となって「堺衆」を指導する役目を担ったことも示すという。この点については後にふれることにする（本書第四の一）。

信長の達見

このように堺の代官とは、税金や物資の管理といった実務のほか、茶会の場における交渉、指導、統轄といった政務を伴うものであった。ひとくちに茶会での交流と言っても、当然ながら、豪商茶人と同等あるいはそれ以上の茶の湯の技量や感性に加え、茶道具のコレクションが必要とされるのであり、たんなる素養程度では到底太刀打ちできなかったであろう。信長はそのすべてを見越して、堺を友閑に託したのであった。

二　はじめての対外交渉

信長の上洛を画期として、家臣となっていたかつての師匠友閑は、側近として寺社奉行、取次、使者をこなし、そのうえ堺の代官として豪商茶人をまとめる多忙な日々を過ごしていた。

一方、信長の状況は元亀元年（一五七〇）正月二十三日に、将軍義昭へ五ケ条の条書《じょうしょ》を送ってその言動を非難することにはじまり、六月二十八日、姉川《あねがわ》の戦いで浅井《あさい》・朝倉《あさくら》軍を破るも、十二月十三日、将軍義昭と関白《かんぱく》二条晴良《にじょうはるよし》の仲介により、両家と和睦して新年を迎えていた。元亀二年正月は、はじめて『信長公記』に元旦出仕の記述が見える年である。「岐阜城の信長のもとへ家臣たちがそれぞれ参上し、挨拶申しあげた」とあるので、おそらく友閑も出仕したであろう。その友閑、この年はまたひとつ大きな任務につくことになる。越後《えちご》（新潟県）の上杉家への使者となるのだ。

外交官デビュー

信長と上杉謙信との親交は、永禄十年（一五六七）十月十三日、信長が井ノ口城《いのくちじょう》を陥落させて美濃《みの》（岐阜県）を統一したことを祝した書状を謙信が送ったことからはじまる（『加藤《かとう》文書《もんじょ》』）。それ以来、信長と謙信は年に一〜二回、鷹などの贈答品を介して友好関係をきずいていたのだが、特定の信長家臣が謙信のもとへ使者として派遣されることはなかった。そうした状況下で、今回はじめて友閑が謙信のもとへ赴くことになった。いわば、友閑の外交官デビューである。そのことを記すのが、七月二十七日に信長が謙信に送った書状だ（『増訂織田信長文書の研究』上巻三三一号、以下『文書の研究』と略記する）。いささか長文ではあるが、その全文を紹介しよう。

信長から謙信への手紙

> 昨年の春、将軍足利義昭は越後（新潟県）の上杉謙信と甲斐（山梨県）の武田信玄が講和すべきとの命令を出した。その道理を伝えるべく、将軍が使節を派遣するということなので、信長からも二名の使者を添える。
>
> 謙信とは多年にわたり友好関係をきずいてきた。信玄とも不和ではない。このよ

うなことは何度も申しあげている。しかし、数年にわたるあなた方の合戦を見逃すことは、世間体や道理の上からいかがなものかと思うので、ここは遠慮なく本書状をもって申し入れる。将軍のご意志を知らない振りすることはできないであろう。この時点で講和しないようでは、時機を逸してしまう。すべてをなげうって和談が成立すれば喜ばしいことだ。謙信と信玄ともに、将軍に対して長年にわたり疎略にしていないことは理解している。同じことなら、両家の家中ならびに対外的にも和平に向かう機運を熟させ、天下のために奔走するよう希望する。

なお、信長方の使者である友閑斎と佐々《さっさ》長秋《ながあき》からも詳細を申しあげる。

七月二十七日　　　信長（花押）

不識庵（上杉謙信）

将軍義昭による上杉と武田両家への和睦勧告は、永禄十二年二月十日にも出された。その時も、信長は謙信の重臣である直江景綱《なおえかげつな》へ宛てて、義昭からの御内書《ごないしょ》を後押しするかたちで書状を発給している（『文書の研究』上巻一四八号）。したがって、信長が関わるかたちでの和睦勧告は、これが二度目ということになろう。本書の目的からすれば、この信長書状で注目すべきことは、上杉と武田との講和実現に向けて、前回は「御使僧」として義昭と上杉家とをとりもつ使者である智光院頼慶《ちこういんらいけい》が遣わされたにすぎなかったが、今回は義昭の使節につきそう信長方の使者も派遣されたところにある。

外交僧の智光院頼慶

前回の「御使僧」智光院頼慶は、小林健彦氏の研究によると、永禄八年八月頃より上杉方の外交僧として義昭のもとへ遣わされていた使者で、越後直江津《なおえつ》にある居多神社《こたじんじゃ》の第三〇代神職の花前家盛《はながさきいえもり》のことである。当時、このような宗教的な立場にある者が使者として起用されることは珍しいことではなかった。むしろ、頼慶が特異であることは、その身分でなくその役目にある。頼慶はたんなる使者にとどまらず、義昭の信を得、人材不足に苦慮する将軍の側近としても重用された（「足利義昭（秋）期に於ける越後上杉氏の対外交渉」）。

つまり複数の顔を持つ宗教者——それが前回の「御使僧」智光院頼慶であった。今回、信長は自らのいわば代弁者として友閑と佐々長秋をつけたわけだが、友閑を抜擢した背景には、禅宗僧侶としての見識をも有し、側近として多くの任務を負う友閑ならば、智光院頼慶のような人物と互角に渡り合えるとにらむ信長の思惑があったのかもしれない。

春日山城への派遣

さて、話を先ほどの信長書状に戻そう。書状の末尾に記される「なお、信長方の使者である友閑斎と佐々長秋からも詳細を申しあげる」との一文は、通常ならば両人が信長の書状に添えるかたちで副状《そえじょう》を発給したことを示す。だが、ここでは本文に「信長からも二名の使者を添える」とあることから、友閑と佐々長秋が信長の使者として春日山城の謙信のもとに派遣されたと理解できる。

先の信長書状に書かれているように、これは義昭の意思を尊重しつつ、信長の存在も強調しながら宿敵同士の両者に和睦を提案するという難しい役目であった。実現するかどうかは別問題として、信長としては義昭に単独行動をさせてはならぬ、との一念であったであろう。そのことは、元亀元年正月二十三日に、信長が義昭に承認させた五ヶ条の条件のうち、第一条目に掲げられていることでもある（『文書の研究』上巻二〇九号）。すなわち、義昭が将軍として各地の大名に御内書を送り、大名間の和睦や将軍への忠節を求めたりする際は必ず信長にお伺いをたて、さらには信長の書状も添えなければならない、という内容である。信長は、将軍とはあくまでお飾りに過ぎないのだ、ということを義昭その人へ突きつけたわけである。したがって、信長にしてみれば今回の謙信への書状は、信長の掲げる理想を義昭や謙信に対して実践してみせるという重要な意味があった。

信長の立場をアピール

このような事情があったため、信長は丁寧にことの道理を説いているが、使者として謙信と対面した友閑と佐々長秋は、さらに口頭で説明し、説得させるという任を負っていた。重責である。友閑がこのような交渉能力に長けていたことは、この先、徐々に明らかとなっていくはずである。

書状の年紀

ところで、先に紹介した信長書状には年号の表記がなされていない。奥野高廣氏は元亀三年であるとする一方（『文書の研究』）、『上越市史』などは元亀二年とし、研究者によって見解の相違が見られる。元亀年間に、義昭が上杉と武田両氏に和睦を勧告したとする史料はこの信長書状のほかにないため、年号を推測することは困難である。そのため、本書では最新の研究に従って、友閑の春日山城派遣を元亀二年七月のことと考えておく。

それから三ヶ月後の十月二十九日のこと、今度は謙信から信長へ宛てた礼状に、友閑の名が見える（『上越市史』一〇六七号）。それによれば、信長は謙信が内々に望んでいたメスの隼《はやぶさ》四羽などを贈り、謙信を喜ばせている。謙信は早速、鷹狩りを楽しんだと信長に報じ、その文末には「なお友閑斎・佐々（長秋）権左衛門尉申すべく候《そうろう》」とある。先にも述べたように、これは副状を発給した旨を知らせる文言であるが、謙信の書状に信長の家臣が副状を書いたとは考えられない。つまり、ここは「詳しくは信長からの贈答品を持参してきた友閑斎と佐々長秋に伝えたのでよろしく」との意であろう。

二度目の派遣か滞在か

友閑は、岐阜城から春日山城をまでのおよそ三四〇キロの道のりを、三ヶ月の間に二度までも往復したのであろうか。現在なら車で四時間ほどの距離だが、当時は馬で移動することになるので、一日の移動距離を二〇〜二五キロくらいと考えると（『信長公記』天正三年二月二十七日〜三月三日までの記述を参考にすると、信長の一日の移動距離は、だいたい平均して二五キロ前後である）、友閑は片道二週間近くかけて春日山城まで行ったことになる。往復で一ヶ月かかる行程だ。とすれば、友閑が七月から春日山城に滞在していた可能性も考慮に入れなければならない。三ヶ月の間に二度の往復か、あるいは三ヶ月間の滞在か。答えを出すことは難しい。

信長の対外交渉役

ともあれ、友閑は信長方の外交交渉役として大役を果たし、上杉家とのつながりができたわけだが、その後は元亀三年十一月二十二日、信長が謙信家臣の河田長親《かわたながちか》に宛てた書状に、友閑と佐々長秋へ気遣いがあったこと（『上越市史』一一三二号）、そして天正元年三月十九日付けの謙信書状に、美濃と信濃《しなの》（長野県）との国境に用心するよう、菅屋長頼《すがやながより》、長《ちょう》 連竜《つらたつ》、林通勝《はやしみちかつ》、佐々長秋とともに友閑へも知らせるように（『上越市史』一一四一号）との文言が見える程度である。つまり、友閑は上杉家を担当する外交官として信長より命を受けたのではなく、将軍義昭の意向を伝える使節とともに信長の意を代弁する外交的交渉役を任命されたのであり、義昭・信長・謙信三者の間をうまく立ちまわることを期待されて抜擢されたということであろう。このような複雑な人間関係を調整する対外交渉役として、友閑はこの先も大いに活躍していくのである。

三　大徳寺と上賀茂社との相論

友閑を案じる信長

元亀二年（一五七一）に上杉謙信のもとへ赴いた友閑は、ほどなく岐阜に戻り、信長の側近として任務をこなしている（『言継卿記』）。そして翌元亀三年、疲れが出たのであろうか。腫れ物ができ、イエズス会の医師を呼ぶ事態となった。本書「はじめに」で紹介したが、この年の正月晦日、信長が直々に医師の派遣を要請している（『文書の研究』上巻三一〇号）。その後、いまだ医師が差しむけられないことに業を煮やした信長は、右筆の武井夕庵に再度、催促させた（『文書の研究』上巻三〇一号参考文書）。それによれば、イエズス会の医師が滞在する近江《おうみ》（滋賀県）の蘆浦観音寺《あしうらかんのんじ》から岐阜までの諸経費を佐久間信栄《さくまのぶひで》に請求せよ、との具体的な指示をも出しており、火急な事態であったことがうかがえる。信長がこれほどまでに家臣を案じている史料は、他に類を見ない。奥野高廣氏がすでに述べているが、信長の友閑に対する愛情の深さを語って余りある。

外科分野のたちおくれ

当時の国内医療は、今まさに友閑が必要とする外科の分野が立ちおくれていた。そこで、その方面に詳しいイエズス会の医師による治療に頼ることにしたのであろう。その後の経過について記す史料は残されていないが、おそらく友閑は無事に完治したと思われる。というのも、この年の春には信長による京都支配の一環に携わっているからだ。

大徳寺と上賀茂社との相論に関与

友閑は、元亀三年の四月頃に起きた大徳寺と賀茂別雷神社《かもわけいかづちじんじゃ》（以下、上賀茂社《かみがもしゃ》とする）との相論《そうろん》、すなわち訴訟問題に従事した。これは二ヶ月にわたる訴訟であったために、信長自身もたびたび朱印状《しゅいんじょう》を発給し、また信長配下の奉行人《ぶぎょうにん》も複数携わり、事態解決に向けて奔走した。そうしたなか、友閑は大徳寺側の窓口となり、信長と大徳寺との間を取りもったばかりか、信長の裁決を上賀茂社へも伝え、かつ上賀茂社側の窓口となっている同僚たちへも一言する活躍を見せた（拙稿「織田政権の奉行人と京都支配」）。早速、その詳細を見ていくことにしよう。

事の起こりは、上賀茂社の所領内に存在する大徳寺領に対して、上賀茂社が段銭《たんせん》、すなわち臨時の賦課税をかけると申し立ててきたことにある。この上賀茂社の申し立てを不服とした大徳寺が信長に訴えを起こしたのである。

相論の背景

そもそも、この問題の根本には、上賀茂社の所領内に大徳寺領があるという複雑な事情があったことを理解しておかねばならない。上賀茂社の社領について研究をしている須磨千頴氏によれば、上賀茂社の所領内には「賀茂六郷《かもろくごう》」と呼ばれる田畠があった。それは大野、河上、岡本、大宮、小山、中村の各名称で知られ、とりわけ大野郷の大半は大徳寺領であった（「賀茂六郷」）。そうした背景には、大徳寺が上賀茂社から購入して寺領となるケースが多くあったと考えられる。一例として、大宮郷内にある「後地」と呼ばれる田畠は、文明《ぶんめい》九年（一四七七）に上賀茂社が仮殿《かりどの》の費用のため大徳寺へ売却したという経緯があった（『大徳寺文書』一〇〇九号）。

徳政令との関わり

このような複雑な立地条件に加えて、須磨氏が明らかにしたように、中世の上賀茂社では「賀茂六郷」内に他の寺社領が含まれていたとしても、一応そこから本役として「御結鎮銭《みけつちんせん》」という一種の税金を徴収することができる体制、すなわち一円社領化《いちえんしやりようか》のシステムがあった。こうした事情により、「賀茂六郷」をめぐってはしばしば両者の間で相論の対象となり、例えば天文《てんぶん》二年（一五三三）十〜十二月には室町幕府からたびたび奉行人奉書《ほうしよ》が出されている（『大徳寺文書』二〇五二〜二〇五八号）。要するに、上賀茂社の所領内に大徳寺領が混在するという立地条件と、上賀茂社側の一円社領化の体制とがより一層ことを複雑化させ、歴史的にも問題となる場所となっていたというわけである。

だが、このような複雑な背景があったにしても、なぜ元亀三年の春にこの訴訟が起きたのであろうか。その要因としてふたつ考えられる。まずひとつに、元亀元年十月四日、室町幕府によって徳政令《とくせいれい》が公布され、それに伴い信長が大徳寺と上賀茂社双方へ徳政令の適用を免除する朱印状を発給したこと（『文書の研究』上巻二六一号、二六二号）。ついで、まさにこの時、幕臣で三好三人衆《みよしさんにんしゆう》のひとりである石成友通《いわなりともみち》が上賀茂社領を勘落《かんらく》、すなわち没収しようとする動きがあるとのうわさが流れていたこと（『兼見卿記《かねみきょうき》』）。いずれも相論の直接的な要因ではないにしろ、上賀茂社側が申し立てをする間接的な動機となったであろう。

信長の裁決

さて、相論の背景を理解したところで、実際に信長が下した裁決の足どりを見ていくことにしよう。元亀三年三月十二日、上洛した信長は妙覚寺《みょうかくじ》に入った。この時、信長は徳大寺公維《とくだいじきんふさ》邸を自らの屋敷と定めて普請《ふしん》をはじめることにしたため、五月十四日までおよそ二ヶ月の間、京都に滞在している（『信長公記』）。おそらく、この間に大徳寺より何らかの訴えがあったものと思われる。信長は次のような朱印状を発給している（『文書の研究』上巻三一八号）。

大徳寺と諸塔頭ならびに門前、上賀茂社境内、そのほか「棄破の朱印」を出した土地でも、大徳寺は他の寺社とは異なるので、永久に大徳寺領とする。ただし近年に脱落した分は、ここには含まない。現段階で大徳寺が知行している分については年貢の納入を保証する。付けたり。塔頭が退転した時には、大徳寺にその責任を問うものとする。

元亀三年
四月二十五日　　信長（朱印）

つまり、信長は「賀茂六郷」内に存在する田畠も含め、現行の寺領を大徳寺の所有と認めて安堵《あんど》したわけである。文中に見える「棄破の朱印」すなわち売買契約無効の朱印状というのは、先に述べた元亀元年十一月日付けの徳政令に伴う朱印状をさすのであろう。信長はその内容をあらためて保証する旨をここで明記したのである。

裁決を双方に伝達

ところが、この信長朱印状の発給から一ヶ月も経たずして、信長の奉行人である武井夕庵、徳斎友閑、福富秀勝《ふくずみひでかつ》から、あらためて大徳寺へそのことを念押しする書状が出された。五月十五日のことである。長文ではあるがこの相論の要であるので、全文を紹介しよう。

紫野　大徳寺

> 大徳寺、その塔頭領と門前、賀茂境内の田畠などについて、このたび、上賀茂社が段銭（臨時の賦課税）をかけると申し立てていることは道理に合わないことである。丹羽長秀はこれに関してまったく承知していない。大徳寺は他の寺社とは異なり、上様（信長）の御朱印状を所持しているのだから、上賀茂社の申し立てには承諾できない。再び臨時の課税などを申しかける者があれば、すぐに私たちに申し出るように。明智光秀と村井貞勝へもこの件を説明しておくのでご安心なさるように。

これは、信長の右筆夕庵と信長の馬廻り《うままわ》（信長が直接指揮をとる本隊を形成する者たち）のひとり福富秀勝、そして友閑の連名によって、信長が京都を後にした直後に大徳寺へ宛て出されたものだが、原本は現存しておらず、写しが上賀茂社に伝わってる（『賀茂別《かもわけ》雷《いかづち》神社文書《じんじゃもんじょ》』東京大学史料編纂所写真帳）。その理由としては、上賀茂社の言い分に対する信長の裁決が、この連署状《れんしょじょう》によって上賀茂社へも伝えられたことによると考えられる。友閑を含む奉行人は、先に掲げた四月二十五日付けの信長朱印状を根拠として、上賀茂社の申し立てを道理の合わないことと退けたのである。

相論に関与した奉行衆

ここで、連署状の文中に見える丹羽長秀、明智光秀、村井貞勝について説明しておく必要があろう。彼らは信長配下の部将として著名な人物であるが、天正元年（一五七三）七月に村井貞勝が京都所司代に就任するまで、互いに連携して京都のさまざまな業務に携わっていた。丹羽長秀は前年に起きた上賀茂社と貴船山《きふねやま》（上賀茂社の摂社《せっしゃ》）との紛争に際して、上賀茂社側の窓口として信長への取次を行っていた（『賀茂別雷神社文書』六二・九六号）。そして天正三年頃には、信長政権下の上賀茂社奉行のような役割を担うようになる。明智光秀と村井貞勝もまた、この頃、上賀茂社の「御結鎮銭」に関する業務に従事していた（『賀茂別雷神社文書』三四三号）。つまり、この三名は上賀茂社を担当する窓口であった。それゆえ、このたびの訴訟で大徳寺の訴えが通ったことを、大徳寺側の奉行人から結果を知らせておくと明示したのである。政権内の連携をもアピールする狙いがあったのであろう。

上賀茂社、納得せず

ところが、この相論はここで決着を見なかった。夕庵、友閑、福富による連署状によって、信長の裁決が双方に伝えられたにもかかわらず、その後も上賀茂社はこの申し立てに固執したようである。というのも、六月二十三日、信長によって再び大徳寺へ朱印状が発給されているからである（『文書の研究』上巻三二四号）。それによれば、大徳寺は再度、信長へ使者を送り、「賀茂境内田畠」の件を訴え、信長はそれに対して大徳寺が購入した「賀茂境内」の寺領を安堵し、かつその見返りとして銀子一〇〇両を受けとったことがわかる。要するに、先に述べた四月二十五日付けの信長朱印状、および五月十五日付けの連署状による判決を、上賀茂社が承服しなかったわけである。それゆえ、大徳寺としては信長へ礼銭を支払ってでもかの寺領に対する、いわばお墨付きが必要だったということであろう。

はじめて副状を作成

そして、この六月二十三日付けの信長朱印状の末尾には、注目すべき一文が記されている。それが「なお友閑申すべく候」だ。これは文字通り、この信長朱印状に友閑の副状が付随していることを示す。大徳寺に伝わるその副状は、今回の相論に携わった奉行人三名のなかで、友閑がいかなる立場にあったのかをあらわすものであるし、また年代

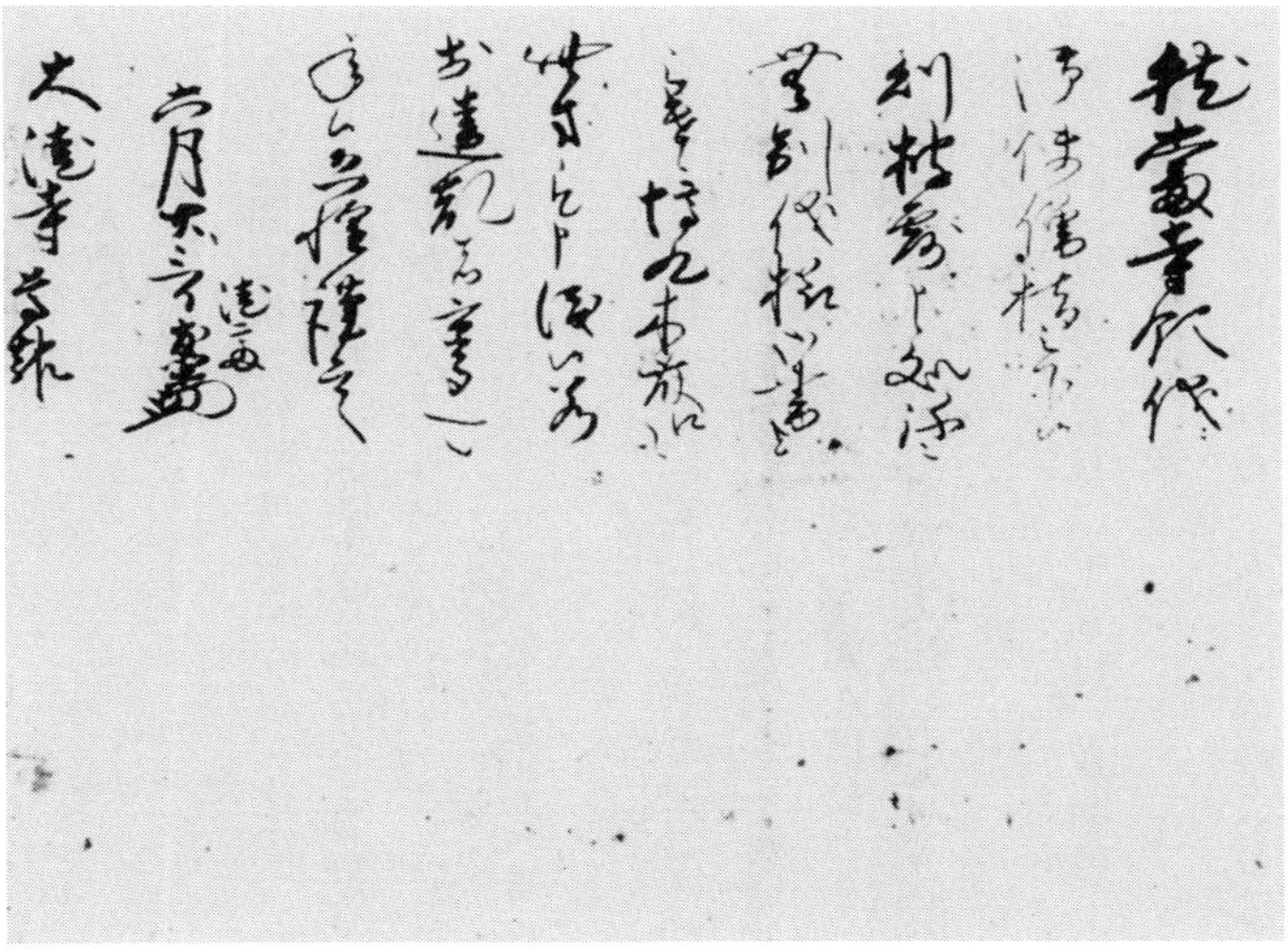

友閑副状の初見（大徳寺所蔵，東京大学史料編纂所所蔵写真帳より）

推定ができる友閑書状のうち、信長文書の副状として発給された初見と思われる（『文書の研究』上巻三二四号参考文書）。それは次のようである。

（賀茂所領内にある）大徳寺領のことで、使僧を派遣されました。信長にその旨を披露したところ、まちがいなく問題ない旨の朱印状をそちらに発給しております。塙直政《ばんなおまさ》と木下秀吉へも私からその旨を申し渡しておきます。もし問題が生じましたら、再度承ります。

徳斎

六月二十三日　　　　友閑（花押）

大徳寺

尊報

この友閑書状で留意することは、次の三点だ。

単独で大徳寺を担当

①先の五月十五日付け連署状にあるように、この相論に関する窓口は夕庵、友閑、福富秀勝の三名であったが、ここにきて友閑が単独で行っていること。

②五月十九日に岐阜に帰城した信長へ友閑が大徳寺よりの使者の言い分を披露していること。

③上賀茂社側の窓口として、新たにこの問題に携わることになった塙直政と木下秀吉へも、この信長の裁決を友閑から言い渡しておくと明記していること。

つまり、この三点から、友閑が信長のそば近くに侍す側近として、信長と直接話しをし、その裁決をほかの上賀茂社を担当する奉行人たちに伝える立場にあることが見てとれるのである。

上賀茂社へも裁決を伝達

さらに二日後の六月二十五日、友閑は上賀茂社へも今回の決定を次のように伝えた（『文書の研究』上巻三二五号）。

厳重に申し入れる。大徳寺領のことは、たとえ信長が売買契約無効の朱印状（元亀元年十一月の徳政令免除の朱印状のこと）を出されたとしていても、大徳寺は他の寺社とは異なると、信長が仰せになった。そうであるのに、このたび、大徳寺が賀茂境内にある購入地のことで問題が生じていると使僧を派遣してきた。大徳寺の訴えは道理にかなっており、確かに異議がない旨の朱印状（元亀三年六月二十三日付け）を大徳寺へ送っている。かかるうえは、上賀茂社側がかの地に対して不法行為を行ってはならない。すなわち木下秀吉と塙直政へも私の方からこの旨を伝達しておいた。以上のことを承知しておくように。

本書第二の三で述べたように、友閑が京都の寺社政策に関わるようになったのは、永禄十二年（一五六九）十一月のことであった。三年前、佐久間信盛と好斎一用《こうさいいちよう》とともに臨時の寺社奉行にも携わりはじめた友閑が、元亀三年にいたり大徳寺担当の窓口として単独でその任にあたり、かつ最終的には信長の、いわばスポークスマンとして上賀茂社側へもその裁決を伝える立場となっている。

奉行衆へも信長の意向を伝達

さらには、ともに大きな組織、複雑に絡み合う諸問題に対処すべく、ことに上賀茂社を担当する奉行人として丹羽長秀、明智光秀、村井貞勝、塙直政、木下秀吉までも投入されていたが、友閑は彼らに対して信長の意向を伝達する役目を負うようにまでなっている。後に、友閑の主要な任務のひとつとなる信長の御意《ぎょい》伝達役がこの相論より見られるようになった。明らかに、友閑が信長の信任を得て、着実に重要な側近になりつつあることが認められよう。

それではなぜ、当初は夕庵と福富秀勝との三名による連署状発給であったものが、最終的に友閑の単独任務となっていったのであろうか。そこには、謎めく友閑の素性を解く鍵がかくされているように思える。すなわち、本書第一の三で述べたように、友閑と臨済宗との深い関わりである。この相論の翌年、古渓宗陳《こけいそうちん》が大徳寺一一七世の住持となるが、それを記念して「徳庵」が唐物の盆を寄進したことも無縁ではなかろう（『古渓和尚入寺之奉加帳』）。もちろん友閑が茶人としての側面を兼ねそなえていたことも。

誤解のないように書きそえておくが、信長の友閑に対する信頼が大徳寺の勝訴を導いたわけではない。この裁決が出された後も、上賀茂社内では種々問題が起きていることからも推察できるように、混迷する上賀茂社側の言い分は道理に合わないこととして退けられたのである。腫れ物を心配するほど友閑に温情をかけていた信長だが、そこは冷静に裁定を下したということであろう。

ともあれ、大徳寺が所有する「賀茂六郷」内の寺領については、こうして一件落着となったのだが、いまだ問題解決にいたらぬ案件が上賀茂社内にはあった。それが、この項の冒頭でも少しふれた幕臣石成友通による上賀茂社領の没収騒ぎである。この問題は翌年に、将軍足利義昭を京都より追放する要因のひとつともなる。これに関しては、友閑も幕府方との交渉に携わることになるので、章を改めて見ていくことにしよう。

宗久の茶席に赴く

こうして友閑の元亀三年は暮れようとしている。この年の最後の足どりを紹介して、元亀三年の事績を終えることにしよう。十二月十三日の昼、友閑はなじみとなった「堺衆」のひとり今井宗久の茶会に招かれた。『今井宗久茶湯書抜』によれば、この前日に宗久は信長より鶴を拝領し、それを振る舞う茶会を十三日朝、昼と二会ひらいたという。

信長よりの下物

先に紹介したように（本書第二の三）、宗久はすでに信長から堺代官の実務を請け負うことを認められていることから、この鶴はいわば拝領物にあたる。主人から臣下の者へ下《か》賜《し》された品は、保立道久氏や原田信男氏が明らかにしているように、中世では下物《おろしもの》とも呼ばれ、それを共同飲食することは主従関係の強化につながった（保立道久「庄園制的身分配置と社会史研究の課題」、原田信男「古代・中世における共食と身分」）。したがって、この宗久の茶会にもそのような意味がこめられていたと考えてもよいであろう。

さて、宗久の朝会に招待されたのは天王寺屋道叱、山上宗二、津田宗及で、昼会には千利休と友閑、草部屋道設《くさべやどうせつ》であった。昼会は道具組も料理も朝会と同じであったと記される。友閑は利休や道設とともに、信長より拝領の鶴に舌鼓を打ったのだ。そして、友閑がこの日、目にした道具組は次のようであった。囲炉裏《いろり》に鍋釜が自在竹《じざいだけ》で釣ってある。

床《とこ》の間《ま》には、薄色椿が生けられた手灯籠《てどうろう》形のかご花入一点が飾られている。それに備前《びぜん》水指《みずさし》、瀬戸茶碗、曲面桶《まげめんつう》、引切《ひききり》の竹製蓋置《ふたおき》。すべてが和物である。つまり、宗久は四畳半以下の狭い小間（自在竹はそのような座敷で使用するきまりであった）を、一般的な炊事道具を茶道具に見立てた道具でしつらい、唐物を用いず、一貫した和物の世界観によってわびた風情を作りあげたことがわかる。このようなわび茶の空間でひときわ輝きを放ったのが、信長から拝領した鶴であったに違いない。まことに粋なもてなしである。

友閑の地位向上

この史料は友閑が「堺衆」の茶会に招待されたことを示す初見である。しかし、史料上では利休が正客、友閑が次客となっていることから、この会そのものを疑わしいと見る向きもある（永島福太郎『茶道古典全集』第十巻、米原正義『天下一名人　千利休』）。しかし、宗久の朝会に招かれた宗及の『他会記』にも同様の記述が見られるため、茶会そのものは認めてよいのではなかろうか。宗久は利休の好みを重視して、このようなわびの趣向を作りあげたのかもしれないが、いずれにしろ、『今井宗久茶湯書抜』が幕末に抜粋のうえ、書写された史料であることを常に念頭に置かねばならない。

腫れ物騒動からはじまった元亀三年であったが、友閑は信長の側近として信任を得て、御意伝達役を任されるまでになった。その地位が着実に上昇していることが見てとれよう。翌天正元年以降、友閑はさらなる重責を担っていくことになる。

第四　信長側近と堺代官の兼務

一　将軍義昭との交渉と「堺衆」掌握

天正元年（一五七三）は、将軍義昭を京都から追放し、天下統一に向けて大きな一歩を踏み出したという意味で、信長にとって画期的な意味を持つ年であった。

義昭への異見書

前年の九月、信長は自らを包囲する勢力の中枢にいるのが義昭と見定め、袂を分かつべき時機到来とばかり、十七ヶ条にわたる異見書を突きつけた。いわば先制攻撃である。その内容をかいつまんで紹介しておこう。まず第一条目に義昭は朝廷を重んじておらず、第二条目に信長の副状《そえじょう》なしに御内書《ごないしょ》を諸将へ乱発し、第三条目に将軍へ忠節を示す者に十分な恩賞を与えず、さして働きのない者に扶持《ふち》を与えている。また第四条目に信長との戦に備え、「御物《ごもつ》」を京都から避難させ、将軍の御所を造営した信長の辛苦は徒労に帰しているではないかと不快感を表明。第五条目に上賀茂社領に関して、石成友通《いわなりともみち》に命じて領地を没収するのはいかがなものか。さらには第六条目に信長と昵懇《じっこん》の者を疎んじ、第十条目に年号の改元を遅らせ、第十四条目に義昭の御所内に備蓄してある米を金銀に交換させたというではないか。「公方様《くぼうさま》御商売」などということは古今未曾有のことである、と非難。そしてさいごに、第十七条目にあなた（義昭）はすべてに貪欲で、道理も外聞も無視する人物だとの風評があり、「あしき御所」とすら噂されている、反省すべきだ、と辛口で締めくくられている。先に詳述した大徳寺と上賀茂社との相論《そうろん》の背後には、幕臣石成友通による勘落《かんらく》騒ぎがあったが、その根底には義昭との確執があったことも、この異見書の第五条目からうかがえる。

さて、十七ヶ条にわたる異見書を送った後、『信長公記』によれば、信長は朝山日乗《あさやまにちじょう》、島田秀満、村井貞勝を義昭のもとへ遣わし、人質と誓詞《せいし》の起請文《きしょうもん》（誓約書。詳しくは本書第五の四参照）を差し出し、和談を試みる。しかし、それは失敗に終わった。そこで、信長は天正元年二月、再度、使者を義昭のもとへ送り折衝を試みている。二月二十三日付けの細川藤孝へ宛てた信長黒印状《こくいんじょう》には、次のように記されている（『文書の研究』上巻三六〇号）。

> 塙直政《ばんなおまさ》を上洛させ、義昭に和平を願ったところ、条件を提示されたのですべて承服することにした。その旨を伝えるべく、再度、塙直政を差しむける予定であったが眼病を患ったため、友閑と島田秀満を派遣し、人質も差し出すことにした。これで京都に飛びかうさまざまな噂も静まり、義昭の隔心もなくなるだろうか。

ここで、友閑の登場である。信長黒印状の文中にあるごとく、いわばピンチヒッターではあったが、友閑は島田秀満とともに義昭のもとへ赴いた。「美濃《みの》（岐阜県）より信長の使者である島田と友閑が上洛したようだ」との情報は京都でもささやかれていた。二月二十二日のことであった（『兼見卿記《かねみきょうき》』）。

ところで、この人選についてである。まず、島田秀満は尾張《おわり》（愛知県）出身の信長奉《ぶ》行衆《ぎょうしゅう》のひとりとして天文年間より活躍しており、永禄十一年（一五六八）九月の上洛以来、村井貞勝とともに京都の行政に携わっていた。ことに今回の義昭問題に関しては、先述のように朝山日乗、村井貞勝とともに義昭のもとへ派遣されていた。したがって、経験者としての起用であろう。次に、友閑の投入についてである。友閑が信長にとって重要な局面で、いわば外交官としての職務にその手腕を発揮しつつあることはすでに述べたとおりである（本書第三の二）。そうした友閑の能力に加えて、今回、信長が再三にわたり書状を取り交わしている細川藤孝と友閑との親交も加味されたのではないかと思われる。

細川藤孝との親交

藤孝の現段階の身分としては、義昭に付き従う室町幕府の奉公衆《ほうこうしゅう》である。しかし、元亀二年（一五七一）頃より信長と頻繁に連絡を取り合い、この頃、信長への対応をめぐって、義昭の面前で側近の上野秀政《うえのひでまさ》と口論するなど（『細川家記《ほそかわかき》』）、きわめて信長寄りの立場にあった。そして、信長と義昭との決裂が決定的なものと見るや、藤孝は義昭に見切りをつけて信長側につくことを決し、岐阜城にいる信長へ繰り返し京都の情勢を書き送り、信長も逐一返書を与える関係となっていた。また、藤孝は当代きっての文化人としても名高く、友閑が主催した連歌会《れんがえ》に参席したこともある（本書第三の一）。

藤孝からの手紙

その藤孝が、天正元年のものと推定される正月七日付け友閑宛の書状で、次のように語っている（『革島文書《かわしまもんじょ》』）。「このたび、私（藤孝）が岐阜へ下向した際には、あなた（友閑）に大変よくしていただいたこと、今でも忘れられません。あなたともっと雑談したかったのに、それができなかったことが心残りです」と書きはじめ、革島一宣《かわしまかずのぶ》が下ってきたこと、在陣中の滝川一益《たきがわかずます》から指示を得ていること、そして近いうちに大覚寺門跡尊信《だいかくじもんぜきそんしん》が催す「御千句《おんせんく》」に参会し、その様子をあらためて知らせることが記され、自分のことをよくよく信長にお取り合わせくださるようにとの依頼で締めくくられている。

藤孝との共通点

あまり注目されていない書状であるが、藤孝は信長へ書面のみならず、直接岐阜へ赴いて情報を伝えていたことがわかる。そして何より、文化人として共通のたしなみを有する友閑と藤孝が「雑談」し合う間柄であったことは興味深い。ちなみに、藤孝の言う「御千句」とは、この年の正月九日に開催された連歌会（嵯峨千句）のことで、たしかに藤孝は脇句《わきく》をはじめ八首の句を詠んでいる（『連歌総目録』）。信長はこうした友閑と藤孝との関係をも加味したうえで、このたびの起用を決めたのではなかろうか。

室町幕府の終焉

しかし、この交渉は徒労に終わった。二月十六日、義昭は山岡景友《やまおかかげとも》に挙兵させて近江《おうみ》の石山《いしやま》や今堅田《いまかたた》に砦を築かせ、信長軍の入京阻止を試みた。そして三月六日、義昭は信長へ人質を返し開戦。二十九日、信長がついに上洛し、義昭を威嚇するために上京を焼き払い、二条城を包囲すると、義昭は四月七日、あえなく降服した。

ところが、七月三日にいたり、義昭は山城《やましろ》（京都府）槇島城《まきしまじょう》に三千七百あまりの兵力で籠城し抗戦する。しかし、九日に信長が入京し、十六日に攻撃を開始するや、あっけなく降服。二十一日、義昭は三好義継《みよしよしつぐ》の居城である河内《かわち》（大阪府）若江城《わかえじょう》に落ちのび、ここに室町幕府は事実上、消滅した。

信長に近侍

さて、信長の鮮やかな快進撃のさなか、二月に義昭のもとへ赴いた友閑はどうしていたのだろうか。現存するふたつの史料から、友閑は側近として信長と行動をともにしていたと考えられる。具体的に見ていくことにしよう。信長が上京一帯を焼き払い、義昭が二条城を退去したおよそ二ヶ月後の六月十八日、下京の町衆《まちしゅう》は信長その人をはじめとして、その配下の者たちへ礼銭《れいせん》を渡している。この時の帳簿によれば、友閑へも銀子《ぎんす》五枚が送られている（『朝河文書《あさかわもんじょ》』）。

比較のために書きそえておくが、信長は銀子二五〇枚と金子《きんす》三枚、家臣では柴田勝家が破格の銀子一〇〇枚に金子一枚、ついで丹羽長秀と蜂屋頼隆《はちやよりたか》が銀子二一枚である。友閑と同額の面々は荒木村重《あらきむらしげ》、細川藤孝、佐久間信盛、武井夕庵、島田秀満、塙直政、明智光秀、村井貞勝であった。司令官クラスの部将がより高額な礼銭を受けとっているようだが、それは部将の役割と比べて、側近の仕事が対外的に地味な役まわりに見えるためであろうか。ともかく、こうしたリストに友閑の名が連ねられているということは、側近としての認知度を推しはかることができると同時に、友閑が信長に従って行動していたことをも示していよう。

吉田社への使者

ついで七月九日、信長が槇島城に立て籠もり抵抗を続ける義昭を攻めるべく上洛し、妙覚寺を陣所《じんしょ》とした時のことである。十二日、信長は二条城を破却したのだが、新たに吉田山《よしだやま》に信長の居館《きょかん》を構えたらいかがかと明智光秀が進言した。そこで、信長は十四日、吉田山を検分（立会い検査）させるために六名の使者を遣わすことにした。その時の様子は、吉田神社の神主である吉田兼見《よしだかねみ》の日記に、次のように記されている。

　早朝、柴田勝家、木下秀吉、滝川一益、丹羽長秀、友閑、前波七郎兵衛尉《まえばしちろべえのじょう》が来訪した。吉田山が信長の屋敷地として適切かどうか検分するとのこと。私はお屋敷には適さないでしょうと申しあげ、使者たちを自宅にお招きして小漬飯（小碗に盛った飯と汁のことで、客のために急いで作った軽食）を供した。

結局、吉田山は適さずとの判断がくだされたのだが、翌十五日、兼見は妙覚寺に赴き、滝川一益と友閑に昨日の礼を述べている（『兼見卿記』）。以上、ささやかな足どりではあるが、友閑が快進撃を続ける信長のかたわらで、側近としての役目に従事していたことがうかがえよう。

信長の妙覚寺茶会

将軍義昭を京都から追放した信長は、八月には越前（福井県）の朝倉氏を討ち、返す刀で江北《こほく》（滋賀県北部）の浅井氏を滅し、十一月には大坂本願寺と和睦をし、元亀年間より続いていた一大危機を乗り越えたのであった。そして十一月四日、岐阜より上洛した信長は妙覚寺に寄宿。二十三日、妙覚寺内にある東向き四畳半、左勝手《ひだりかって》（現在の逆勝手《ぎゃくかって》にあたる。これは亭主の左側に客人が座すタイプの座敷で、室町以来の古いスタイルであった）の茶の湯座敷に、三名の「堺衆《さかいしゅう》」津田宗及（屋号は天王寺屋《てんのうじや》）、塩屋宗悦《しおやそうえつ》、松江隆仙《まつえりゅうせん》を招いて茶会を開いた。これは「政権樹立を宣言したもの」（永島福太郎『天王寺屋会記　六』）であり、「和睦記念、勝利宣言」（米原正義『天下一名人　千利休』）というように、きわめて政治色の強い茶会であった。また、青柳勝氏は、招待された「堺衆」の立場に注目して、信長が「堺衆」を完全に掌握するための会であったとし、この茶会を契機として、それまで信長への完全服従に消極的であった津田宗及が、信長を「上様」と呼び、その配下に下ったことがわかると指摘している（「織田政権における堺衆」）。

津田宗及の茶会記

以上のような先行研究の見解は、堺を代表する茶人である津田宗及が残した茶会記と、信長の状況を合わせて読みとくことによって得られるものである。宗及は自らの茶会の記録『自会記』と、招待された茶会の記録『他会記』を記した。これらは自筆の原本が伝わっているため、その史料的価値はきわめて高い。

茶会記とは何か

そもそも茶会記（会記とも言う）とは、時、場所、亭主名、同席の客人名とともに、茶会の進行や道具組、献立などを記すことを目的とした一種の日記である。客をもてなし、ともに一座建立を楽しみ、主客が直心の交わりを持つことを究極の目的とする茶会では、自然と道具の取り合わせや料理の仕立てに亭主の意図やもてなしの心が反映される。当時すでに根づいていた一期一会の観念のもと、客人はその余韻を長く記憶にとどめておくために、また後の参考とするために詳細な記録をつけたのである。

宗及にとって、はじめて信長に招かれたこの妙覚寺茶会は、やはり晴れがましいものであったと見え、道具組、料理の献立、そして茶会後にあらためて礼に赴いたことなどが他の会よりも詳細に記述されている。早速、宗及の『他会記』をひもとき、信長がいかなる意図のもと、どのようなもてなしを展開したのかをのぞいてみることにしよう。

道具組

まずは道具組である。床の間には玉澗《ぎょくかん》筆「洞庭秋月《どうていしゅうげつ》」が掛けられ、炉には半鶴首《はんつるくび》の釜が鎖で釣られている。台子《だいす》の上には珪璋《けいしょう》の天目台《てんもくだい》にのった「白天目《しろてんもく》」が置かれ、下には旧幕臣である摂津《せっつ》（大阪府）の池田清貧《いけだせいとん》が旧蔵の「瓢箪《ひょうたん》」炭入《すみいれ》、水指《みずさし》はなく、「金の棒の先」水翻《みずこぼし》が置き合わされている。茶頭《さどう》すなわち点前《てまえ》を行ったのは、上京の珠光《しゅこう》流茶人、不住庵梅雪《ふじゅうあんばいせつ》である。

前代未聞の行動

茶を喫した後、信長が茶の湯座敷に入り、床の間の室礼が変えられた。宗及はその様子を「大軸帆帰の絵、月ノ絵上へ御カケナサレ候」と記した。つまり、信長自らすでに飾られている「洞庭秋月」を巻き取ることなく、その上から新たに玉澗筆「遠浦帰帆《えんぼきはん》」を掛けたというのだ。前代未聞の驚くべき行為である。信長はよほど二本の唐絵《からえ》を見せたかったのであろう。その理由は、続いて、

白天目、大坂より進上の刻《きざみ》なり、始《はじめ》て拝見申候、比《ころ》言語道断、ナリ、土、薬何モヲモイトハナシ、

大軸ニクフナカラ始て拝見候、越前より上《のぼ》リ申候、

と記されている。つまり信長は、喫茶が終了し、食事となるまでの間に自らの手で座敷の室礼を変えながら、床の間の軸と台子の上に鎮座する「白天目」の由来を客人たちに語り聞かせたのである。すなわち、「白天目」はたった今、大坂の本願寺門跡顕如《けんにょ》から進上されたばかりの名物であること、そして二本の掛け軸は越前の朝倉氏から到来したものであることを。それらをはじめて目にした宗及はとりわけ「白天目」について、言葉を失うほど素晴らしい、形、土、釉薬《ゆうやく》どれをとっても欠点はないと絶賛した。

名物を利用した政治的アピール

このように茶会の場で道具の由来が披露されるのは、ごく当たり前の行為である。しかし、信長の場合、その立場からしばしば政治的な経緯によってもたらされた名物であることが強調される。ここで信長が意図したことは、茶の湯の名物としての価値のみならず、戦勝と和睦を象徴する名物、いわば威徳の品であることを客人たちに認識させることにあった。この点こそ、信長がいまだ完全に服従の姿勢を見せない三名の客に伝えたかったことなのであろう。すなわち、これほどの名物を一銭も支払うことなく進上される立場にあるのだ、ということを。商人である「堺衆」は、それがいかなることなのかを耳目によって理解したことであろう。妙覚寺茶会で飾られた名物は、信長の立場を如実にものがたる政治的調度品であったわけだ。信長は政権樹立を宣言できる時勢が到来したまさにこの時、二本の軸と「白天目」、そしてそれらと調和する名物の道具組に「堺衆」の完全掌握をかけたのである。

信長にそのようなもくろみがあったにしろ、このまま茶会を終了させてしまっては、客人を威圧したに過ぎない。信長にとっての一期一会は、茶会の後半戦、つまり食事の時間にその真骨頂を見せる。宗及は、この日の献立も詳細に記録している。信長が用意した饗膳は山海珍味を取り揃えた本膳料理、すなわち武家社会の正式なフルコースであった。それらを武家のルールに則り元服前の若者に配膳させたのだが、そうしたなか、驚くべきパフォーマンスがあった。直接、宗及の言葉を聞こう。

信長様御出になられ、自身御しいさせ候、

つまり、信長は自ら座敷に出座して客人に酒の酌をしたというのだ。本来なら、下位の者が行うサービスである。それを、亭主である信長自ら行ったというから、信長がいかに「堺衆」を重視し、この日の茶会に全身全霊をかけて挑んでいたのかを語って余りある。茶会で名物を見せつける行為が威圧だとすれば、食事の時間は懐柔と言えよう。いわば飴と鞭のもてなしである。宗及はこの日を境に信長を「上様」（あるいは「殿様」「御家門様」とも）と呼ぶようになる。信長による茶会の政治的利用は、大成功のうちに終わったのであった。

信長、手ずからお酌

友閑の関与

さて、友閑である。すでに述べたように、永禄十二、十三年と信長の名物収集に深く関わってきたし、また側近として妙覚寺に入っていたので、この茶会にも何らかの関与があったと思われるが、『他会記』にその名は見えない。ところが、『今井宗久茶湯書抜』には見えるのである。それによれば、宗及らを招いた翌二十四日も、信長は妙覚寺で茶会を開き、友閑、山上宗二、宗久とともに利休が点前をした茶を喫したらしい。すでに旧知の宗久らを交えて、正客の友閑とともになごやかな一会を過ごしたというのであろうか。ただ、この時の道具組に矛盾が見られること（二年後に入手することになる「三日月」がすでに登場している）と、後述するように、二十五日の朝には宗久が友閑を招いて堺で茶会をしていることから検討の余地がある。とはいえ、会そのものを否定する材料もないため、ひとまず日付けの誤写と考えて、堺の状況に目を転じてみよう。

『堺数寄者の物語』

この時期の「堺衆」の茶会を列挙した記録として、『堺数寄者の物語』（『大日本史料』第十編の二十）がある。その冒頭には「堺において茶湯の次第」とあり、十一月二十三日朝から十二月五日朝まで、二〇名の「堺衆」による二〇会がしたためられている。そして末尾には、

友閑・九良左衛門拝見の一書、移し留めるものなり、

天正元年癸酉《きゆう》十二月日

との奥書が記されている。つまり、これは友閑と塙直政が出席した茶会で拝見に供された道具を書き留めた一書であり、それを某が書写したものであることがわかる。

内容はきわめて簡素なもので、床の間の飾り、釜、水指、建水《けんすい》、茶碗の五点を明記し、日付けと亭主名はあるものの、客名は書かれていない。しかし、後に詳しく述べるように、二〇会の最後を飾る十二月五日朝の宗及茶会は、宗及自身の『自会記』により、友閑ただひとりを招いて開かれたものであった。したがって、天正元年十一月二十三日、まさに信長が妙覚寺で三名の「堺衆」を招いた茶会が行われていたその日より、十二月

五日にいたる一二日間、友閑は塙直政と同道もしくは単身で、連日「堺衆」の茶会に参席していたことになる。塙直政は、先に述べたとおり、この年の二月頃は眼病を患っていたが、それも癒えたようで、十二月二日の昼には、にわかに河尻秀隆《かわじりひでたか》、簗田《やなた》出羽守《でわのかみ》、今井宗久とともに宗及邸を訪れ、茶と料理をふるまわれていることから（『自会記』）、堺を訪れていたことは確かだ。ともあれ、『堺数寄者の物語』に記された茶会を列挙してみよう。

「堺衆」よりの招待

十一月二十三日朝　祐長《ゆうちょう》宗円《そうえん》の会
　同日夕　油屋《あぶらや》常祐《じょうゆう》の会
二十四日朝　茜屋《あかねや》宗左《そうさ》の会
二十五日朝　今井宗久の会
　同日夕　満田《みつだ》宗春《そうしゅん》の会
二十六日朝　大和屋《やまとや》正道《しょうどう》の会
　同日夕　住吉屋《すみよしや》宗無《そうむ》の会
二十七日朝　四条《しじょう》言覚《げんかく》の会
　同日夕　めくち宗印《そういん》の会
二十八日夕　銭屋《ぜにや》宗訥《そうとつ》の会

二十九日朝　網干屋《あぼしや》道琳《どうりん》の会
同日夕　奈良屋《ならや》道滴《どうてき》の会
十二月　一日朝　重宗甫《じゅうそうほ》の会
同日夕　長谷川《はせがわ》宗仁《そうにん》の会
二日朝　千利休の会
同日夕　草部屋《くさべや》道設《どうせつ》の会
三日朝　天王寺屋《てんのうじや》了雲《りょううん》の会
同日夕　練屋《ねりや》宗知《そうち》の会
四日夕　紅屋《べにや》宗陽《そうよう》の会
五日朝　津田宗及の会

ハードな一二日間

一二日間連続であるうえに、うち八日間は朝夕の二会である。相当ハードな一二日間であったはずだ。その背後に、信長よりの命があったことはまちがいなかろう。つまり、信長は長く服従に消極的であった宗及をはじめとする三名を妙覚寺でもてなすかたわらで、残るその他の「堺衆」への対応を友閑と塙直政に任せていたということである。それにより、信長は「堺衆」の完全掌握をめざしていたのであろう。

信長の狙い

茶会は人心掌握に適した空間である。そのため、友閑と塙直政は「堺衆」の有力茶人ひとりひとりを訪問したのであろうが、その際、道具組をきっちり五点リスト化しているところに、もうひとつの目的、すなわち信長の真意が垣間見られる。つまり、誰がどのような名物を所有しているのかを知るという狙いである。

そこで、『堺数寄者の物語』に示されている名物ひとつひとつを調べてみると、実に興味深い事実が浮かびあがってくる。すなわち、二〇名の「堺衆」が友閑と塙直政に披露した道具のうち、九点の名物が信長に進上されているのである。それらを列記しよう。

信長に進上された名物

①祐長宗円の玉澗筆「岸《きし》の絵《え》」
②今井宗久の「開山《かいざん》の蓋置《ふたおき》」
③住吉屋宗無の「勢高肩衝《せいたかかたつき》」
④住吉屋宗無の「宗無茶碗《そうむちゃわん》」
⑤網干屋道琳の趙昌《ちょうしょう》筆「七種菓子《ななしゅかし》の絵《え》」
⑥重宗甫の玉澗筆「平砂落雁《へいさらくがん》」
⑦長谷川宗仁の「霊照女《れいしょうにょ》の絵《え》」
⑧天王寺屋了雲の釣花入「貨狄《かてき》」
⑨津田宗及の「宮王釜《みやおうかま》」

いずれも、その所有者の名を知らしめる名物揃いである。また、この茶会には出さなかった名物を信長に進上した茜屋宗左と紅屋宗陽を加えると、一〇名の「堺衆」が信長へ、いわば服従の証を差し出したことになる。

「名物狩り」は事実無根

信長が名物を収集する際に貫いたことは、俗に言われる「名物狩り」というような一斉収集ではなく、あくまで自らの好みにもとづく厳選という点にあった（拙著『織豊期の茶会と政治』）。そのような信長の姿勢にかんがみれば、服従の証として「堺衆」に進上させる名物をあらかじめ吟味する必要があったであろう。そのために一二日間の茶会への出席を通じて、友閑と直政に下見をさせたのではなかったか。ここに信長の真意があったように思える。

さて一方、「堺衆」はいかにして信長の家臣を迎え、もてなしたのであろうか。それは二〇会の最後の記録として残る宗及の茶会を、彼自身の『自会記』をひもとくことによって明らかとなるだろう。

宗及、友閑を迎える

十二月五日の朝、友閑ははじめて宗及の茶会に招かれた。一客一亭《いっきゃくいってい》である。ここで何が語られ、主客双方が何を思ったのかはわからない。ただ宗及は、この日の取り合わせをたんたんと記録するのみである。そこからどのようなことが読みとれるであろうか。

まず、道具組から見ていこう。床の間にははじめ「円絵《まるえ》」（団扇形の絵）が掛かり、その下に四方盆《よほうぼん》にのった「文琳《ぶんりん》」が飾られていた。炉には五徳《ごとく》に置いた「平釜」（宮王釜）。

台子の下には水指の「桶」、建水の「合子《ごうす》」、刀剣の鍔《つば》に似た口を持つ「柄杓立《ひしゃくたて》」の三種を置き合わせている。ここまでが、いわゆる炭点前であろう。小休憩の際、床の間の「円絵」が巻かれ、代わりに「船子絵《せんすのえ》」が掛けられた。点前の道具として数《かず》の台《だい》にのせた「灰被天目《はいかつぎてんもく》」と茶筅《ちゃせん》を仕込んだ「平高麗茶碗《ひらこうらいちゃわん》」が用意され、長盆にのせた香炉と香合が台子の上に飾られた。『堺数寄者の物語』によって補うと、濃茶《こいちゃ》の後に出された香炉と香合は「不破《ふわ》香炉」と「布袋《ほてい》の香箱」で、そのほか、宗伯《そうはく》旧蔵の「天下一の火箸《ひばし》」も拝見に供され、薄茶まで出された。

津田家の名宝を使用

次に、これらの道具を説明しよう。そのほとんどが父宗達《そうたつ》より伝えられた津田家の名宝だ。床の間に飾られた「文琳」は別名、津田家の屋号を冠して「天王寺屋文琳」とも呼ばれ、「天下一」と目されていた（『分類草人木《ぶんるいそうじんぼく》』）。利休の高弟である山上宗二は「釉薬の具合がひときわよい」と絶賛している（『山上宗二記』）。

休憩の際に掛けられた「船子絵」もまた宗達より伝来の名品で、宗及の茶会では頻繁に使用された。船子とは唐の禅僧徳誠《とくじょう》禅師《ぜんじ》のことで、渡し船の奉仕をしながら禅の教えを説いた人物として知られる。その船子が弟子に教えを伝授した後、入水自殺をした故事を牧渓《もっけい》が描き、虚堂《きどう》が賛を記したのがこの唐絵であった。

「平釜」すなわち「宮王釜」は信長に進上されることになる名物で、信長は油屋常祐の「平釜」と見比べて、宗及の「宮王釜」に黄金五〇枚を支払った（『他会記』天正六年四月一日条）。この「宮王釜」と台子に置かれた「桶」「合子」（ともにわび茶の祖珠光ゆかりの名物）は、宗達の代より天王寺屋の「台子四つ飾り」、すなわち台子点前に必要な四点の道具（釜、水指、建水、柄杓立）として知られる津田家自慢の名物であった。それに合わせて、同格の「不破香炉」と「布袋の香箱」も拝見に供されたのであろう。

ところで、台子とは茶道具を機能的かつ美しく飾るための上下二段の棚であるが（一九頁写真）、その起源は室町将軍家の美の規範を記した『君台観左右帳記《くんだいかんそうちょうき》』に見える「茶湯棚」に求められる（図）。とりわけ、津田家は宗達の頃より台子の達人と目され、津田家流の台子点前に関する規則本も伝わるほどであった（『及第台子《きゅうだいだいす》伝書《でんしょ》（仮）』）。宗及の

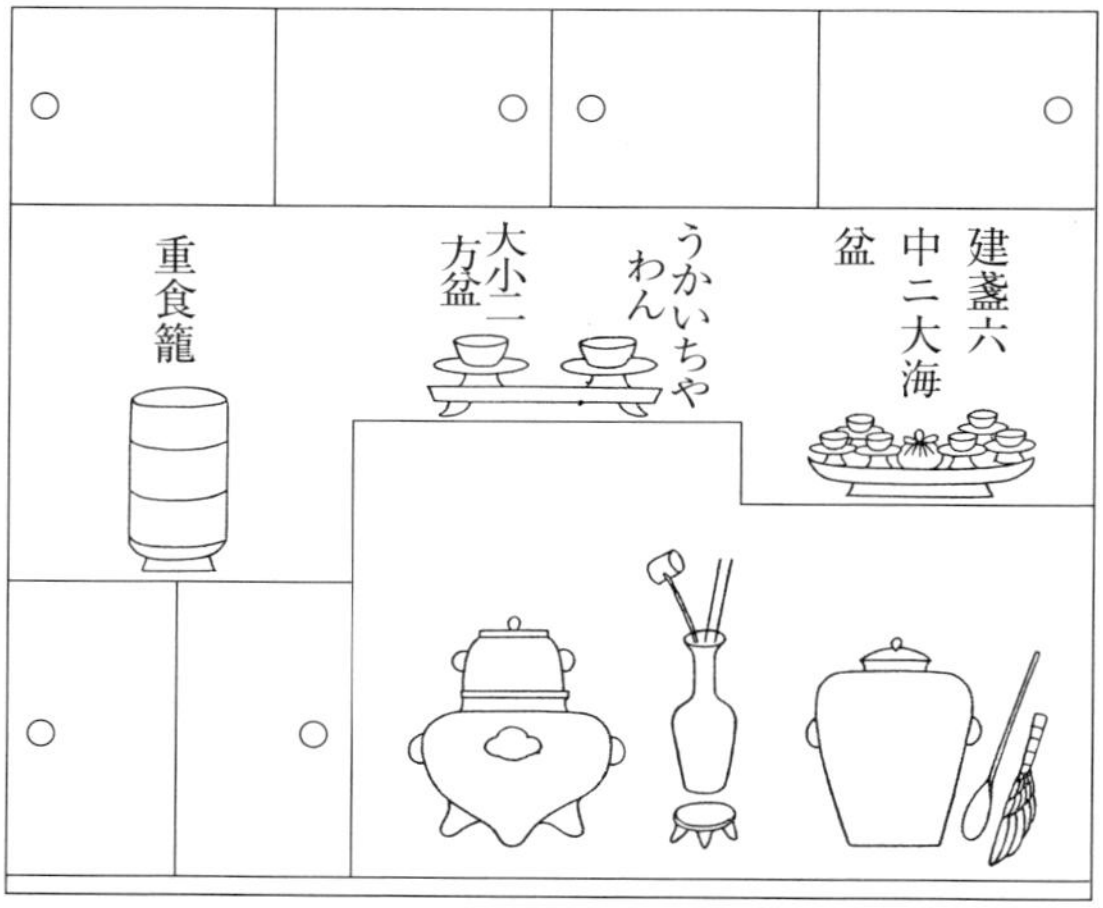

茶の湯の棚（『君台観左右帳記』より作成）

『自会記』を分析すると、台子の使用は全体の一割ほどで、めったに出されるものではなかった。しかし、その客層に注目すれば、信長御成《おなり》の茶会をはじめとして、笑嶺宗《しょうれいそう》訢《きん》、春屋宗園《しゅんおくそうえん》、怡雲宗悦《いうんそうえつ》といった大徳寺の僧侶に、京都の連歌師里村紹巴《さとむらじょうは》や、信長の茶頭もつとめた京都新在家《しんざいけ》の茶人不住庵梅雪といった遠方よりの客人を招いたおりに使われていることがわかる。宗及は特別な客をもてなす茶会で台子を使用していたのだ。

友閑は賓客

要するに、この日の道具組から浮かびあがることは、宗及が友閑を賓客と位置づけて、自家に伝来する名物を総動員させて、できうる限りの最高の室礼で友閑ひとりを迎えたということである。炭点前にはじまり濃茶から薄茶へ。この間、食事の用意もなされたはずである。現代で言うところの茶事、すなわち正式な茶の湯の饗応である。しかも、一客一亭であることからして、これ以上は望むべくもない最高のもてなしと考えてよい。

信長より招待された妙覚寺茶会からおよそ二週間。宗及が友閑と膝をつき合わせて半日の間に何を語り合ったのかはわからないが、友閑が二〇会連続の茶会の終わりを極上のもてなしで締めくくったことは理解できよう。そして、ここから本格的に堺代官として始動するのである。

二　信長茶会での茶頭と蘭奢待截香の奉行

式三献

天正二年（一五七四）元日、京都ならびに近隣諸国の者が揃って岐阜城の信長のもとへ出仕した。『信長公記』によれば、それぞれに「三献にて召し出しの御酒」が振る舞われたとあるが、これは武家社会における歳首《さいしゅ》儀礼《ぎれい》、すなわち式三献《しきさんこん》が行われたことを示している。

二木謙一氏の研究によれば、鎌倉幕府の正式な饗応として行われていた垸飯《おうばん》は室町幕府でも継承され、将軍と有力守護大名との主従関係を強固なものにするための儀式として重要視され、恒例化したという（『中世武家儀礼の研究』）。信長のそれは、必ずしも武家儀礼に則ったスタイルではなかったにしろ、信長から盃を賜ることによって忠節の意を確認し合うという意味で、年頭の大切な饗宴の場であった。当然、友閑も堺から馳せ参じたことであろう。

信長と宗及の一客一亭

前年十一月に、信長に従うことを決した堺の豪商津田宗及もまた、年始の挨拶をすべく、正月二十四日、堺を出発した。そして二月三日の朝、岐阜城における信長の茶会に参席。客人は宗及ただひとりで、茶頭もおらず、まさに文字どおり一客一亭の茶会である。信長は名物の花入「蕪無《かぶらなし》」に一枝の柳を手ずから生け、宗及が贈ったばかりの「珪璋《けいしょう》の盆」とともに床の間に飾るという演出をし、台子の茶の湯で宗及を迎えている。また、信長は宗及がじっくり名物を拝見できるよう席を外す配慮を見せ、食事の際はご飯のおかわりやお酌をするなど、きめ細やかなサービスで宗及を歓待した。宗及の『他会記』からはその感激のほどがうかがえるが、それは同時に、信長への完全屈服を意味するものであった。もとより、これは宗及個人にとどまるものではなく、「堺衆」全体が信長の配下に下ったことを示している。

信長の相国寺茶会

翌月十二日、信長は上洛し、十八日、はじめて相国寺《しょうこくじ》に寄宿する（『信長公記』）。その様子は笑嶺宗訢の書状によると、相国寺をまるで城のように占拠し、諸塔頭《たっちゅう》をすべて占領するといったありさまであった（『聚光院文書《じゅこういんもんじょ》』）。相国寺の創建者は、王権を誇った室町三代将軍足利義満《あしかがよしみつ》である。その相国寺を、いわば我がものとした信長は、二十四日、友閑を茶頭として「堺衆」十数名を招待して茶会を開いた。これは、友閑が亭主信長の補佐役として茶会記に登場した初見である。早速、宗及の『他会記』および『今井宗久茶湯書抜』をもとに、相国寺茶会を再現してみよう。

茶頭をつとめる

このたび信長が「堺衆」に御茶をふるまうとのことで、午前十時頃、紅屋宗陽、塩屋《しおや》宗悦《そうえつ》、今井宗久、茜屋宗左、山上宗二、松江隆仙《まつえりゅうせん》、高三隆世《たかさぶりゅうせい》、千利休、油屋常琢《あぶらやじょうたく》の九名が参集した。津田宗及はひとり遅れての参加であった。『今井宗久茶湯書抜』によれば、このほか天王寺屋道叱《てんのうじやどうしつ》、重宗甫、草部屋道設も招待されたとある。彼らは堺を代表する会合衆《えごうしゅう》のメンバーであると考えられており（『堺市史』続編第一巻）、今や会合衆は「堺衆」の名のもと、信長政権に組み込まれていた。相国寺茶会は、「堺衆」を一堂に会した大茶会だったのである。

道具組

さて、道具組は次のようであった。床の間には趙昌筆「五種菓子の絵」が掛けられ、その下には方盆《ほうぼん》にのった「紹鷗茄子《じょうおうなす》」が置き合わされている。「五種菓子の絵」は元亀元年（一五七〇）に宗及から買い上げた名物で、茶の湯界における唐絵の頂点と見なされていた逸品である（『山上宗二記』）。本能寺の変で焼失したが、びわ、桃、はす、やまもも、瓜の五種が描かれていたという。当時の茶会では、果物や野菜が菓子と認識されていたのだ。

「紹鷗茄子」は永禄十一年（一五六八）九月に、「堺衆」のなかでいち早く信長に内応した宗久が献上したものだ。その背景には、武野紹鷗の嫡子宗瓦《そうが》と遺領相続をめぐる訴訟で有利に取り計らってもらおうとする宗久のもくろみがあった。もともと、珠光の弟子である松本珠報《まつもとしゅほう》が所有し、鳥井引拙《とりいいんせつ》を経て紹鷗所持となった。歴代の名人に受け継がれてきた名物ということもあり、見事な茶入であった（『山上宗二記』）。

「堺衆」服従の茶会

道具組の紹介を続けよう。台子の下には「藤波《ふじなみ》釜」、水指の「桶」、建水の「合子」、「柑子口《こうじぐち》の柄杓立」、「ほや香炉蓋置」が置かれていた。このうち信長の入手した経緯がわかるのは「柑子口の柄杓立」で、これは元亀元年に油屋常祐から購入したものであった。そして、台子の上には「数の台」にのった「犬山天目《いぬやまてんもく》」が飾られ、茶は紅屋宗陽が進上した「高麗茶碗」で供された。この日の道具組を一見してわかることは、その大半が「堺衆」の旧蔵品であるということだ。客人となった宗及、宗久、油屋、紅屋はどのような気持ちでこの取り合わせを拝見したのであろうか。まさしく「堺衆」が信長の配下に組み込まれたことを端的に示す室礼であり、いわば相国寺茶会は「堺衆」の服従を確認する政治的な饗応なのであった。

こうなってくると、信長の亭主振りが気になる。それについて宗及は次のように語る。

一、御茶、なつめニ入テ、上様御自身御持ちになられ御出《おいで》候、紅屋宗陽進上ノかうらい茶碗にて、御茶下され候、友閑茶堂《さどう》なり、

〈お茶は棗《なつめ》〈『今井宗久茶湯書抜』によれば「紹鷗黒棗《くろなつめ》」〉に入れて、上様〈信長〉ご自身がお持ちになり、茶の湯座敷に出てこられました。そして、紅屋宗陽が進上した「高麗茶碗」でお茶をくださいました。茶頭は友閑がつとめました〉

この宗及の記述からわかることは、①信長が棗を手にして座敷に出てきたこと、②紅

屋進上の「高麗茶碗」で茶が供されたこと、③友閑が茶頭として点前をしたこと、以上の三点であるが、これだけでは状況をつかみにくい。つまり、宗及はひとり遅参したために、その記録にタイムラグがあるようだ。そこで、『今井宗久茶湯書抜』を参照して、空白を補っておこう。

　上様御手前ニテ御茶下され候、後、高ライ茶ワンニテ友閑老ウスク点《たて》ラレ各玉《たま》ハリ候、

茶銘のめばえ

これにより、茶会の流れをつかむことができよう。すなわち、信長は「紹鷗黒棗」を手に台子の前に座し、「犬山天目」で濃茶の点前を行った。その後、茶頭である友閑が客人それぞれに薄茶を点てて供したのである。当時の茶会では濃茶が基本であった。それは宇治茶のなかでも「極無」「極上」「別儀《べちぎ》」といった最高級品質の茶が製造されるようになったこととも関わっている。それに対して、薄茶はそれより劣る品質の茶を使用し、あくまで補佐的なものと位置づけられていた。そのような薄茶こそ「真の茶」と言い、茶会の中心と見なしたのは利休である（『山上宗二記』）。利休によるわび茶の確立は秀吉の時代が到来してからのことであるため、ここでは信長が格式ある濃茶を点て、その後で友閑が亭主の点前を補う意味で薄茶を点てたということだ。

友閑の薄茶点前

信長の濃茶点前から友閑の薄茶点前へ。この連係プレーは、信長政権下の堺が、今後このような命令系統で支配されていくことを暗示しているかのようである。「堺衆」を

完全に掌握したことを明示する茶会で、はじめて信長の茶頭として、当地の代官でもある友閑が登場したことも、まことに筋の通ったシナリオである。振り返ってみれば、前年の十一月末から十二月にかけて、友閑が主だった「堺衆」二〇名の茶会に参席したことは（本書第四の一）、この日の友閑茶頭への布石でもあったように見える。茶会の場を政治の場として利用するために、室礼から茶頭の起用まで、そのすべてが緻密に計算されているとすら読みとけるであろう。

ところで、信長の濃茶点前である。ひとり遅参の宗及を除いても九名の客人がいたわけだが（『今井宗久茶湯書抜』によればプラス三名）、濃茶の性質上、彼ら全員の分の濃茶を一度に点てたとは到底考えられない（練るようにして点てる濃茶は、回し飲みだとすれば、だいたい一碗に三〜四名分程度が限界である）。では、信長は複数回点前を行ったのであろうか。それについては、宗及が残した別の茶会記（『信長茶会記《のぶながちゃかいき》』、これは信長に招待された茶会のみをまとめたもので、『他会記』には見られない記載もある）に情報があるので記しておこう。

一、拙者まいり候ハぬ以前ニ、宗易・宗左両人はかり御茶下《くだ》され候、其外《そのほか》の衆ハ御茶湯を見たるばかりにて候、

（私〈宗及〉が参席する前に、千利休と西屋宗左のふたりだけが信長点前の御濃茶を賜りました。その他の客人は、信長の所作を拝見しているだけでした）

宗久の記録とくいちがう部分もあるが、この場合に限っては宗及の記録も伝聞情報であるので、問題があろうかと思う。少なくとも、信長が一度は濃茶点前をしたことは確かなことである。いずれにしろ信長と友閑がそれぞれ点てた濃茶と薄茶が振る舞われたということで、まことに「堺衆」完全掌握を体現する茶会にふさわしい演出と言えよう。ちなみに『信長茶会記』に「右此分へ、友閑茶堂にて宗及一人一服下され候」とあることから、遅刻した宗及は、友閑から一服の濃茶を点前してもらったという。人間万事塞《さい》翁《おう》が馬とはまさしくこのことである。

さて、濃茶と薄茶が出され、次の間での湯漬けの振る舞いが終わってからのことである。宗久、利休、宗及だけが書院に呼ばれ、信長の名物「千鳥の香炉」と「ひしの盆香合」の二種を拝見する栄に浴した。特別待遇である。「千鳥の香炉」は故国駿河《するが》（静岡県）を追われた今川義元《いまがわよしもと》の遺児氏真《うじざね》が信長に献上したもので（『信長公記』）、青磁《せいじ》の名物香炉と見なされていた（『明記集《めいきしゅう》』元和五年〈一六一九〉に成立）。信長は氏真からこの「千鳥の香炉」と「宗祇《そうぎ》の香炉」の二種を進上されたが、「宗祇の香炉」は返却し、「千鳥の香炉」のみを受けとったという（『信長公記』）。よほど気に入ったと見え、生涯にわたって愛用し、本能寺の変で焼失した。「ひしの盆香合」も高名な名物で、やはり「千鳥の香炉」と同じ運命をたどった（『山上宗二記』）。ここで「堺衆」のうち三名のみが別格扱いされていることも興味深いが、香炉と香合が拝見に供されたことも注目に値する。というのも、前日、信長は朝廷へ塙直政を使者として東大寺に収蔵される蘭奢待《らんじゃたい》の所望を申し入れていたからだ。名物の香炉と香合に必要なものと言えば、天下一の名香しかない。両種の拝見に合わせて、奈良下向の話題におよぶのはごく自然ななりゆきだろう。

東大寺へ同行

そして茶会から三日後の二十七日、信長は奈良に向けて相国寺を出発する。前日に東大寺正倉院におさまる天下無双の名香蘭奢待を截香《せっこう》する勅許がおりたからである。この時信長に従った奉行衆は、塙直政、菅屋長頼《すがやながより》、佐久間信盛、柴田勝家、荒木村重、武井夕庵、そして友閑に、甥の織田信澄《おだのぶずみ》を加えた一〇名であり（『信長公記』）、これに「堺衆」も随行した（『他会記』『山上宗二記』）。『他会記』によれば、信長は途中、宇治に立ち寄り、茶師《ちゃし》の森家で饗膳を供されるといった手篤いもてなしを受けている。その背景を考えておこう。

宇治での滞在

当時、宇治は最高級品質の茶を生産する茶所《ちゃどころ》として知れわたっていた。茶の栽培がはじまった鎌倉から南北朝期にかけては、京都栂尾《とがのお》の茶が「第一」であり「本茶」であった（『異制庭訓往来《いせいていきんおうらい》』）。ところが、室町中期になると一条兼良《いちじょうかねよし》がその著『尺素往来《せきそおうらい》』に記しているように、栂尾茶は衰退し、かわって宇治茶が賞翫《しょうがん》の対象となる。戦国期になると宇治茶の地位は確固たるものとなり、「無上」や「別儀」と呼ばれて珍重されるようになった。また、茶師とは茶園を経営し、顧客に茶を供給する茶商のことだが、森家は室町期までさかのぼって製茶に携わっていたことが確認されている（宇治市歴史資料館編『宇治茶の文化史』）。森家の茶は、宗及の父宗達に贔屓《ひいき》にされていたし、また松永久秀も利休らを招いた茶会で「森の別儀」を使用している（『松屋会記《まつやかいき》』）。

以上のことから、信長は当時の宇治で最も繁栄し、最上の茶を製造している茶園を訪問し、おそらく時期的にも茶摘み、製茶の風景を見物したと思われる。友閑と森家との接点は、この時が史料上の初見であるが、後に森家当主は友閑の茶会に招待されている（『他会記』天正八年十一月二十四日条）。友閑の茶会で使われた「三日月ノ極無」すなわち信長が所有する名物の葉茶壺「三日月」に詰められていた「極無」は、あるいは森家の茶であったのかもしれない（『他会記』天正七年四月二十一日条）。なお、後世の史料によるが、森家当主彦右衛門道吉が、この信長御成を契機に知行《ちぎょう》三〇〇石を与えられ、御茶頭取として宇治郷を支配したという話も伝わる（上林家『前代記録』）。

蘭奢待を切りとる

さて、宇治から大和《やまと》（奈良県）多聞山城《たもんやまじょう》に入城した信長は、二十八日、城内に運ばせた蘭奢待を泉殿《いずみどの》の中央に安置し、奉行衆や東大寺の僧侶などが見守るなか、東大寺の大仏師に命じ、一寸四方ずつ、二片の截香を行った。このうち一片は正親町《おおぎまち》天皇のもので、一片は信長が拝領すると述べている。その後、蘭奢待は櫃《ひつ》におさめられて正倉院に返納されるが、再び信長は使者を派遣して「紅沈《こうじん》（塵）」の拝見を要請した。「紅沈（塵）」とは「十種の香」のひとつで、蘭奢待に匹敵する名香として知られ、その香りや姿形は格別なものであったという（『山上宗二記』）。注目したいことは、「紅沈（塵）」を返納する際（これは先例により截取しなかった）、信長自身も正倉院に入り、「紅沈も天下無双の名香なので、端（北）の倉に置いてはならない。蘭奢待と一緒に中の倉におさめるべきである」と命じていることだ（『三蔵開封日記《さんぞうかいふうにっき》』）。この指摘は、信長が茶人の常識である「十種の香」についての知識があったことを示していよう。信長の御前で切り取られた蘭奢待を検分したのは、かつて信長茶会で茶頭をつとめた上京の茶人不住庵梅雪であったし（『寺辺之記《じへんのき》』）、一流の茶人の集団でもある「堺衆」を引き連れ、さらには奉行衆のひとりに友閑を加えたことも納得できる。つまり、蘭奢待や「紅沈（塵）」といった名香が、茶の湯の世界では名物の範疇に属していることを、信長はその真価も含めてじゅうぶん理解していたということである。

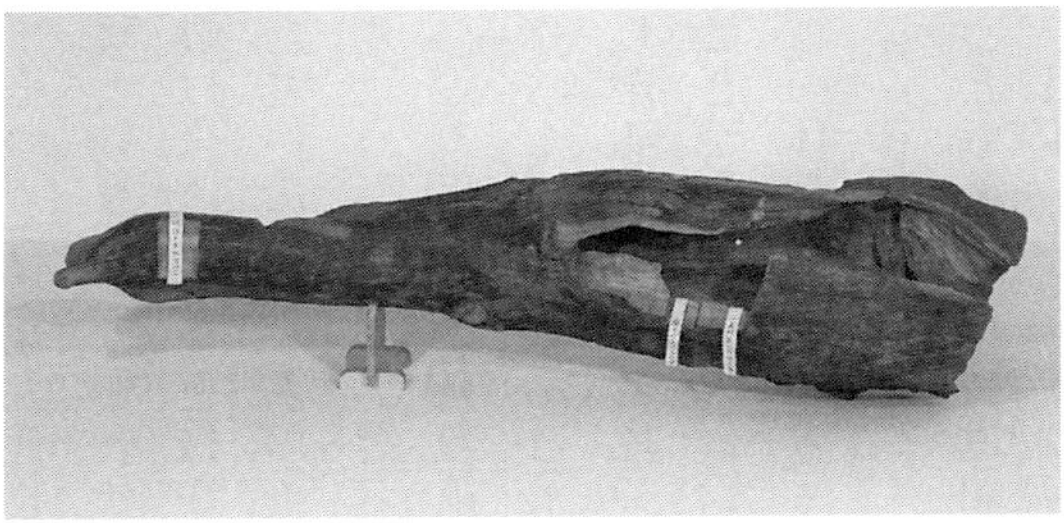
蘭奢待（正倉院宝物）

蘭奢待截香の意義

その一方で、九代将軍足利義政以来となる蘭奢待截香は、たんに信長による名物の収集という理解にとどまらず、信長の政治的行為のひとつとも見なされている。以前は義政以来ということにかんがみ、信長が足利将軍家の後継者たることを示す行為と考えられていたこともあった（今谷明『信長と天皇』）。しかし、現在では米原正義氏が指摘しているように、前年の暮れに松永久秀が明け渡した多聞山城で截香が実施されたことに着目し、大和国が信長の領国になったことを領民に知らしめ、ひいては興福寺への威圧をもくろんだものとの見方が主流となっている（『天下一名人　千利休』）。そして近年では、信長が切り取った二片の蘭奢待をひとつは正親町天皇へ、ひとつは自らのものと発言したことから、「公家一統の政道」（複数の廷臣の意見が反映された政務遂行のあり方）との関わりで、この体制を信長が支えることを象徴的に示したものという指摘も出されている（金子拓『織田信長権力論』）。

信長の茶会で正客となる

ともあれ、信長は蘭奢待を入手した二十七日のうちに帰洛し、相国寺へ戻った。そして四月二日、大坂の本願寺が再挙兵したとの知らせが入る。その翌日、信長はにわかに茶会を開いている。客人は正客の友閑を筆頭に、以下利休、宗及、宗久その他「堺衆」の面々で、茶頭は不住庵梅雪がつとめた。この日、床の間に飾られたのは、玉澗筆「万《ばん》里江山《りこうざん》」、「安井《やすい》茶碗」、そして天下の名品「初花肩衝《はつはなかたつき》」であった（『他会記』『今井宗久茶湯書抜』)。青柳勝氏は、本願寺が挙兵した翌日に、かつて顕如から贈られた「万里江山」の一軸を用いることによって、信長が本願寺征討の意志を表明し、「堺衆」に協力を要請したと指摘する(前掲論文)。

信長の室町趣味

　こうした政治的解釈とともに、三点の名物の由来に着目すれば、別な一面も浮かびあがってこよう。すなわち、「万里江山」はかつて六代将軍足利義教《よしのり》の会所を飾った唐絵であり(『室町殿行幸御飾記』)、「安井茶碗」には八代将軍足利義政から九代将軍足利義尚《よしひさ》へ受け継がれた由緒があり(『烏鼠集《うそしゅう》』)、そして真偽のほどはわからないが、「初花肩衝」には義政によって命名されたとの伝説がある(『大正名器鑑』)。こうして床の間に飾られた名物の伝来に着目すれば、信長の嗜好が見えてこよう。それは室町将軍家以来、武家社会の伝統である唐物絶対主義だ。信長は無類の唐物数寄、いわば室町ブランドを偏愛していたということである。信長の茶の湯が「大名茶湯」と呼ばれるゆえんだ(『山上宗二記』)。もちろん、先日入手した蘭奢待もこのカテゴリーに含まれる。

　その蘭奢待、この茶会でも登場している。宗及は「御茶会が終わり、私は蘭奢待をひとつつみ上様より拝領しました。それは御扇子の上にのせて、御扇子ごとくださったのです。堺衆のなかで拝領したのは私と利休だけでした。なぜなら、私たちだけが香炉を所持しているからです」と記している。つまり、宗及の「不破香炉」と利休の「珠光香炉」だけが、名香蘭奢待を炷《た》くのにふさわしい名物であるとの理由によって、信長は両人に蘭奢待を下賜したのであった。両人がそのような香炉を所持しているとの情報を信長にもたらした人物こそ、ほかでもない友閑であったのであろう。前項で述べたように、友閑はすでにこれらの名香炉を目にしているからだ。

新出史料から知る信長の茶会

さて、それから一ヶ月ほど後の五月二日のこと、新出史料によって信長が茶会を開いていたことが明らかとなった（宮下玄覇「新発見の津田宗及筆信長茶会記」）。これによれば、信長は「堺衆」の天王寺屋道叱と京都の町衆である池上如圭《いけがみじょけい》と辻玄哉《つじげんさい》を招き、不住庵梅雪の点前による茶会を開催した。場所は相国寺と思われる。床の間には玉澗筆「煙寺晩《えんじばん》鐘《しょう》」と「つくも茄子」を飾り、台子に下間頼総《しもつまらいそう》旧蔵の「切桶《きりおけ》」水指や「柑子口柄杓立」、「相良《さがら》高麗火箸」「平手合子」「ほや香炉蓋置」といった珠玉の名物を置き合わせた。喫茶の後、饗膳まで供されたことがわかる。

信長の道具組を考案

この史料は通常の茶会記とは異なり、客人以外の人物が茶会の様子を聞き書きしているところに特徴がある。そのことは、末尾に記された「このようなありがたい茶会の様子を仰せ聞かせられました。友閑が道具のお取り合わせを行ったということです」との記述が示している。「仰せ聞かせられた」との敬語表現から、信長もしくは友閑より得た情報である可能性が高い。何よりこの史料で重要なことは、友閑が信長茶会の道具組をコーディネイトした、というところにある。友閑は茶頭として信長に代わって点前をするばかりでなく、茶会全体を演出していたということだ。

以上のように、天正二年三月二十四日から五月二日までの間に、正倉院開封、蘭奢待截香をはさみ、三度の信長茶会が行われた。友閑は、信長に従ってそのすべてに参加した。この先、友閑が信長の代行者、すなわち代官として堺を統轄していくにあたり、大きな画期となる二ヶ月であったに違いない。

三　伊達家との外交

前項で詳しく見てきたように、友閑にとって天正二年（一五七四）の春は、茶会の場を通じて信長の側近兼堺の代官として「堺衆」への支配体制を強固なものにする時期であった。そしてこの年、もうひとつ側近としての任務をこなしていたことを示す史料が残されている。越後《えちご》（新潟県）上杉家とは引き続き、外交面でのつながりが認められるが（『上越市史』一一九七号）、さらに出羽《でわ》（山形県）伊達家との外交も加わったのである。

信長と伊達家との交誼

信長と伊達輝宗《てるむね》との交誼は、天正元年十月下旬に、輝宗より信長へ書簡と進物が到来したことにはじまる。その二ヶ月後、信長が輝宗へ宛てた朱印状によれば（『文書の研究』

上巻四三〇号)、輝宗は旭日昇天の勢いで京都五畿内を制圧している信長へ、籠に入れた淡紅色《たんこうしょく》の鷹などを贈っている。宣教師ルイス・フロイスが信長その人を観察して「彼が格別に愛好したものは、茶の湯の器、良馬、刀剣、鷹狩り、そして身分を問わず裸で相撲をとらせることだ」と書き残しているように(『フロイス日本史』)、類を見ない鷹好きであった信長は、この珍しい鷹をことのほか喜び、「鳥屋を作って愛でる」と返信している。この信長の返書に添えられた尾張(愛知県)時代よりの家臣祝《はふり》重正《しげまさ》の副状には、「(信長は)鳥屋をこしらえて、そこに鷹を放ってとても満足されている」と記されており、信長の喜ぶ様子が日に見えるようである(『遠藤山城文書《えんどうやましろもんじょ》』)。

伊達家の中央志向

このように相手の嗜好を事前に調査し、歓心を買うことは外交の常套手段であるが、伊達家の歴史を振り返ると、中央の政治情勢に敏感に反応した贈答作戦を慣例としていた節がある。例えば、文明《ぶんめい》十五年(一四八三)には、一三世伊達成宗《しげむね》が先の将軍義政ならびにその子将軍義尚をはじめとする幕府要人に、豪勢な贈り物をして京都の人々を驚かせ(『伊達治家記録《だてじけきろく》』)、一四世伊達稙宗《たねむね》は将軍義稙《よしたね》に太刀や黄金三〇両を贈り、義稙から名前の一字を拝領しているし、大永《だいえい》二年(一五二二)には将軍義晴の代始めの祝儀に黄金二〇両などを献じ、また輝宗も将軍義輝より一字拝領した礼として、黄金二〇両を贈るといったしだいである。こうした伊達家の中央志向、京都憧憬の様子は、家中における連歌、唐物数寄の伝統とともに、すでに米原正義氏によって明らかにされている（『戦国武将と茶の湯』）。したがって、信長への接近も、その延長線上にあったと考えられよう。

その翌年の九月二日、信長はくだんの淡紅色の鷹が元気に過ごしていることを輝宗に告げ、金襴《きんらん》、緞子《どんす》、褶（袷《あわせ》か）、紅糸《こうし》、虎皮といった舶来の品々を贈り、今後も変わらずよしみを通じていけるようにと願う書状を送った。この信長書状に添えられた同日付けの副状が残っている。それこそが、友閑から輝宗の重臣遠藤基信《えんどうもとのぶ》へ送られた書状である（『文書の研究』下巻六五八号）。全文を紹介しよう。

遠藤基信への手紙

去年の十月に、貴殿より信長へ御書簡ならびに御鷹をいただきました。とりわけ喜ばしいことであると信長が申しております。それについて詳細な返書をさしあげましたが、その後、ご無沙汰しております。今後ともどうぞよろしくとの思いで、この書状をしたためております。

また、昨年は私へも書状をいただきました。それについても詳細な返書をしました。たしかに届いていることでしょう。このたび、あなたへ縮羅一端を贈ります。まことにわずかではありますが、ご挨拶ばかりです。今後ともどうぞよろしく。敬具

九月二日　友閑（花押）

遠藤内匠助殿

御宿所

手紙の年紀

この友閑書状の年代比定をめぐっては、先行研究で意見がわかれている。奥野高廣氏は天正四年とし（『文書の研究』）、『大日本史料　第十編二十四』などでは天正二年とする。筆者はかつて奥野氏の見解に従い天正四年と考えていたが（拙著『織豊期の茶会と政治』）、同日付けの信長文書との関係や内容、文末の「友閑」という署名（天正四年だとすると、宮内卿法印との表記がないのは不審）、および封紙《ふうし》に見える「徳斎　友閑」の署名、さらには宛名の遠藤内匠助《たくみのすけ》（かりに天正四年なら山城守《やましろのかみ》のはず）などにかんがみ、天正二年の書状であると考え直した。とすれば、文中に見える「去年の十月」とは天正元年十月ということになり、伊達家は破竹の勢いで天下統一を進めんとする信長への接近をはかり、それに伴って友閑へも書状をしたためていたことになる。

宛先の遠藤基信は、すぐれた外交手腕を発揮して輝宗を支えた重臣として知られている。基信には連歌の素養があり、飛鳥井《あすかい》雅敦《まさあつ》に書写を依頼した『詠歌大概《えいがたいがい》』（藤原定家による歌論書）を所持するほどであった（『遠藤山城文書』）。毎年正月七日に「七種（若菜）」の連歌会を開催することをならわしとしていた伊達家に取りたてられたゆえんである。その遠藤家に伝わる文書群が近年発見されたが、それらによると基信は側近として常に輝宗のかたわらにあり、伊達家の対外交渉の第一線にたっていたという（『伊達氏重臣遠藤家文書・中島家文書―戦国編―』）。上杉家の直江兼続《なおえかねつぐ》、芦名家の須江光頼《すえみつより》、大崎家の氏家《うじいえ》氏と同様に、基信は伊達家の外交官であったのだ。

他国でも一目置かれる存在

そのような立場にある遠藤基信が、信長と親交を結ぶにあたり、友閑へも書状を送っていたことは大いに注目してよいであろう。つまり、友閑が伊達家との外交に携わるようになったのは、信長の命によるものではなく、相手側の選択であったということだ。それが連歌のネットワークによってもたらされた情報なのか、あるいは友閑が信長の外交官として上杉家に赴いた実績によるものなのかは定かではないが、天正元年の時点で、信長の側近である友閑が他国でも一目置かれる存在であったことはまちがいなかろう。

伊達輝宗への手紙

その後の伊達家との関わりを見ていくと、翌天正三年十月二十五日には、友閑自ら伊達輝宗に、次のような書状を発給している（『文書の研究』下巻五七一号参考文書）。

あなたからの御手紙を拝見いたしました。信長へ逸品の鷹と名馬を進上いただき、まことに喜ばしいことです。

ことに、私へは黄金三両をいただきました。あなたのお心遣い、重々理解しております。来春には与十郎をそちらへ下向させます。その時、直接お礼を申しあげます。恐惶謹言

宮内卿法印
友閑（花押）

十月二十五日
伊達左京大夫殿
尊報

これも信長から輝宗へ送られた書状の副状であり、内容としては儀礼的だが、友閑が直接輝宗に書状を出していることがポイントだ。というのも、現存する友閑の書状三三通のうち、大名家の当主に宛てた単独文書としてはこれが唯一のものであるからだ（口絵）。また、この時期の前後に信長政権下で発給された文書群を見渡しても、こうした事例は安芸《あき》（広島県）の毛利・小早川両家を担当した秀吉と夕庵の連署状が見える程度で（『文書の研究』上巻四〇一号参考文書、四二三号参考文書、『文書の研究』下巻六二六号、六二六号参考文書）、わずかな事例しか確認できない。つまり、大名家の当主に単独で文書を発給できるのは、限られた上層部の家臣だけであったということである。ちなみに、同日付けで信長は遠藤基信へも黒毛の馬一匹に対する礼状を出している（『文書の研究』下巻五七二号）。これに伴う副状は残されていないものの、友閑が基信へも副状を出したことはじゅうぶん考えられることである。天正元年よりはじまった信長と伊達家との親交は、両家ともに外交官をうちたてて高価な贈答品が行き来する、まことに丁寧なものであったことがうかがえる。

そして、天正元年から宮内卿法印に任ぜられる天正三年にかけて、友閑が信長の側近として寺社奉行や堺の代官のみならず、対外交渉の面でもしだいに重責を担っていく様子を見てとることができよう。

第五　宮内卿法印として多忙な日々のはじまり

一　宮内卿法印任官

天正三年（一五七五）は、四月に禁裏《きんり》の修理、五月に長篠《ながしの》の戦いで武田勝頼《たけだかつより》軍に大勝、八月に越前《えちぜん》（福井県）の平定、十月に本願寺との第二次和睦、十一月に従三位権大納言《じゆさんみごんのだいなごん》叙任および右近衛大将《うこのえだいしょう》任官、公家や寺社への新地宛行《あてがい》といったしだいで、政権の基盤を盤石なものとした信長は、十一月、嫡男織田信忠《のぶただ》へ家督を譲渡した。

信長の躍進に伴い、友閑もまた側近として取次や従軍、対外交渉、各種奉行《ぶぎょう》に奔走する一年となる。そしてこの年の七月には、宮内卿法印《くないきょうほういん》に任ぜられる。したがって、天正三年は正月から八月までの側近としての活動、十月の和睦交渉と茶会、十一月の各種奉行というように、四つの項目に分けて友閑の足跡を見ていくことにしよう。

堺での禅問答に参席

天正三年の元日、友閑は堺で新年を迎えたようである。この日、堺の南宗寺《なんしゅうじ》では笑《しょう》嶺宗訢《れいそうきん》、春屋宗園《しゅんおくそうえん》をはじめとする禅僧と「堺衆」あわせて二一名による禅問答が行われた。そのなかに「徳」なる人物も参禅していることが見える（『仙嶽宗洞答問《せんがくそうとうとうもん》二十一条《にじゅういちじょう》』）。そのほか「寿」「易」「及」「二」などの表記が見え、それぞれ博多屋《はかたや》宗寿《そうじゅ》、千利休、津田宗及、山上宗二であると考えられている（石田雅彦「天正三年正月南宗寺禅問答と堺の茶人たち」）。

　会場となった南宗寺は、戦国大名三好長慶《みよしながよし》によって創建された臨済宗大徳寺派の寺院で、後に将軍義昭によって五山につぐ禅院十刹《じっさつ》に加えられた。南宗寺が茶禅一味《ちゃぜんいちみ》を求める「堺衆」のよりどころのみならず、大徳寺の経済的拠点ともなっていたことを考えると（永島福太郎「大徳寺と茶道」『茶道文化論集』上巻）、参禅者の顔ぶれにも納得がいく。そうしたことから、「徳」は徳庵もしくは徳斎、すなわち友閑その人であると想定することができるであろう。

上洛した信長に近侍

　三月、友閑は岐阜より上洛してきた信長のかたわらにあった。二月二十七日、岐阜城を出発した信長は、昨年末に命じていた道の整備が完成したことを受けて、その出来映えを見ながらゆっくりと京をめざし、三月三日に相国寺に入った。それから四月六日に、三好康長《やすなが》（笑岩《しょうがん》）が立て籠もる河内《かわち》（大阪府）若江城《わかえじょう》攻略に出陣するまでの約一ヶ月の間、信長は徳政令《とくせいれい》を発したり、公家衆を集めて蹴鞠《けまり》の会を催したり、禁裏の修理を命じるなどしている（『信長公記』『中山家記《なかやまけき》』）。そうしたなか、友閑は信長のそば近くに侍し、公家衆をとりついだり、三条西実枝《さんじょうにしさねき》のもとへ使者として赴いている（『兼見卿記』『宣教卿記《のぶのりきょうき》』）。

四月に信長が若江城攻めに出陣すると、友閑も京都を後にして堺へ戻った。四月十二日には長谷川宗仁《はせがわそうにん》とともに津田宗及の茶会に参席し（『自会記』）、十七日には三好康長から降服するとの意を受け（『信長公記』）、二十五日には長谷川宗仁と自らの家臣である富田清兵衛とともに宗及の茶会に赴いている（『自会記』）。

宮内卿法印の任官

そして七月三日、友閑は宮内卿法印に任官された。『信長公記』によれば、この日、信長は官位昇進の勅諚《ちょくじょう》を得たのであるが、それを辞退。そのかわりに、主だった「御家老の御衆」に官位を賜ることを願い出て勅許されたという。この時、官位および賜姓を許された者は、友閑が宮内卿法印、夕庵が二位法印、明智光秀が惟任日向守《これとうひゅうがのかみ》、簗田《やなだ》広正《ひろまさ》が別喜右近大夫《べっきうこんのたいふ》、丹羽長秀が惟住《これずみ》というしだいである。信長の家臣団に関する総合的な研究を行っている谷口克広氏は、このほか塙直政《ばんなおまさ》が原田備中守《はらだびっちゅうのかみ》（以下、原田直政と表記する）、羽柴秀吉が筑前守《びぜんのかみ》、村井貞勝が長門守《ながとのかみ》に任ぜられ、計八名が任官したと見ている（『織田信長家臣人名辞典』第二版）。谷口氏も指摘しているように、信長が選抜した家臣の顔ぶれは、信長が武功のみを重んずる主君ではなかったこと、そして友閑が右筆の武井夕庵、京都所司代の村井貞勝とならんで、信長吏僚衆《りりょうしゅう》のなかでも最高の地位にいたことを示していよう。

桟敷席での観能

任官から三日後の七月六日、京都下京の町衆《まちしゅう》は、妙顕寺《みょうけんじ》で信長のために能の会を開

桟敷で能を見る人々（神戸市立博物館所蔵「観能図」より，Photo : Kobe City Museum / DNPartcom）

催した。八番の演目があったが、とりわけ信長は観世与左衛門《かんぜよざえもん》（左吉重次《さきちしげつぐ》）と観世又三郎《またさぶろう》（荒木惣兵衛《あらきそうべえ》）に太鼓を所望した（『信長公記』）。この両人は太鼓打ちの名手と言われ、観世又三郎は早太鼓を得意とした（『四座役者目録《よざやくしゃもくろく》』）。音楽好きな信長ならではの所望であろう。

それはともかくとして、この日の能で注目したいことは、桟敷《さじき》に入って観能したのが摂家《せっけ》・清華《せいが》の公家衆および夕庵、友閑、長雲軒妙相《ちょううんけんみょうそう》といった坊主衆だけであったという点である。彼ら三名に楠長諳を加えた四名は、法体《ほったい》の側近衆として、以後、文化的な催しには一団となって参加することになるのである（天正九年二月二十八日の馬揃《うまぞろ》え、天正十年五月二十日の観能）。

ところで、桟敷とは地面より一段高くに設置された観覧席をいい、貴人のために設けられた、いわば特別席である。前ページに掲出した「観能図」は、豊臣政権下の天覧能《てんらんのう》の場面を描いたものと考えられているが（たばこと塩の博物館『近世初期風俗画　躍動と快楽』）、画面右側の貴人席は桟敷席を描いた最も古い絵画資料として貴重なものである。こうした史料からも、友閑が信長の側近として最高位に位置し、それゆえに宮内卿法印に任ぜられたことがわかる。

宗及のもてなし

その後、七月十七日に信長は岐阜へ帰城し、友閑は堺へ戻った。二十六日、宗及の茶会にひとり招かれた友閑は、三膳の饗膳に五種類の菓子でもてなされている（『自会記』）。メニューは、かまぼこのはんぺん、たこ、二枚貝の一種である海茸《うみたけ》、野菜、ほや貝の冷やし汁、白鳥とまなかつおの刺し身に酢（酢は刺し身のための調味料）というものだ。デザートは米まんじゅう、あこや（米粉で作っただんご）、すいとん（小麦粉のだんごを野菜と煮たもの）、はす、かた豆の五種類。かまぼこ、ほや貝の冷やし汁、まなかつおの刺し身は、室町将軍の御成《おなり》や信長による饗膳にも出されていた最上のもてなし料理で、白鳥も鶴に次ぐ高級食材であったことから（江後迪子『信長のおもてなし　中世食べもの百科』）、豪勢な献立であったことがうかがえる。時期的かつ内容的に見て、あるいは宮内卿法印任官の祝賀であったのかもしれない。
翌二十七日、友閑は宗及と同道して日比屋宗札《ひびやそうさつ》（堺の代表的なキリシタンである日比屋了慶《りようけい》の義弟）の朝会、そして晩には万代屋宗安《もずやそうあん》の茶会に参席した。宗札の朝会では、堺の町人椋宗理《むくそうり》がかつて所持していた名物の玉澗筆《ぎょくかん》「枯木《こぼく》」を拝見した（『他会記』）。

信長に従軍

そして八月十二日、信長は越前の一向一揆《いっこういっき》を征討するため、岐阜城から出陣した。友閑も信長に従軍していたことが大和《やまと》（奈良県）興福寺大乗院《だいじょういん》の尋憲《じんけん》の記録に見える。それによれば、八月二十九日、豊原寺《とよはらじ》（福井県坂井郡《さかいぐん》）に陣替えした信長に挨拶すべく参上した尋憲を取り次ぎ、陣中見舞いを披露したのが友閑と夕庵であったと記されている（『越前国相越記』）。右筆《ゆうひつ》の夕庵はともかくとして、友閑が信長に従って戦場に赴くのは非常に珍しい。友閑がどの段階で信長と合流したのかは不明であるが、その一五日前の八月十四日には、友閑は石清水八幡宮《いわしみずはちまんぐう》の祠官《しかん》である田中長清《たなかちょうせい》に宛てて、八幡宮領の山城《やましろ》（京都府）狭山郷《さやまごう》の百姓を召喚して糺明する旨を伝え、山城守護の原田直政にもそれを伝達しておくとの書状を発給している（『文書の研究』下巻五三一号）。

「宮内卿法印」自署の初見

この問題の背景については、天正三年十月十八日に信長が田中長清へ宛てた朱印状に記されている（『文書の研究』下巻五六七号）。すなわち、永禄・元亀年間より、狭山郷の隣接地帯に住む土豪《どごう》の御牧摂津守《みまきせつつのかみ》が八幡宮領である狭山郷を横領しようとする不法行為があ

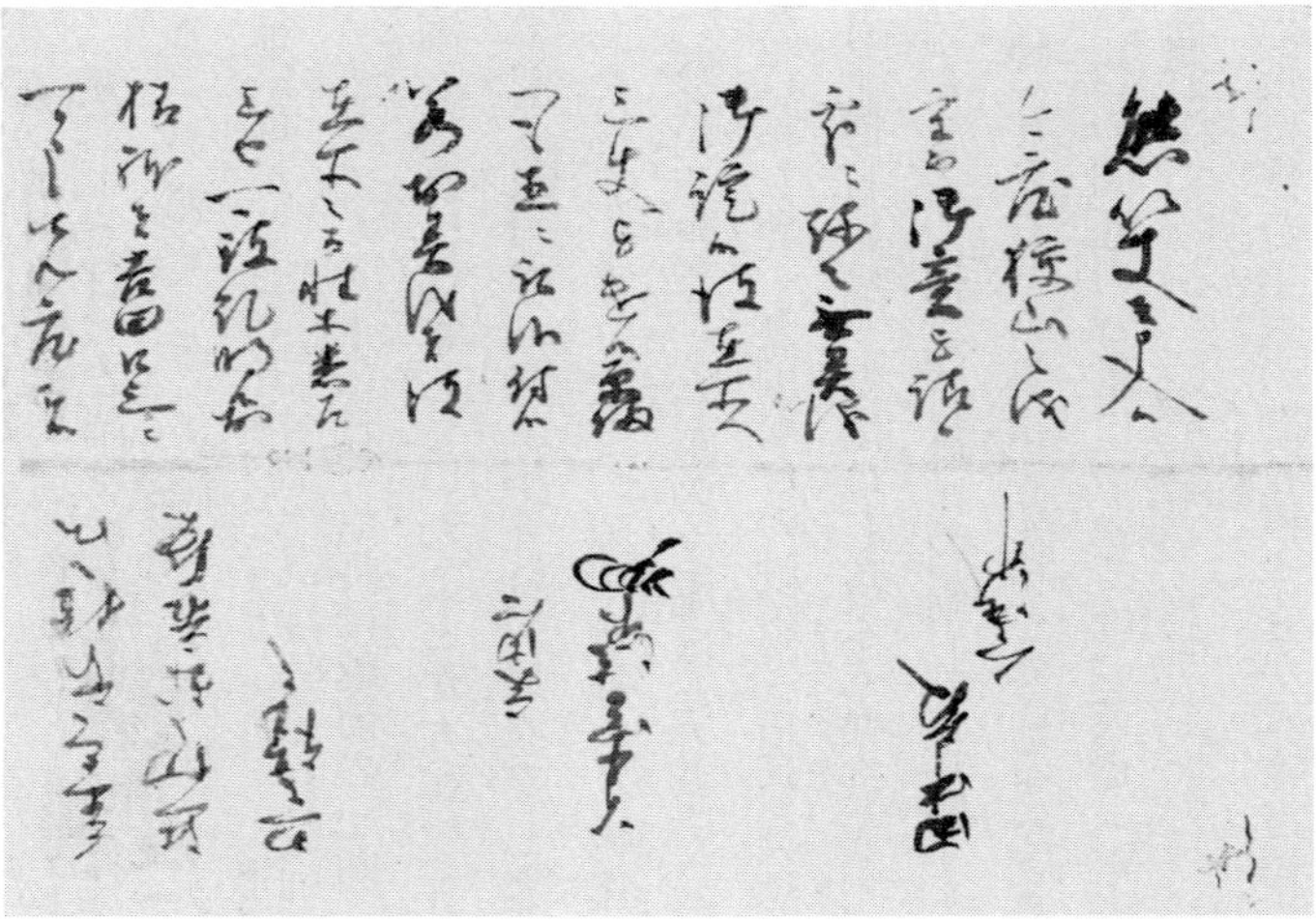

「宮内卿法印」と自署した友閑書状（公益財団法人前田育徳会所蔵）

った。再三にわたり、信長と原田直政が田中長清に狭山郷を安堵し、対する御牧摂津守に押妨を禁ずる旨を伝達していたにもかかわらず、天正三年八月の段階でも改められてはいなかった（『文書の研究』上巻三一二号）。そこで、友閑の書状が発給されたというわけだ。これは、「宮内卿法印（花押）」との署名が見られる初見文書であり、また文中には「先度《せんど》は参上候処《ところ》、種々御懇切の至り、忝《かたじけな》く存じ候」とあることから、田中長清とこの問題を話し合うためか、友閑が石清水八幡宮に出向き、親切丁寧にしてもらったことがわかる。この問題に友閑が携わった理由は判然としない。だが、友閑は「徳庵　友閑」と署名していた初期の段階より石清水八幡宮の問題を取り扱っているため（『石清水文書』一一八四号）、石清水八幡宮に関することは友閑の担当であったと考えられよう。この先も友閑が窓口となっていくのである。

天正三年上半期における友閑の活動を追いかけてきた。友閑が堺と信長のもとをたびたび往復して、側近として多彩な任務に携わっていたことを確認できたであろう。ここに、友閑が最高位の吏僚として位置づけられた理由がある。宮内卿法印任官は、その結果与えられたものであった。さらに友閑の活躍は続く。次は本願寺門跡顕如との和睦交渉という重責だ。項を改めて詳しく見ていくことにしよう。

二　本願寺との和睦交渉

信長からの指令書

越前を平定した信長は、天正三年（一五七五）九月二十六日、岐阜に帰城し、十月五日、宮内卿法印すなわち友閑へ宛てて書状を発給した（『文書の研究』下巻五六一号）。それは次のようである。

本願寺門跡顕如からの詫び言について、「条目《じょうもく》」（和睦の約束事）と「誓紙《せいし》」（起請文《きしょうもん》をさす、誓約書のこと）に書かれているように、本願寺の意向は了解した。本願寺に表裏

（嘘偽り）がないかどうかを今後しっかり確認したうえで赦免する。朱印状をととのえたので、まずはこれを友閑に預ける。本願寺からの「条目」の内容と動向を見極めてから渡すこと。以前から本願寺には表裏があるので、軽々しく朱印状を渡してはならない。このことを三好康長にも申し聞かせて対処するように。

信長は、顕如から和睦を請う書状が到来したことを受けて、赦免する旨の顕如宛の朱印状を記したが（『文書の研究』下巻五五九号）、それをいったん友閑に預け、本願寺の動静を見定めてから渡すよう指示を出している。伊勢《いせ》長島《ながしま》の一揆に続き、越前の一揆も平定されたことにより、和議を求めてきた顕如に対して、信長は実に慎重な態度をとっている。それもそのはずで、本願寺はこの二年前にも信長に講和を求めておきながら、すぐさま戦いを挑んできたという経緯があるからだ。

本願寺との抗争の歴史

信長と本願寺との抗争の歴史は、本願寺が蜂起した元亀元年（一五七〇）九月から、新門主教如《きょうにょ》が大坂を退城した天正八年八月までの一一年間におよぶ。この間、天正元年と同三年の二度の和睦（一時的な休戦）があり、そして同八年の勅命講和を経て落着するという長きにわたるものであった。

第一次和睦

天正元年十一月の和睦（便宜上、これを第一次和睦と呼ぶ）の際は、本書第四の一でも少しふれたが、本願寺より名物の「白天目《しろてんもく》」が進上されて和議成立となった。これについては、専修寺賢会《せんしゅうじけんえ》なる僧侶の書状に「顕如様が信長方へ白天目を遣わされたので、和睦となりめでたい」と記されていること（井上鋭夫『一向一揆の研究』）と、信長自身が本願寺へ宛てた「白天目」の礼状（『文書の研究』上巻三四九号）によってその事実を確認することができる。信長よりの礼状には、「和睦の条件を示した条目には少しも問題はない」と記されていることから、契約事項を記した文書も発給されたようだが、残されていないため具体的なことはわからない。

第二次和睦

それに対して、天正三年の和睦（便宜上、これを第二次和睦と呼ぶ）では、先に紹介した信長の友閑宛書状に書かれているように、友閑が信長の代理人となっていること、それに三好康長を加えて和睦交渉が行われたことがわかる。実際、信長は三好康長へも書状を送り、本願寺からの条目が友閑のもとへ届けられたこと、本願寺の行動を見極めることなど、ことの子細は友閑から指示を受けるよう命じている（『文書の研究』下巻五六〇号）。第二次和睦では、三好康長を加えつつも、信長の意向は友閑に伝えられ、あくまで友閑が主軸となって交渉が行われたのである。

三好康長

ここで、友閑の交渉に三好康長が付けられた背景を考えてみよう。康長は阿波《あわ》（徳島県）を本拠地としていた三好一族の有力者であり、本願寺の再蜂起に呼応して河内高屋《たかや》城《じょう》に立て籠もったが、天正三年四月十七日、友閑を通して信長に降参した（『信長公記』）。

友閑に仲介を頼んだ理由として、次の三点が考えられる。

①当時、友閑が駐在していた堺と高屋城との物理的な距離。

②三好一族と友閑が統轄する「堺衆」とのつながり。とりわけ、康長が津田宗及の父宗達《そうたつ》の代より津田家との親交があったことを考えると、降参直後の四月二十五日に、友閑が宗及会に赴いているのが康長の問題と無縁とは思えない（『自会記』）。

③信長政権下における友閑の立場。これまで述べてきたように、友閑は堺の代官の職務範囲を越えて、五畿内の政務に携わるトップクラスの吏僚であった。

信長は執拗に抵抗した康長を許しただけではなく、本願寺との第二次和睦の交渉のため、友閑とともに自身の「御使い」すなわち代理人に起用し、本願寺側の担当者との協議にあたらせた。康長が本願寺側についていたという経緯をあえて利用したのであろう。

第二次和睦の締結時期

そして十月二十一日、『信長公記』によれば、「大坂本願寺の件について、信長は三好笑岩（康長）と友閑を使者として赦免された。本願寺は小玉澗、枯木、花の絵、計三軸を進上し、顕如の家臣である平井、八木、今井が参上し、このたびの赦免の御礼を申しあげた。また三好笑岩は天下にふたつとない三日月の葉茶壺を献上した」とあり、続いて二十八日、妙覚寺《みようかくじ》で信長主催の茶会が開かれ、一件落着をにおわせる記述が続く。

本項の冒頭で紹介した十月五日付けの友閑宛信長書状では、表裏のある本願寺の動向をしかと見極めてから朱印状を渡すよう命じていた。それから十六日後には和睦成立となったということであろうか。関連する史料を見ていくと、『信長公記』の記載は多少検討する必要があるように思える。たしかに、本願寺は和睦にあたり名物を進上している。その様子を見聞した医師の曲直瀬道三《まなせどうさん》は、十月三十日付けの「ほりけ」（堀久太郎秀政《ほりきゅうたろうひでまさ》の家臣である堀監物直政《ほりけんもつなおまさ》か）へ宛てた書状で、次のように記している（『翠竹院道三書簡《すいちくいんどうさんしょかん》』）。「殿様へハ大坂より円座肩衝《えんざかたつき》、枯木絵、花ノ絵三種進上にて無事ニ成り申す、其の他、名物十種計《ばか》り打続《うちつづ》き参り候」、すなわち、「円座肩衝」（茶入）、玉澗筆「枯木」、趙昌《ちょうしょう》筆「花の絵」が献上されたことによって、無事になる、つまり和睦が成立したという。表向きには祝賀ムードである。ただし、献上された名物には相違がある。これについては、茶の湯の嗜みがあり、かつ実際に信長と対面して詳細を耳にした道三の情報の方が信頼できるであろう。

「三日月」の献上者

続いて、三好康長から献上された「三日月」である。道三の書状には、「十四日に、かねてより信長と約束していた鶉壺《うずらめのつぼ》を持参して進上したところ、信長が一段とお喜びになりました。それは、その日に三日月の壺がお手に入ったからでしょう」と記されている。これにより、四月に降参を表明した三好康長が名物の葉茶壺「三日月」を進上したのは十月十四日のことであり、本願寺からの献上品到来はその後、『信長公記』に従えば二十一日ということになる。

さて、信長を喜ばせた「三日月」だが、降参の表明から半年後にその証を献じるとは、いったいどのような事情があったのだろうか。戦国時代より名物の葉茶壺と言えば、「松嶋」か「三日月」かと謳われるほどの逸品であった「三日月」は（『茶具備討集《ちゃぐびとうしゅう》』）、三好実休《じつきゅう》（長慶の弟）の旧蔵品であった。『山上宗二記』によれば、高屋城で六つに割れた「三日月」を千利休が継ぎ直し、三好一族によって堺の太子屋《たいしや》に質入れされた。代は三〇〇〇貫であったが、その後五〇〇〇貫とも一万貫とも言われ、計算できないほどの高値となった。太子屋から信長へ献上され、後に本能寺の変で失われたという。

果たして「三日月」は誰の手によって信長へ進上されたのだろうか。それについて桑田忠親氏は、康長が太子屋から請け出し、降参の証として信長に献じたのであろうと述べている（『山上宗二記の研究』）。そのように考えれば、降参の表明から半年後に献上されたことへの説明がつくかもしれない。いずれにせよ「三日月」は、この時点での信長の立場を体現する名物であった。それについて、次項で述べることにしよう。

三　信長の妙覚寺茶会とその跡見

信長の妙覚寺茶会

十月二十八日、信長は京都や堺から戦勝祝いに馳せ参じた数寄者《すきしゃ》一六名を招いて、妙覚寺で盛大な茶会を開いた。この茶会はとりわけ有名で、客人となった津田宗及、今井宗久の記録に、曲直瀬道三の書簡、そして『信長公記』というように複数の史料が残されている。それらを駆使して、この日の茶会を再現してみよう。

道具組

床の間には玉澗筆「煙寺晩鐘《えんじばんしょう》」が掛けられ、その下には進上されたばかりの「三日月」が置かれている。「三日月」は白地金襴《きんらん》の袋におさめられていたというから、さぞかし目にも鮮やかであったことだろう。台子《だいす》の上には天下一の茶入《ちゃいれ》「つくも茄子《なす》」が、これまた白地金襴の仕覆《しふく》（茶入を入れる袋）におさめられて、「内赤《うちあか》の盆」にのっている。仕覆も盆も「つくも茄子」に付属しているものだ（『山上宗二記』）。そのとなりに置き合わされているのは、第一次和睦の証として本願寺より献上された「白天目」。むろん名物の天目台《てんもくだい》「数《かず》の台《だい》」にのっている。台子の下には「占切水指《しめきりみずさし》」「平手合子《ひらてごうす》」「柑子口《こうじぐち》柄杓立《しゃくたて》」が取りあわされている。そして炉には鎖で釣られた「乙御前釜《おとごぜのかま》」があり、その前に蓋置《ふたおき》「五徳《ごとく》」と茶筅《ちゃせん》が仕込まれた「道三茶碗」がある。

それぞれの由来

一見して、天下の名物が一堂に会した圧巻の道具組であることがわかるが、これらの道具はいかなる性質を有していたのだろうか。言い換えるなら、信長にとってどのような意味を持つ名物であったのか。それを探るために、それぞれの由来を簡単に記しておこう。玉澗筆「煙寺晩鐘」は永禄十三年（一五七〇）に信長の要求によって松永久秀から買い上げたもので、瀟湘八景《しょうしょうはっけい》のなかで最高の一軸である。「三日月」は前項で述べた通り、三好康長より到来した降参の証だ。茶会では床の間の飾りが最も重要とされるので、この二点に信長の意図が強く反映されていたと見てよい。とはいえ、やはり注目すべきは、到来したばかりの「三日月」であろう。

葉茶壺飾りの起源

そもそも葉茶壺が床の間に飾られるようになったのは、信長の少し前の時代、天文年間（一五三二〜五四）のことだ。それ以前、室町時代には褻《ケ》の道具として秘蔵賞翫《しょうがん》されてはいたが、晴《ハレ》の場には登場しないものであった（徳川義宣『茶壺』）。室町将軍家の室礼《しつらい》などを解説した『君台観左右帳記《くんだいかんそうちょうき》』にも、「葉茶壺には名物もあるが、将軍家の座敷飾りには用いない」とはっきり述べられている。しかし、名物として価値ある葉茶壺が多数登場してくると、あえてそれを床の間に飾り、客人に披露するという風習が生まれた。信長も、この葉茶壺飾りをことのほか好んでいたことが茶会記から読みとることができる（後述、本書第六の二）。

このように天正三年の段階で、葉茶壺飾りがいわば一般的になっていたとしても、たいていは網に入れて飾り、また大変高価な金襴が用いられるにしても、せいぜい葉茶壺の口を覆う程度であった。ところが、信長の茶会では白地金襴の袋におさめられた状態で鎮座している。やはり、戦勝の祝賀にふさわしい一品ということで、特別に誂えた袋をまとった「三日月」が選ばれたのであろう。何しろ「三日月」は降服の証のみならず天下無双の名物として垂涎《すいぜん》の的であったのだから、至極当然と言えよう。

和睦の証

名物の由来に戻る。「つくも茄子」は永禄十一年に松永久秀が献じた服従の証で、となりの「白天目」は本願寺からの和睦の証だ。これについては、信長の礼状が残っているので、ここで紹介しておきたい（『文書の研究』上巻三四九号）。

本願寺よりのお手紙を拝見しました。白天目という名物をお贈りいただきました。これは大変な名物ですので、私（信長）は長い間、ひとめ拝見したいと願っておりました。この先長く愛用いたします。

儀礼的な礼状にしては気持ちが入り過ぎているきらいがあり、信長がいかに「白天目」を気に入ったのかを余すところなく伝える書簡だ。「白天目」は二年前の妙覚寺茶会で初披露されており（本書第四の二）、記録のうえでは二度の目の登場となる。信長はこのたびの上洛で、この日のために岐阜から携えてきたのであった。ちなみに、「白天目」

は先の礼状に書かれているように、信長から終生愛用され、本能寺で運命をともにした。「占切水指」は今井宗久が献じたもので、「平手合子」は文武両道の徒であった守り役平手《ひらて》政秀《まさひで》の遺愛の一品であろう。「柑子口柄杓立」は永禄十三年に、油屋常祐から買い上げた名物で、一説によると三好宗三《そうさん》ゆかりの品という（『凡諸名物《およそしょめいぶつ》』）。

大名茶湯の趣向

このように信長のもとへそれぞれの名物が到来した経緯を眺めてみると、服従や降参、和睦といった信長の政治的立場をものがたる名物に、信長その人の嗜好を示す名物、それに信長にとっての威徳の品、いわば忘れ形見の名物といったさまざまな性質の道具によって構成されていたことがわかる。信長の威光はもとより、政治力、経済力、そして美意識を体現する、これぞ「大名茶湯」というべき趣向だ。

この日の様子をつぶさに見聞した曲直瀬道三は、「このように天下静謐《てんかせいひつ》となったので、中国、四国地方からも信長のもとへ参上する人々でひしめき合い、洛中がせまく感じます。貴賤ともに茶の湯の繁盛といったありさまです」（『翠竹院道三書簡』）と記した。まことに天下静謐を言祝ぐ、天下の名物揃いである。米原正義氏が述べているように、十月二十八日の妙覚寺茶会は、「信長が天下人を宣言した大茶会」（『天下一名人　千利休』）としか言いようがない。

千利休の大抜擢

さて、この天下人の茶会を取り仕切ったのは、「御茶は宗易仕られ候」とあるように、千利休であった。利休、時に五四歳。宗及、宗久をさしおいての大抜擢である。そのためなのか、宗及の『他会記《たかいき》』の同日条は精彩に欠け、宗久にいたっては「上様（信長）御手（点）前ニテ御茶下され候」とすら書いている。

妙覚寺茶会の跡見

そうしたなか、道三だけは茶会の進行や様子を詳しく報じている。それによれば、茶会は一六名の客人がいっせいに席入りしたのではなく、五人ひと組となって入れ替わり立ち替わり妙覚寺内の小座敷に入席して行われた。つまり、利休は茶頭《さどう》として複数回の点前《てまえ》を行ったことになる。その際に使用された茶は、葉茶壺「松嶋」におさまっていたものであった（『信長公記』）。風味も味も素晴らしい茶であったらしい（『山上宗二記』）。喫茶が終わり、客人一同は大座敷に移動し、饗膳のもてなしを受けた。献立は貝の焼き物、ウドの汁、飯、鯛の焼き物、しいたけ、香の物などで、本膳料理の仕立てで三膳供された。食器は金銀がちりばめられた華やかなものであった。菓子は焼き餅、いりかや（カヤの実を煎ったもの）、栗の三種であった。

こうして戦勝見舞いに訪れた数寄者への茶会は終了したのだが、道三の書状によって、茶会の第三部とも言うべき跡見《あとみ》の会も行われたことがわかる。それは、次のように記されている。

跡見ハ荒木、進藤、池田、佐久間、夕庵、友閑也、

つまり、跡見への参席が許されたのは、荒木村重《あらきむらしげ》、進藤賢盛《しんどうかたもり》、池田景雄《いけだかげかつ》、佐久間信盛《さくまのぶもり》、武井夕庵、そして友閑の六名であったというのである。

跡見とは、名物を取り合わせた正式な茶会の後、その場に参会することができなかった人が所望して、道具組を拝見する会を言う。妙覚寺茶会の跡見に参会した六名は、本願寺との第二次和睦に従事する友閑をはじめとして、秘書兼右筆の夕庵に、摂津の一職支配を任されている荒木村重、そしてこの年めざましい戦功をあげた佐久間信盛と、その指揮下にある六角氏《ろつかくし》旧臣の池田と進藤両名といったしだいで、いずれもこの一年、政権発展のために尽力した者ばかりである。そのために、信長より名物拝見が許可されたのであろう。いわば、信長は六名の家臣に天下人の座敷飾りを見せ、その場に参席する栄誉を与えたわけである。そして、この跡見参会の名誉こそ、茶の湯による家臣団統制の初期形態、すなわち翌年より顕著となる名物下賜の前段階であったと考えられよう。

演出家としての参席

そして、この六名のうち、末尾に記された友閑その人だけは別格であったはずだ。というのも、友閑はこの日の取り合わせを考案した演出家としての参席であったと思われるからだ。友閑が信長茶会の実施にあたり、そうした役についていたことはすでに述べたが（本書第四の二）、おそらく友閑は、この日もそれぞれの道具の格や美しさの調和をはかりつつ、天下人にふさわしい道具組を考案したのであろう。むろん、道具の由来を語り聞かせる役も負っていただろう。演出家としての友閑の役割は、さらに本書第六の二および第七の一であらためて考えてみたい。

天正三年も残すところ二ヶ月あまりだ。跡見参会の栄を賜った後も、友閑には奉行としての仕事が待っている。

四　信長の御意伝達役

十一月四日、信長は先月より作らせていた陣座《じんのざ》（朝廷の儀式が行われる際に、主たる人物が列座する特別な空間）が完成したこともあり、従三位権大納言に、そして七日に右近衛大将に任ぜられた。信長にとってははじめての官位叙任である。信長の任官をめぐっては諸説あるが、ここでは橋本政宣氏の見解に従う（『近世公家社会の研究』）。

公家の仲間入りをした信長は、将軍に代わり天下の儀を司る者として公家、寺社への大規模な新地給与に着手する。これにより公家の所領問題を解決し、天皇、公家、寺社の救済者かつ保護者であることを明示しようとした（池上裕子『織田信長』）。その準備は、十月下旬には京都所司代の村井貞勝を中心として進められており、十一月六日付けと七日付けで、石高《こくだか》によって表記された新地の宛行状《あてがいじょう》がいっせいに交付された（『文書の研究』

下巻五七五～五九九号、補遺一六九～一七四号)。新地給与の対象者は、摂家、清華、門跡、堂上《どうじょう》、堂下《どうげ》、地下《じげ》まで公家社会全体におよび、それらの土地の多くは旧幕府直轄領であったと今谷明氏は推測している(『言継卿記　公家社会と町衆文化の接点』)。

新地宛行の奉行

この新地宛行の奉行は原田直政と村井貞勝であったというが(池上『織田信長』)、そこに武井夕庵と友閑も加えるべきである。というのも、西洞院時慶《にしのとういんときよし》への宛行状の包紙《つつみがみ》に、「今回の新地給与の世話人は、夕庵、友閑、村井貞勝、原田備中守(直政)らであった。この宛行状は正親町実彦《おおぎまちさねひこ》邸で交付され、私(時慶)は原田備中守(直政)より受けとった」と記されているからである(『文書の研究』下巻五九四号)。さらに、十一月十四日、中山孝親《なかやまたかちか》、勧修寺晴右《かじゅうじはれみぎ》、庭田重保《にわたしげやす》、甘露寺経元《かんろじつねもと》、中原師廉《なかはらもろかど》は、村井貞勝邸および友閑邸を訪問しているが、その用件も今回の新地給与に関わることであったと思われる。中原師廉は、この日はじめて友閑邸を訪問するというので、樽代(酒代)五〇〇〇疋を持参している(『大外記中原師廉記《だいげきなかはらもろかどき》』)。翌十五日には、不運にも新地宛行からもれた吉田兼見《よしだかねみ》が、このことを村井貞勝と友閑へ訴え出て、誠意を尽くして調整する旨を伝えられている(『兼見卿記』)。この兼見の来訪により、信長が京都を後にした十四日以降も(『兼見卿記』『信長公記』)、友閑はそのまま滞在を続け、任務にあたっていたことがわかる。

十六日、友閑は青蓮院《しょうれんいん》門跡尊朝法親王《そんちょうほっしんのう》の知行分について、村井貞勝へ指示を出して

村井貞勝へ
の手紙

いる。それは次のようである（『文書の研究』下巻五九二号参考文書）。

青蓮院殿の御知行分について、特別な措置を講ずるようにとの上様（信長）からのご命令です。このことは上様の御前で決したことなので、青蓮院殿の本知行の土地である白河を知行なさりたいとのご希望に添うよう、振り替えの手続きを行うべきと上様が命じております。上様よりその方（貞勝）へ伝達するようにとのことです。私（友閑）もこの件についてことにあたりますので、あなたも機転を利かせて処置することが肝要です。

なお、詳細は大蔵《おおくら》（青蓮院の坊官《ぼうかん》、鳥居小路経孝《とりいこうじつねたか》）が申し述べます。敬具

宮内卿法印

友閑（花押）

十一月十六日

村井長門守（貞勝）殿

信長と奉行
衆を仲介

十一月七日に交付された宛行状によれば、青蓮院門跡は粟田口《あわたぐち》（京都市東山区）七二石に、花園《はなぞの》（京都市右京区）二八石あまりを新地として進献されているが（『文書の研究』下巻五九二号）、友閑の書状に書かれているように、青蓮院としてはもとからおさめていた白河の地を知行したい旨を信長へ申し入れていた。

ここで重要なことは、青蓮院の望みを聞き入れ、知行の振り替えをするようにという

信長の指令がまず友閑に直接伝えられ、友閑から貞勝へ伝達されるという命令系統が見てとれることである。加えて、この友閑書状が『青蓮院文書』として伝来していることから、友閑は青蓮院の使者である鳥居小路経孝にこれを渡して貞勝のもとへ行かせ、そのまま鳥居小路が青蓮院に持ち帰ったこともわかる。以上のことから、友閑は信長の御意伝達役という立場も兼ねて公家衆への新地給与に携わったと見てよいであろう。青蓮院門跡のケースは、相手が特異な立場であったことも考慮に入れなければならないが、友閑には、信長の側近として村井貞勝や原田直政といった実務担当者と信長との間をとりもつ役割もあったと考えられる。

このように、友閑は妙覚寺茶会の後もしばらく京都に滞在して、信長の意向を直接受けながら奉行とともに新地給与にあたったが、さらに寺社が抱える騒動の仲裁にも携わっている。それは二件あり、ひとつが春日社の社領である宇賀志荘《うかしのしょう》と西殿荘《にしどののしょう》に対する押妨《おうぼう》問題で、いまひとつが法隆寺の東寺と西寺との間の相論《そうろん》である。いずれも、金子拓氏による詳細な研究があるので（『織田信長権力論』）、以下、金子氏の論考に学びながら、友閑の果たした役割について見ていくことにしよう。

春日社の押妨問題に対処

まず、春日社領に関してである。春日社の社家日記によれば、ことの起こりは天正三年（一五七五）七月二十八日にさかのぼる。大和宇陀郡《うだぐん》にある「奈良分」の所領に対して、伊勢（三重県）国司《こくし》の北畠氏《きたばたけし》より賜った地と称し、当地の国衆《くにしゅう》である沢、秋山、芳野、小川氏らが押妨を働いていることが明るみとなった。そこで、春日社ではこの問題を大和守護の原田直政へ訴えることにした。

十一月三日、春日社の使者二名が、信長から拝領した朱印状の写しを携えて京都より戻る。その朱印状には、信長が北畠信意《のぶおき》（次男の織田信雄《のぶかつ》）へ宛てて、沢、秋山両氏の押妨を停止させるべきことが記されていた。この信長の命令を実行するかたちで、二日、春日社社家へ宛てて、原田直政、村井貞勝、友閑（「宮内卿法印　友閑」と署名）の連署状《れんしょじょう》も出された。その後、北畠信意と北伊勢の支配を任されている滝川一益《たきがわかずます》も動き、十三日、原田直政、村井貞勝、友閑による連署状が沢、秋山、芳野の三名宛てて発給された。そこには、信長の命令に従い、宇賀志荘と西殿荘への違乱《いらん》を即刻やめるようにと記されている。同時に、原田直政、村井貞勝、友閑の三名は春日社神主らに宛てて、両地への違乱を排除した旨の報告を行った。一件落着である。

この春日社領をめぐる問題解決にあたり、友閑は原田直政、村井貞勝とともに三通の連署状を発給したのだが、先に述べたように、彼らはともに公家、寺社への新地給与を担当していた。その流れで、この問題にも対処したのであろう。そして、三通の連署状のいずれもが右から原田直政、村井貞勝、友閑の順で署名されていることから、古文書学上のルールで言えば、最後に署名している友閑が最高位にあり、日付けの下に署名している原田直政が連署状の作成者、すなわち実行役であったこともうかがえる。

法隆寺内の相論に関与

次に、法隆寺内の相論である。天正二年にはじまり、同七年に一応の解決を見た大和法隆寺内における僧侶間の対立抗争を解決に導く過程で、友閑の関与はこの年の十一月七日にはじめて見られ、三年後の天正六年十二月、さらには大規模な武力衝突にまで発展した天正七年五月と深く関わっていくことになる。以下、事件の流れを見ていこう。

ことの発端は、天正二年に信長がもともと身分的な対立が内在していた東寺の堂衆《どうしゅう》（諸堂の管理などを司る僧侶）と西寺の学侶僧《がくりよそう》（学業を主たる任務とする僧侶）、それぞれの権益を保証する旨の朱印状を発給したところにある。それにより、両者の対立が表面化していき、十一月には原田直政が発給済みの朱印状を回収せざるを得ない事態となった。この段階で、友閑は西寺の学侶僧側の窓口となり、彼らの言い分を聞き、それを承諾していることと、そして大和は原田直政の権限下にあるのだから、その指示に従うべきことを東寺の堂衆側へ通達した旨（その書状は現存していない）、西寺の学侶僧へ伝えた（『文書の研究』下巻六一二号参考文書）。

これまでこの相論を全面的に担当していたのは、原田直政とその伯父である塙安弘《ばんやすひろ》であった。要するに、この内紛は大和守護の職務の範疇に属する案件である。そこへ突如、友閑が携わるようになった理由を考えてみよう。まず、先の春日社の件と同様に、新地給与の流れで、一時的なサポートであった可能性が考えられる。次に、原田直政との関わり。つまり、これまでの友閑の任務を振り返ると、元亀年間より直政とともに任務にあたっていることが多い。

原田直政の立場

そこで、あらためて原田直政の立場について確認しておくことにしよう。直政はもと もと信長の馬廻りであったが、その行政手腕を買われて、天正二年五月に山城守護、翌年三月には大和守護を兼務し、さらに四月には河内についても暫定的な支配を任されるといったしだいで、いわば出世街道をまっしぐらに進んでいた。このような直政の権限について、谷口克広氏は南山城から大和にいたる在地領主の軍事支配が中心であったと述べている（『信長軍の司令官』）。それのみならず、大和国内の寺社と信長とをつなぐ取次としての役割もあった（金子『織田信長権力論』）。

原田直政との関係

こうした直政の職務と友閑の役割とがどのように絡むのか。それは、直政が信長の指示を仰ぐ際、反対に信長が直政へ指令を下す際、両者を取り結ぶ人物が必要となる。その人物こそ、友閑であったということであろう。信長の御意伝達役である。信長の上級側近である友閑が取り次ぐ案件と、直政の地域的な職務範囲とが交差して、結果的に吏僚プラス部将というペアが成立したのではなかったか。友閑自身が述べているように、大和は直政の権限下にあったわけだが、その直政が任務を遂行するにあたり、友閑は信長その人の意向を直政に伝達しながらともに職務にあたっていたと考えられよう。

堺へ戻る

その直政は、供の者五〇名ばかりを引き連れて、十一月二十五日、津田宗及の朝会に赴いているので（『自会記』）、おそらく友閑も、その頃には京都を後にして堺に戻ったのであろう。まず十二月七日、宗及の朝会にひとりで参席する（『自会記』）。この日は、炉に津田家自慢の名物「平釜」が鎖で釣られ、袋棚に「文琳《ぶんりん》」と「台天目《だいてんもく》」が置き合わされている。床の間には、白梅を生けた「蕪無《かぶらなし》」が一点飾りされている。これは天下の三花入のひとつと言われる名物で、周防《すおう》（山口県）の大内義隆《おおうちよしたか》の側近であった相良《さがら》遠江守武任《とおとうみのかみたけとう》が所持し、堺の薩摩屋宗忻《さつまやそうきん》から津田家に入った（『山上宗二記』）。かつて宗及は、これを食事の前にまず袋から出して拝見に供し、薄板にのせて自ら床の間に飾る所作を披露している。そして、休息の間にすすきを生けて床の間の飾りとした（『自会記』元亀二年十月二十八日条）。いかに自慢の一品であったかを示す趣向だ。

友閑による床飾りの初見

さて、友閑との一客一亭では、休息の間に白梅を抜き取った「蕪無」が袋棚へ飾り直された。となると、床の間にその後何が飾られたのかが気になるところだ。それについて、宗及は「壺ヲ床へ法印アケラレ候」と記している。すなわち、もともと袋棚に置き合わされていた「文琳」を客人である友閑が手ずから床の間に飾ったというのである。

この先、幾度となく茶会のうえで出会うことになる友閑の所作である。この記述は、その初見だ。

なぜ、宗及はかつての朝会のように自身で行うことなく、客人である友閑に床の間飾りを求めたのであろうか。その答えは、中世の茶の湯の指南書である『分類草人木《ぶんるいそうじんぼく》』や『烏鼠集《うそしゅう》』に記されている。それらによれば、亭主が茶入などの名物を床の間に飾る所作を客人へ所望するということは、その客人が上座に座すべき茶の湯の達人である場合に限るというのである。もし、その場に未熟な者が同席していた場合、達人の所作、立ち振る舞い、そして置き所をよくよく拝見し、忘れずに覚えることが肝要とされる。つまり、友閑の茶の湯の技量は、自ら客の前で床の間飾りをしてみせるほどの茶人であった宗及に所望されるくらい熟練した腕前であったことを、この記述は示しているのである。その後、友閑は大小の丸い折敷にのせられた精進料理に舌鼓を打って宗及邸を後にした。そしてこの日、友閑は河内の臨済宗南禅寺派真観寺《しんかんじ》へ寺領の安堵状を発給している（八尾市立歴史民俗資料館『真観寺文書の研究』）。

本願寺との和睦交渉

これから先、友閑は本願寺の問題に追われる。本書第五の二で述べたように、この年の九月より、友閑は三好康長とともに第二次和睦に向けた交渉を本願寺と行っていた。表向きには、十月末に信長のもとへ顕如より和睦の証である名物が届けられ、その披露を兼ねた盛大な茶会が開かれたことにより、和睦締結の祝賀ムードがただよっていた。

しかし、水面下では和睦成立に向けた話し合いが継続中だったのである。『孝親公記《たかちかこうき》』によれば、十二月十日、勧修寺晴右、庭田重保、甘露寺経元、中山孝親は誠仁親王《さねひとしんのう》よりの仰せにより、信長と本願寺との和睦に関して友閑と談合するため、大坂へ向かった。翌十一日、公家衆一行は友閑が大坂の平野にいるとのことで、すぐに平野へ赴くが一足遅く、友閑はすでに十日の朝、上洛していた。一行の大坂下向は徒労に帰し、十二日、京都へ戻る。そして十三日、四名の公家衆はあらためて京都の友閑邸を訪れ、そこで信長と本願寺との和睦に関する談合を行ったという。いわゆる実務者レベルでの協議である。談合の内容は不明なものの、第二次和睦に関して誠仁親王が関与しているとの記述は重大である。すでに金子氏が指摘していることだが、どうやら誠仁親王は、信長に関わる案件には積極的に関与すべきと自覚していたようだ（『織田信長権力論』）。

誠仁親王の関与

さて、友閑と公家衆との談合の事実に加えて、いまひとつ和睦成立へ難航を極めていたことを示す史料がある。それが、天正三年十二月付け（日付けの書き入れはない）で、友閑と三好康長がそれぞれ署名し、花押を据えた霊社起請文《れいしゃきしょうもん》である（『文書の研究』下巻五六一号参考文書）。宛先は下間頼慶《しもつまらいけい》、下間頼廉《らいれん》、八木駿河守《やぎするがのかみ》、平井越後法橋《ひらいえちごほっきょう》、井上出雲法橋《いのうえいずもほっきょう》で、いずれも顕如の腹心の家臣である。

起請文とは何か

起請文の古文書学的な意義については千々和到氏の研究に詳しいが（「誓約の場の再発見」）、要するに、契約をする場合に神仏を勧請《かんじょう》し、違約者に罰が下ることを誓い、また、もし契約の内容に偽りがあれば、勧請した神仏の罰を蒙ることを明記した誓約書をいう。形式としては、まず誓約内容を列記し（これを前書《まえがき》という）、その後に勧請した神仏への誓文《せいもん》（これを神文《しんもん》という）が続く。一般に前書と神文は別の紙に記され、とりわけ神文は牛玉宝印《ごおうほういん》の裏面に書かれる。千々和氏によれば、本来、起請文は、誓約の場で焼き、その灰を飲むものであったが、戦国時代以降、あえて残し一種の契約書と見なすようになったという（「護符・起請文の調査と研究」）。

友閑作成の起請文

そのことを念頭に置いて、友閑と三好康長が作成した起請文を読んでみよう。

敬白　霊社起請文上巻前書

一、顕如が望んでいるために和議を認めること、信長に表裏がないことを友閑と康長が信長の御前で確認したこと、

一、信長分国中にある本願寺末寺の活動を認めること、

一、友閑と康長にも表裏二心はないこと、

右の内容に違反したら、梵天《ぼんてん》・帝釈《たいしゃく》・日本国中の神々・八幡大菩薩《はちまんだいぼさつ》・白山《はくさん》・愛宕《あたご》権現《ごんげん》・摩利支尊天《まりしそんてん》・天満大自在天神・十羅刹女《じゅうらせつにょ》・鬼子母神《きしもじん》・氏神の神罰を蒙ります。

そのうえ、この世にあっては身体的な苦しみを受け、来世では無間地獄に陥ること
を誓います。

宮内卿法印
友閑（花押）
三好山城守
康長（花押）

天正三年十二月

下間上野法眼
下間刑部卿法橋
八木駿河守
平井越（後脱）法橋
井上出雲法橋

異例の起請文

この起請文を、残すことを目的とした第二次和睦に伴う契約書と見なした場合、日付けの書き入れがないという異様さに気がつく。しかも、神文が牛玉宝印ではなく前書と同一の料紙に書かれている。にもかかわらず、これは下書きや写しというわけではなく、原本として友閑と康長の花押が据えられている。加えて、この起請文が現在、龍谷大学図書館に所蔵されていることから、原本として本願寺側に渡されたこともわかる。

これらの疑問をとく鍵は、本書第五の二で紹介した信長の指示、およびこの起請文前書の第一条目にあるだろう。すなわち、十月五日に本願寺からの「条目」と「誓紙」が友閑のもとに届けられたおり、信長が本願寺の表裏を疑ったように、本願寺もまた信長の二心を案じたはずである。だからこそ、信長の代理人である友閑と康長は、信長に表裏がないことを信長その人の目の前で確認したわけである。

実務者レベルでの交渉

信長と本願寺双方の疑念が取り除かれるまでには、交渉を担当する家臣、さらには誠仁親王の意向を受けた公家衆をも加えての折衝が続けられていたのである。このような背景を考え合わせれば、この起請文に日付けの書き入れがなされていないことの説明もつく。つまり、十月二十一日にはほぼ和睦の合意に達しつつあったものの、厳密な意味で言えば、いまだ交渉途中であったことを、この「天正三年十二月」という表記は示しているのであり、両者が合意に達したあかつきに、友閑と康長がそれぞれ血判を据え、かつ日付けを書き込むつもりだったのではないか。

換言すれば、信長は十月五日に本願寺からの「条目」と「誓紙」を受理し、二十一日には和睦の証である名物を進上され、表向きには和睦の成立を見ておきながら、信長側が本願寺へ発給する起請文の作成および提出には、実に慎重な姿勢を見せていたということになる。信長の代理人である友閑は、信長の指令を受け、康長とともに合意に達するまで水面下で折衝を続けていたということであろう。

近年、この想定を裏づけるかのような発見があった。前橋《まえばし》藩士の八木家に伝わる一七〇〇点あまりの文書群のなかに、天正四年二月十五日付けで信長が本願寺へ宛てた朱印状が含まれていることがわかったのである（秋山正典「前橋藩士八木家に伝来した中世文書」）。その信長朱印状には、「当寺赦免せしめ候上は、参詣衆ならびに末寺など先々のごとく異儀あるべからざるの状、件の如し」とあり、信長は「本願寺のことは赦免したのだから、参詣など本願寺末寺の活動を以前のように行うことに異論はない」と通達した。

第二次和睦の成立

この朱印状を紹介した秋山正典氏は、「信長が本願寺に対して門徒や末寺に不穏な動きをさせないよう命じた」としている。だがそうではなく、むしろこの信長朱印状は、友閑と康長の起請文前書の第二条目に呼応しているのではなかろうか。加えて、第二次和睦が成立したとする十月二十一日から年を越えて四ヶ月後に発給されていることも、起請文に見える「天正三年十二月」と無縁ではなかろう。つまり、本願寺からの名物が進上された後も、和睦に関わる条件面での交渉が続いており、すべてが落着したのは、この信長朱印状が発給された天正四年（一五七六）二月のこと考えられよう。こうして本願寺との第二次和睦をまとめ、交渉役として大きな実績を作った友閑は、五年後の勅命講和でも活躍することになるが、それはまだ先の話である。

交渉役として活躍

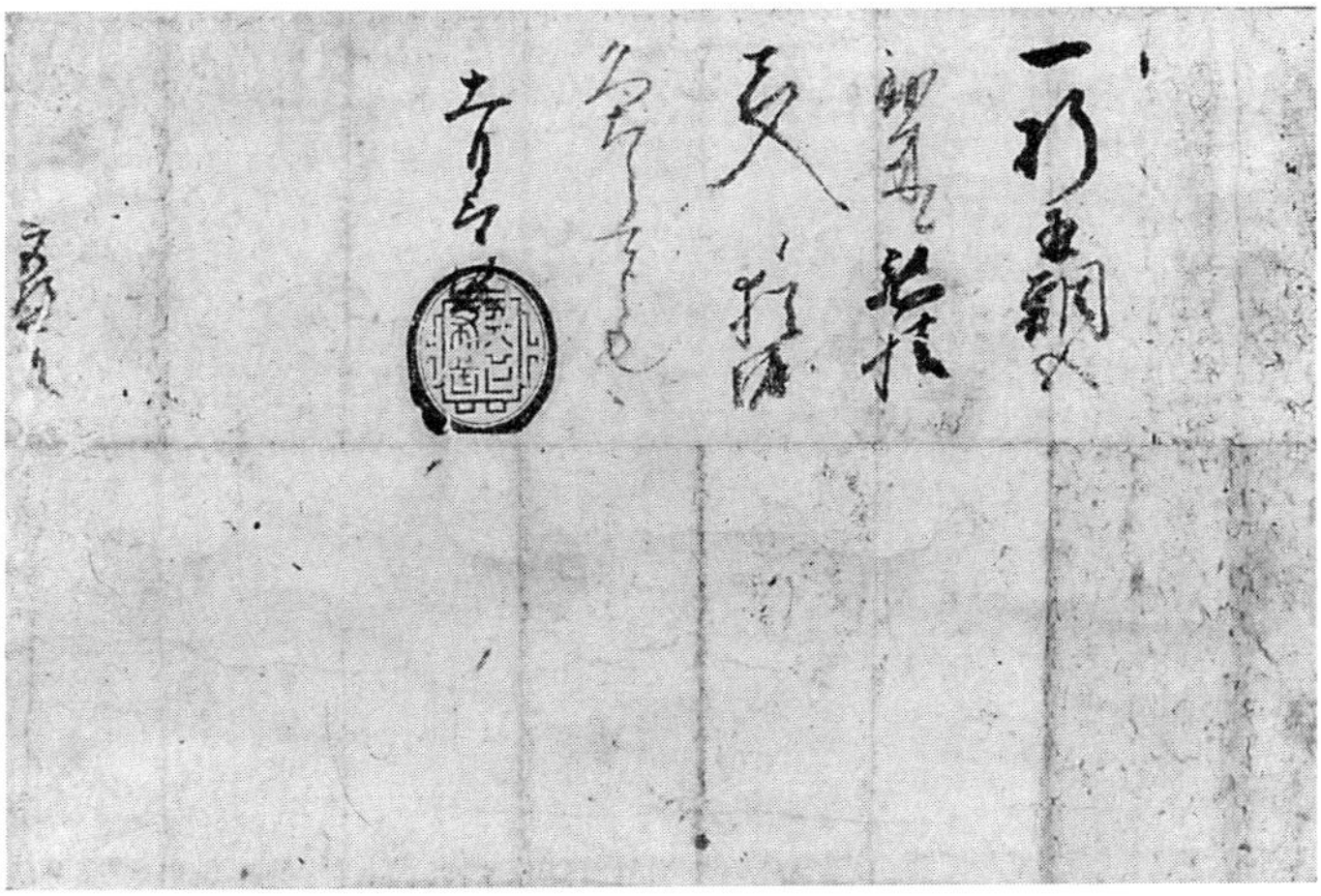

友閑宛の信長黒印状（一般財団法人太陽コレクション所蔵）

宮内卿法印に任ぜられ、多忙を極めつつある友閑の天正三年も、これで終わりを告げる。最高位の側近にのぼりつめた友閑は、堺代官を兼務しながら、信長の行動に合わせて上洛し、多様な問題に対処した。友閑は信長の意向や命令を直接聞き、ともに任務にあたる三好康長や村井貞勝、原田直政ら奉行にそれを伝達する立場にあった。いわば移動する側近と呼べよう。このような特異な関係にあった信長と友閑は、主に友閑が堺の代官に従事している時、離れていたということになる。そのようなおり、信長と友閑は書信や贈答品を通じて連絡を取り合っていた。年次は特定できないが、信長が友閑へ堺の宗助なる人物に関して指示を出している書状が残っている（『文書の研究』下巻一〇九四号）。一方、友閑も信長へ高級食材である鯛を贈ったこともある（前ページ写真、金子拓監修『大信長展』）。

また、友閑が茶の湯の造詣が深いというレベルを超えて、もはや茶湯者の域に達する一面を持ち合わせていたことも明らかとなった。友閑の生涯において、この年はひとつの画期となる年であったと言えよう。

第六　最高位の信長側近として

一　堺と京都を往復して

安土築城開始

天正三年（一五七五）十一月二十八日、信長は理想として掲げる天下静謐《てんかせいひつ》が現実のものとなったことで、嫡男の織田信忠《のぶただ》へ家督を譲った。それのみならず、岐阜城や刀剣などの家宝、さらには尾張と美濃の領地までも譲与した。こうして、信長は自らが所有するもので、唯一、信忠へ譲渡しなかった名物の茶道具のみを携えて（それでも二〇〇点近くにのぼる）、重臣の佐久間信盛の屋敷に身を寄せ、そのまま新年を迎えたと思われる。そして、正月中旬より近江《おうみ》（滋賀県）の安土山《あづちやま》に築城を始め、二月二十三日、ここに移った（『信長公記』）。

一方、友閑は天正四年の正月を京都で迎えたようである。三日に中御門宣教《なかみかどのぶのり》らの来訪を受け、吸い物と酒を供し（『宣教卿記』）、十二日には京都を後にするということを挨拶に訪れた山科言継《やましなときつぐ》らに話している（『言継卿記』）。友閑の下向先は、信長のもとか堺かどちらかかもしれないが、行く先を示す史料は残されていない。

京都で信長の手足となる

そして二月二十日、友閑は上洛し、参上した吉田兼見《よしだかねみ》と面会（『兼見卿記』）。このように正月と二月は、友閑が上洛している事実だけが判明するばかりでそこで行われた任務は不明である。だが、信長が安土の築城にかかりっきりとなり、上洛がかなわない状況下にあって、友閑が公家衆の来訪を受けているということ自体が、側近としての役目であったと言えるかもしれない。つまり、信長の手足となり、情報を収集したり伝達したりということである。

金剛寺への使者派遣

翌三月に入ると、友閑は津田宗及の茶会に参会していることから（『自会記』）、堺に戻っていることがわかる。そして、この頃のことと思われるが、先だって信長が命じていた河内国中《かわちくにじゆう》（大阪府）の徳政令《とくせいれい》施行に、金剛寺《こんごうじ》が拒否しているとの一報が三好康長よりもたらされた。友閑は信長よりの指示で、原田直政とともにその任についていたのだが、康長よりの通報を受け、ただちに上使を金剛寺の拠点となっている烏帽子形城《えぼしがたじよう》に差し向け、この命に従わなければ、在所の者どもを捕らえて処罰するとの厳命を下した（『文書の研究』下巻六二九号）。三月十一日のことである。この指令書は、これまでたびたび見られていたような友閑と直政が直接くだした連署状《れんしよじよう》ではなかった。友閑は岡本権兵衛尉貞俊を、直政は長谷川喜兵衛尉重元をそれぞれ上使として派遣させるとともに、通達状も発給させたのである。

　四月に入っても信長は安土におり、天主の着工を命じていた。『信長公記』によれば、天主建築にあたり、人足として尾張、美濃、伊勢《いせ》、若狭《わかさ》、畿内などの諸侍を集め、京都、奈良、堺から選り抜きの大工や職人を安土に呼び寄せたという。実は、友閑の四月の足どりはまったく不明なのだが、堺での人選に代官として一枚噛んでいたのかもしれない。

上洛した信長に近侍

　四月二十九日、ようやく信長は安土を発ち、上洛し妙覚寺に入った（『兼見卿記』）。友閑も側近として信長に合流したようだ。というのも、五月三日、挨拶のため参上した吉田兼見と面会しているからである（『兼見卿記』）。ここで友閑と夕庵は、信長が関白二条《にじょう》晴良《はるよし》のもとへ出かけていると話している。信長は二条邸の眺望に魅せられたため、後に誠仁親王へ譲ることになる二条屋敷の建設に着手したのである。

原田直政の戦死

　安土城に二条屋敷にと、信長が建築に勤しむさなか、京都を追われていた将軍義昭（没するまで将軍職にあった）が備後《びんご》（広島県）鞆《とも》の浦《うら》に移り、毛利氏《もうりし》と結託、それに呼応してまたもや本願寺が挙兵した。第二次和睦が成立してから、わずか二ヶ月後のことである。四月十四日、信長は荒木村重、細川藤孝（天正元年七月より長岡《ながおか》と名乗るが、便宜上、細川と表記する）、明智光秀（天正三年七月より惟任《これとう》と名乗るが、便宜上、明智と表記する）、原田直政に大坂攻めを命じた。これまで友閑とともに実にさまざまな任務をこなしてきた原田直政は、こ

対本願寺戦の戦略に関与

の戦で本願寺の補給線を断ち切るべく、大坂湾に沿った三津寺砦（楼岸から木津にいたる中間に位置する）を攻撃中、その奮闘もむなしく戦死。五月三日のことという（『信長公記』）。

本願寺に手こずる戦況を知った信長は、五日に一〇〇騎ほどを引き連れて出陣。帰京し、妙覚寺に戻ったのは六月六日のことで（『言継卿記』『兼見卿記』）、翌七日には安土へ帰城した。安土に戻った信長は、十六日、十八日と立て続けに舞いこむ荒木村重よりの注進状に返書を送っている。十六日の指令書によれば、村重は毛利の武装船一〇〇艘が淡路の岩屋（兵庫県淡路市、毛利氏と本願寺との海上連絡の要）に到達したことを受けて、村重自身が尼崎に行き、船隊を仕立てて奔走する旨を信長に報告した。それに対して信長は、その作戦はもっともだとし、さらには天王寺城にいる総大将の佐久間信盛や、その与力である淡輪徹斎とともに準備を進め、防戦することが第一だと指示。そして、

堺へも宮法かたへ申し越し、随分の調儀肝要候、

と記した。すなわち、「堺に対しても宮内卿法印友閑方へも連絡して、（友閑を通して）戦略をめぐらすことが肝要だ」と命じている（『文書の研究』下巻六四五号）。信長の言う「調儀」とは、一般に計画や策略という意味であるが（『日本国語大辞典』）、状況から戦略と訳した。友閑が信長の戦にも計画にも関与していたことを示す珍しい史料である。

ところが、この村重の報告書には見誤りがあった。刻々と変化する戦況を書簡でやり

とりなければならない当時の状況を考えれば仕方がないが、実際には、兵糧を積んだ毛利方の村上水軍《むらかみすいぐん》は大船七、八百艘もの大軍で出現したのであった。そのことを知った信長は、十八日、六ヶ条にわたる指令書を送っている（『文書の研究』下巻七六七号）。

堺の大船調達を指示される

その第一条目で、村上水軍に対応すべく大船を各方面に手配しているが、入手できないこと。とりあえず、安宅船《あたけぶね》のような形の船を作り、小船を添えて対処するしか手はないこと。そして「堺に大船があるとのことで、それを準備するように堺の南庄《みなみのしょう》と北《きたの》庄《しょう》、さらに友閑へも厳重に指令してある。そのような船を調達できれば、本船に仕立てるのに好都合であるので、佐久間信盛と相談して作戦を立てるように。友閑は所用で堺を留守にしているが、早々に戻り大船のことに奔走するよう申し付けてあるから承知しておくように」という指令を出している。

信長、友閑の行動を把握

友閑に関わることで注目したいのは、次の二点だ。①大船調達には代官としてその任にあたったであろうこと。②信長が友閑の行動を掌握していること。とりわけ②について、信長の文面では「宮法も所用《しょよう》候て罷下《まかりくだり》候間《あいだ》、早々堺へ罷越《まかりこ》し、馳走仕《ちそうつかまつり》候《そうら》へと申し付け候」と書かれていることから、先のように解釈したのだが、奥野高廣氏は「友閑も所用で京都滞在中だが、早々に堺へ帰任し」と理解している。しかしこの時、友閑がどのような用事でどこに滞在していたのかは文中に記されておらず、またそれを示す史料も残されていない。したがって、友閑の所用先が京都であるとは断定できず、また安土の可能性もあることから、どこかにいる友閑が、まもなく信長の指令を実行すべく堺に戻る予定、と考えておく。いずれにせよ、重要なことは信長が友閑の行動を把握しているところにある。

ところで、一般に第一次木津川口《きづがわぐち》の海戦と呼ばれるこの戦《いくさ》は（谷口克広『織田信長合戦全録』）、信長に本願寺攻めの戦略を、もっと言えば毛利方の水軍に勝る艦隊を組織しなければならないことを痛感させた。結果、この二年後には志摩《しま》の水軍の将である九鬼嘉隆《くきよしたか》に命じて作らせた堂々たる戦艦の完成を見る。その完成式典では友閑の姿も見られるので、後にふれることにしよう。

戦略会議としての茶会

さて、信長より大船調達の指令を受けた友閑は、六月十八日以降は堺に落ち着いたのであろう。七月六日の昼には津田宗及の茶会に参席している。この日は友閑を正客として、住吉屋宗無《すみよしやそうむ》、天王寺屋道叱《てんのうじやどうしつ》、銭屋宗訥《ぜにやそうとつ》が集まった（『自会記』）。時期的に考えて、大船調達と無縁だとは考えにくい。また、この二日前、四日の朝会および昼会では、佐久間信盛の与力と考えられている奥村平六左衛門尉直俊《おくむらへいろくざえもんのじょうなおとし》を交えて、宗及と宗訥が参会していることから（『自会記』『他会記』）、「堺衆」としても戦《いくさ》となれば、信長軍への支援、協力の姿勢で臨んでいたことがうかがえる。とりわけ、宗及は信長が帰京する直前の六月四日、名物を持参して佐久間信盛が守る天王寺城へ赴き、信長のために茶を点《た》てて献じ、五膳からなる本膳料理および一一種の菓子を供している（『自会記』）。

こうした戦時の茶会は、本書第五の三などで見てきたセレモニーとしての茶会とは違った意味で重要である。米原正義氏が論じているように、天文《てんぶん》二十年（一五五一）、大内義隆《おおうちよしたか》を討つべく、陶晴賢《すえはるたか》と青景隆著《あおかげたかあきら》が密かに内談したのは茶の湯座敷であった（『戦国武将と茶の湯』）。この事例が端的に示しているように、武将にとっての茶会というものの意味を考える際、開催日時と場所、客層、そして時代背景を合わせて検討する必要がある。武将にとっての茶会は、時に慰みであり、時に政治的密談の場としても機能したということである。今や信長政権の一員に組み込まれた「堺衆」にとって、合戦のさなかに信長や友閑、その他の部将たちと一会するということは、いわば戦略会議に参席するということにほかならなかったのである。

絹衣相論に関与

さて、友閑の足どりは八月から十月まで不明であるが、十一月四日、信長の上洛に合わせて京都にその姿をあらわす。およそ一ヶ月の間、側近としていくつかの任務をこなしているので、以下、日付け順に見ていくことにしよう。まず五日、信長の近習《きんじゅ》である猪子高就《いのこたかなり》とともに、本日、信長が公家衆に謁見することを告げる（『兼見卿記』）。そして十四日、絹衣相論《けんえそううん》のゆくえに関して、青蓮院門跡《しょうれんいんもんぜき》の坊官鳥居小路経孝《ぼうかんとりいこうじつねたか》らを尋問する場に滝川一益、羽柴秀吉とともに奉行として同席する（『茨城県史料』Ⅱ一一五号、「吉田薬王院文書」）。これについては説明が必要であろう。

絹衣相論とは、もともと天台宗僧侶が着用して、その特権的身分を視覚的に表現するアイテムであった絹衣を、真言宗僧侶が着用しはじめたことで、天台宗が不満を持ち、朝廷にその裁決を訴え出た相論をいう。前年より続いていたが、折り合いがつかず信長のもとに持ち込まれたのであった。これについては、古く渡辺世祐氏の研究にはじまり（「戦国時代関東に於ける天台真言両僧徒の争閲」）、信長と朝廷との関係から多くの先行研究があるが、詳細は金子拓氏による最新の研究に譲るとして（『織田信長権力論』）、ここではポイントをかいつまんで説明するにとどめよう。

この相論は本来なら朝廷内で決定されるべき案件であったが、天正三年六月頃、信長の耳に入った。天文二十四年の後奈良天皇《ごならてんのう》による裁決では、真言宗僧侶に絹衣の着用を禁じたものであったが、天正二年に正親町天皇がくだした判決は、その反対であった。先例を無視する正親町天皇の裁決、そして公家衆の統制すらとれていない朝廷の政治に不信感をいだいた信長は、天正三年六月末、公家衆五人による奉行の設置を要請し、五人で談合して政務にあたるよう指示した。

ところが、天正四年に入っても相論は収束するどころか、勅使として常陸《ひたち》（茨城県）に下向した醍醐寺の僧侶である戒光院深増《かいこういんしんぞう》が堂々と絹衣を着用したことで火に油を注ぐ事態となる。九月二日、信長は深増の処罰を伝えるも、十一月十四日、仁和寺の任助《にんじょ》は三《さん》条西実枝《じょうにしさねき》を通して、信長へ深増処罰に対する不服を申し立て、同日、鳥居小路経孝らの尋問が行われたというわけである。

天正三年六月より信長を困惑させてきた相論であるが、天正四年十一月十四日、突如、友閑は滝川一益、羽柴秀吉とともに尋問の場にその姿をあらわしたのであった。金子氏はこのような奉行人の体制を「手が空いている者がめごと解決のために招集されて、その対応を担当させられている」とし、「組織として機能的だったとは言えない」と述べている（『織田信長〈天下〉の実像』）。

毛利家臣に接触

またこのケースと同じく、この年の五月に（天正八年とする研究もある）、友閑が村井貞勝や武家伝奏《ぶけてんそう》とともに、毛利家家臣の口羽通良《くちばみちよし》と接触していたことが、安国寺恵瓊《あんこくじえけい》の書状に見える（『広島県史料　古代中世資料編Ⅲ』）。毛利・小早川両氏との外交はこれまで武井夕庵と羽柴秀吉が担当してきたが、友好関係が決裂するや、友閑のほか丹羽長秀（天正三年七月より惟住《これずみ》と名乗るが、便宜上、丹羽と表記する）、明智光秀、朝山日乗《あさやまにちじょう》までもが投入された。

信長側近としての役割

こうした人選の背景を探ることは史料的な限界があり、いわば点と点を結びつけることが難しい。しかし、友閑の立場に限って言えば、絹衣相論にしろ毛利家との接触にしろ、これまでの経緯を知り得る立場にあったからこそ任されたことは確かだ。そして、これらのケースは、信長のもとに舞いこむ多様かつ重要な問題に、最高位の側近として取り組まねばならなかった友閑の姿を如実にものがたっている。もはや顧問の貫禄さえうかがえる。

さて、尋問から四日後の十八日、友閑は興福寺の寺領を加増する旨、信長より指令を受け、それを実行した（『多聞院日記』）。続いて二十三日、内大臣に任ぜられた信長が、京都を後にして近江石山寺《いしやまでら》世《せ》尊院《そんいん》に参詣に出かけたおり（信長はそのまま安土に帰城）、参上した山科言継や半井《なからい》驢庵《ろあん》らと雑談に興じている（『言継卿記』『信長公記』）。不在の信長に代わって、公家衆への対応をすることも側近の役目というわけであろう。

行動パターン

このように信長が在京の間、友閑は信長に近侍してさまざまな任務を遂行し、信長の安土帰城に合わせて堺へ帰任したと思われる。これは友閑の行動パターンであるし、また事実、それを示す史料が二点残されている。ひとつは『今井宗久茶湯書抜』十二月十二日条である。この日、佐久間信栄を正客として、宗及、宗訥、宗久を招いて友閑主催の茶会が行われたという。記録のうえでは、亭主友閑の初見である。だが、同席したはずの宗及『他会記』には十二月二日から十七日までの記載がないため、多少疑問の残る茶会ではあるが、ともかくその道具組を見てみることにしよう。

茶会をひらく

囲炉裏《いろり》には、五徳《ごとく》に据えた「平釜」が置かれている。床の間には「雁《かり》の絵」（おそらく牧渓《もっけい》筆「平沙落雁《へいさらくがん》」であろう）が掛かり、その下には四方盆《よほうぼん》にのった茶入「大海《たいかい》」（唐物茶入の型のひとつ）が置き合わされている。休息の間に茶入がさげられ、白椿が生けられた「そろり」が塗り板にのせられて飾られた。口が細い花入には、センノウやセキチク、梅といった細く小さな花がよいとされていたので（『烏鼠集』）、あるいはつぼみの白椿であったのかもしれない。そのほか「灰被天目《はいかつぎてんもく》」が黒い天目台《てんもくだい》にのり、「手桶」水指《みずさし》と「金の棒の先」水翻《みずこぼし》（建水《けんすい》）、竹の蓋置《ふたおき》「引切」という取り合わせであった。唐物と和物がほどよく調和した道具組だ。いまひとつの史料は、それから一週間後、十二月九日の『自会記』である。この日の夜、友閑は天王寺屋道叱、銭屋宗訥とともに宗及の茶会に赴いた。

二十二日、友閑は信長より越後（新潟県）の上杉謙信に対する防衛策について思案中である旨の書状を受けとったという（『文書の研究』下巻六八一号）。ただし、これについては断定することができない。というのも、この信長朱印状の宛名部分は損傷が激しく「内」と「へ」の二文字しか判読できず、奥野高廣氏が想定するように「宮内卿法印とのへ」と記されていたのか定かではないからだ。柴田勝家の養子柴田宮内少輔《くないしょうゆう》宛ての可能性もある（和田裕弘氏よりのご教示）。とは言え、本書第三の二で述べたように、元亀年間に友閑は上杉家を担当する外交官として春日山城に赴いた実績もあるし、また後に述べるように、友閑は上杉家の情報を継続的に入手していたことから、信長から上杉への対応策に関する書信を受けとっていたとしてもおかしくはなかろう。

比較的史料の少ない天正四年であったが、この年は、あらためて友閑の側近としての任務が多岐にわたっていたことが確認できたであろう。信長の上洛中はもめごとの相談役とでも言いたくなる。そしてまた、信長の戦略面にも関与していたことが明らかとなった。友閑は堺代官を兼務しながら、顧問のような役割も果たしつつ、最高位の側近としての地位を確固たるものとしていたのである。

二　信長御成の茶会

天正五年（一五七七）の元日を岐阜で迎えた信長は、二日に安土帰城、十四日に上洛して妙覚寺へ入った（『信長公記』）。わずか十日ほどの滞在であったが、友閑も信長に近侍し、公家衆の取次をしている（『兼見卿記』）。

堺での名物購入

二月十三日、紀伊《きい》（和歌山県）の雑賀一揆《さいかいっき》平定を命じた信長は、自身も出陣する。三月十五日、一揆の主導者である土橋平次《つちはしへいじ》、鈴木孫一《すずきまごいち》らが信長への服従を明記した起請文を提出したことを受け、これを赦免し帰陣の途につき、二十三日、河内若江城《わかえじょう》に戻った。

そのおり堺へも立ち寄ったと思われる。『信長公記』によれば、天王寺屋了雲《りょううん》の釣形花入「貨狄《かてき》」と今井宗久の「開山の蓋置」「二銘茶杓」の三点を買い上げている。これまでの名物収集を振り返れば（本書第二の一および第三の一）、この時も友閑が奉行をつとめたと考えるのが自然であろう。

「貨狄」はその昔、天下無双の花名人である竹蔵屋《たけくらや》紹滴《じょうてき》が所蔵し、釣舟形花入の王者と見なされていた名物だ。「二銘」は「二《ふた》つ目結《めゆい》」と書き、室町時代の茶杓師珠徳《しゅとく》が削った象牙製の名品であった（『山上宗二記』）。だが、いずれも利休の提唱するわび茶にはそぐわない名物であると山上宗二は批評する。信長の好みとわび茶の趣向は相容れないものなのである。また、友閑はそのような信長の好みをじゅうぶん理解したうえで、名物の調達に奔走したと思われる。

それから三日後、信長は友閑へ堺に往来する塩飽島《しあくじま》（香川県丸亀《まるがめ》市）の船に関する指令を与えた（『文書の研究』下巻七〇四号）。

信長からの指令書

堺の港に塩飽船が出入りすることを従来通り認める。もしその権利を犯す者どもがいた場合は成敗する。

天正五

三月二十六日　（朱印）

宮内卿法印

塩飽船とは何か

この信長朱印状をめぐってはいくつかの先行研究があるが、まとまった成果である国島浩正氏の論文にもとづき（「天正五年の松井友閑宛織田信長朱印状」）、説明しておきたい。まず塩飽船であるが、これは瀬戸内海に浮かぶ島々が有する通商船で、とりわけ操船技術ならびに航海術に長けた集団であった（『香川県史2　中世』）。ここで、信長が彼らに堺の港に出入りする権利をあらためて認めた背景には、前年の第一次木津川口の海戦での苦い経験があり、今また紀州の門徒《もんと》勢力が軍事的脅威として目の前に迫ってきたという事情があったという。これを受けて、それを阻止する権限を、堺を統轄する友閑に与えたということである。そして、友閑はこの信長朱印状そのものを塩飽船の代表者に交付したと考えられる。というのも、現在、この朱印状が塩飽諸島の元本である本町の支所に保管されていることに加えて、国島氏が紹介した江戸時代の史料にそのことが記されているからである。すなわち、正徳《しょうとく》三年（一七一三）以前にまとめられたという『塩飽諸訳手鑑《しあくしょやくてかがみ》』のなかに、「信長様の時代、塩飽島中より方々へ材木・薪を運送しており、その褒美として〈廻船の御朱印〉を堺にて拝領しました。その時の取次は宮内卿法印でした」と見える。

ここで一点、考えなければならないことがある。それは朱印状に記された日付けだ。

この朱印状は三月二十六日付けとなっているが、『信長公記』に記された信長の行動は、二十四日に若江城帰陣、堺での名物購入、二十四日に八幡《やわた》で宿泊、二十五日に帰洛して妙覚寺に入り、二十七日に安土帰城である。これに従えば、信長は妙覚寺でこれをしたためたことになる。その後、友閑から堺で塩飽船の責任者に交付されたのであろう。

堺代官としての権限

本来、権利の付与や保証を示した文書は、当事者に直接宛てて交付されるが、国島氏が分析しているように、信長の場合、奉行やその地域を実効的に支配する者に宛てて発給されたものもある。一例を示すと、久我《こが》家領の安堵状が村井貞勝から久我家に交付されたり（『文書の研究』下巻五二五号）、東大寺八幡宮《とうだいじはちまんぐう》の課役免除の黒印状《こくいんじょう》が島田秀満《しまだひでみつ》と山岡景佐《やまおかかげすけ》から東大寺塔頭の薬師院に伝えられたり（『文書の研究』下巻四五一号）といったように。つまり、その地域を管轄する信長配下の者から当事者に手渡すところが重要なのであった。この信長朱印状に示された友閑の場合で言えば、違乱《いらん》が起きた時の成敗を実施する権限とともに、川崎喜久子氏が指摘していることではあるが（「織田政権下の堺」）、堺の港を往来する船の通航料の徴収をまとめることも、代官として友閑の責任下にあったということだ。

友閑の茶会

翌月二十八日の朝、友閑は「堺衆」の紅屋宗陽《べにやそうよう》と津田宗及を招いて茶会を開いた（『他会記』）。床の間には「無準《ぶしゅん》の墨跡《ぼくせき》」すなわち円照《えんしょう》禅師（宋代の禅僧、一一七七〜一二四九）の書蹟が掛けられている。これは名物の「無準の墨跡」三軸のうちの一軸である（『山上宗二記』）。そして風炉《ふろ》に「平釜」が置かれ、「信楽《しがらき》水指」と建水「亀の蓋」（南蛮物《なんばんもの》の甕の蓋を建水に見立てて転用されたもの）であった。

翌日も友閑の茶会があったが、これは特筆すべき会であるため、宗及の『他会記』を全文引用しながら、ひもといてみたい。

四月廿九日、巳《み》の刻《こく》ニ、宮内法印へ
上様　御成《おなり》候なり、宗陽、宗及、夕庵、

信長の御成

四月二十九日の十時頃、信長が友閑邸へ御成された。客人は宗陽、宗及、そしてお供の武井夕庵であった。続いて、道具組は、

風炉ニ平釜、手桶、
床ニ雁絵、大軸之、大海、四方盆ニ、
天目、ハイカツキ、黒台ニ、

とある。すなわち、風炉に「平釜」を据え、その横には「手桶」水指が置き合わされている。床の間には大軸の「雁の絵」が掛けられ、その下には四方盆にのった「大海」が飾られている。

信長のための取り合わせ

「雁の絵」とは瀟湘八景《しょうしょうはっけい》のうちの一軸「平沙落雁」をさす。瀟湘八景と言えば、室

町時代以来、玉澗筆《ぎょくかん》のものと牧渓筆のものが名物として尊ばれており、両者を区別するため牧渓筆のものは「大軸」と記される。したがって、この日、友閑が信長を迎えるために飾ったのは、牧渓筆「平沙落雁」であったと理解できよう。ちなみに、現存する牧渓筆と考えられている「平沙落雁」には、足利義満の蔵印がある（出光美術館所蔵）。「大海」（図）は大振りで口が広い平茶入の総称だ。信長が所持していた「万歳《まんざい》大海」をはじめ、「打雲《うちくもり》大海」「水谷大海」といった名物が知られるが、友閑が所持した「大海」の銘は不明である。

　友閑が信長のためにしつらえた床の間飾りは、当時の茶人がめざすわび茶の趣向にはそぐわないものであった。というのも、利休のわび茶について詳述している『山上宗二記』によれば、瀟湘八景ならば玉澗筆のものが最上とされ、牧渓筆のものはわび茶では用いない、わび茶をこころざす者は求めてもならないと手厳しくはねつけ、「大海」についても、室町時代より名物として用いられてきたが、現在のわび茶（利休が考案したわび茶の世界）では、たとえ名物であっても使用しないと断言しているからだ。今でこそ利休のわび茶は完成された美の世界として継承されているが、それが確立し、不動のものと

大海茶入の形状（『君台観左右帳記』より作成）

見なされるようになったのは、天正十年、本能寺の変で信長とともに室町以来伝統の唐物名物の多くが失われてからのことだ。そうした茶の湯の変遷を考慮すれば、友閑の趣向がわび茶と相容れないものであったとしても不思議ではない。むしろ、客人である信長の嗜好を反映させたと考えれば、当然の取り合わせと言えよう。

友閑の点前

友閑の茶会に戻ろう。茶碗は黒い天目台にのった「灰被天目」であった。これらの道具組で進行した茶会は、

宮内法茶当、及炭ツキ申候、

とあるので、友閑が点前《てまえ》をして信長に茶を献じ、宗及が炭《すみ》点前を行ったことがわかる。

最後に、軽食と菓子として、

もちてんかく、御菓子、まめあめ、打栗、串柿、

とあり、餅の田楽と菓子三種（豆あめ、蒸した栗に砂糖を加えて薄くたたいた打栗、干し柿）が供された。

特別な家臣

先にこれが特筆すべき茶会であると記したが、それは信長が家臣主催の茶会に臨席した初見であるからだ。さらに言えば、この先、信長は友閑以外の家臣が開く茶会に御成することはなかったのである（政権下に組み込まれた「堺衆」は除く）。なぜ信長は友閑の茶会にだけは赴いたのであろうか。そのわけは次項であらためて考えることとし、ひとまず

前日二十八日の茶会は、友閑と宗陽、宗及が信長御成の茶会に向けたうちあわせを兼ねていたと想定しておきたい。

さらに、友閑は信長御成の翌日も宗及との一客一亭に興じている。『他会記』によれば、三十日は長板《ながいた》（台子の地板をかたどった板）に「平釜」を据えた風炉と水指「縁桶」をふたつ置き、床の間には四方盆にのせた「肩衝《かたつき》」を飾っている。これは越前の朝倉教景《あさくらのりかげ》旧蔵の茶入で、白地金襴《きんらん》の仕覆《しふく》におさめられている。建水は「亀の蓋」が使用され、黒い天目台にのった「灰被天目」で濃茶《こいちゃ》が、そして「高麗《こうらい》茶碗」で薄茶《うすちゃ》が供された。

信長より茶入を拝領か

ここで注目したいのは、床の間に飾られた「朝倉肩衝」である。たしかに宗及は「肩衝」と記しているのだが、友閑が所持した朝倉氏旧蔵の茶入に関して、佐久間信栄が記した名物記の『明記集《めいきしゅう》』に興味深い記述がある。それには「現在、京都の針屋宗春《はりやそうしゅん》が所持するふんな（文茄）という茶入は、昔、越前の朝倉茄子《なす》と呼ばれていたもので、宮内卿法印（友閑）が信長より拝領し、その後、薩摩屋（山上）宗二が所持した。私（信栄）が一見したところ、茄子と文琳《ぶんりん》両方の特徴を兼ね備えていたため、ふんな（文茄）と名付けた」とある。

友閑がこの日飾ったのは「肩衝」であるので、この朝倉氏旧蔵の「文茄」とは別の茶入であろう。だが、朝倉氏ゆかりという由来に加え、信長御成の翌日に床の間に一点飾

「小出文茄」

文茄茶入（野村美術館所蔵）

りをしていること、そして政権内部の情報を入手できる立場にあった佐久間信栄の記録であることから、同一の茶入である可能性は捨てきれない。

ちなみに、信栄の言う「文茄」は「小出文茄《こいでぶんな》」として江戸時代の茶書に散見され、近代の名著、高橋箒庵《たかはしそうあん》の『大正名器鑑《たいしょうめいきかん》』にも所収されている。それによれば、「小出文茄」は針屋宗春から千利休へと伝わり、小出伊勢守吉親《こいでいせのかみよしちか》の所有となったことから、「小出文茄」として名を馳せたことがわかる。箒庵は「その形状上品にして、出来映えは優美。文琳と茄子の特徴を併せ持った茶入として古来より名物と見なされてきた」と目利きしている。現在、野村美術館の所蔵にかかる「文茄茶入」(写真)が、宗及の言う「肩衝」かどうかはともかくとして、少なくとも針屋宗春に伝来するまでの経緯は明らかであろう。この「文茄茶入」は友閑が信長より拝領した名品なのである。

こうして、友閑は信長の御成茶会をはさんで前後三日間、四月二十八日から三十日まで茶会を開いたのだが、残念ながらその場所を特定することはできない。『天王寺屋会記』を校訂した永島福太郎氏は、京都の友閑邸で行われたと記しているが、それを裏づける史料は残されていない。ただ、この年の四月十四日付けで、七一歳となった医師の曲直瀬道三《まなせどうさん》が「思い立って上洛したところ、信長様も堺代官の宮内卿法印も大変親切にしてくれました」と書信しているので（『福井県史　資料編3』）、あるいは京都での茶会であったのかもしれない。

「堺衆」との淋汗茶湯

その後、友閑の足跡がわかるのは六月に入ってからである。六日、八日と宗及の茶会記に見える。六日は宗及の昼会に参席。この日は淡路屋宗和《あわじやそうわ》、天王寺屋了雲、天王寺屋道叱、銭屋宗訥と同席し、手土産として鯉を持参した。当時の最高魚である。茶会の後、書院での振る舞い、そして風呂が焚かれた（『自会記』）。茶会と風呂と言えば、禅院茶礼《ぜんいんされい》の一形態である淋汗茶湯《りんかんちゃのゆ》を想起させる（拙稿「茶道史における「淋汗茶湯」の位置付け」『戦国織豊期の社会と儀礼』）。要するに客を迎える際の手篤い饗応の趣向として、風呂の用意もなされたということである。むろん、その場は中世からの伝統である共同体の結束を固めるもてなしの意味があった。

八日の晩には、友閑が宗及を招待している。この日も「無準の墨跡」と「朝倉肩衝」が床の間の室礼《しつらい》とされた（『他会記』）。

松永久秀の謀叛

それからおよそ二ヶ月後の八月十七日のことである。本願寺攻めの拠点である天王寺城で大事件が勃発した。常番として詰めていた松永久秀《まつながひさひで》、久通《ひさみち》父子が、突如、信長への謀叛《むほん》を企て、大和の信貴山城《しぎさんじょう》に立て籠もったのである。信長はすぐさま友閑を差し向け、「なぜ離反したのか、不満や望みは何か」を尋ねさせようとしたのだが、久秀はそれに応じようともしなかった。信長は元亀二年（一五七一）に続き、またもや離反した久秀を許そうとしたばかりか、事情を聞き出すために友閑を派遣したのであった。これまでデリケートな対外交渉を果たしてきた友閑ならばと、その任を託したのであろう。

信貴山城に赴く

しかし、久秀が友閑と会うことすらしなかったことを受け、信長は久秀の人質を殺害し、嫡男信忠を総大将として信貴山城を包囲させた。十月十日、久秀は天主に火をかけ自害。唐物名物をこよなく愛した久秀は、戦国武将のなかでは群を抜く五九点ものコレクションを有していたが、それらも失われた。自刃にあたり、『常山紀談《じょうざんきだん》』をはじめとする江戸時代に記された軍記物によれば、久秀は信長が求めてやまない「平蜘蛛《ひらぐも》釜」とともに爆死したと伝えるが、久秀の頸《くび》が安土へ届けられていることから（『多聞院日記』）、木《こ》っ端《ぱ》みじんとなったのは「平蜘蛛釜」を含む名物コレクションだったのであろう。この逸話が象徴していることは、戦国大名にとって名物とは何かということである。すなわち、彼らにとって名物は死の道連れにするほど執着するものであり、命と同等の価値を持つものと考えていたわけだ（拙著『織豊期の社会と政治』）。

口切の茶会

こうして信貴山城への使いが徒労に終わった友閑は、八月二十六日の朝、にわかに開かれることになった宗及の口切《くちきり》に参会する（『自会記』）。口切とは春に摘み取られて茶壺の中で寝かされていた新茶を開けることを言い、茶壺の口を覆っていた封紙《ふうし》を切ることから口切と呼ばれた。初冬の十月に行われることが正式ではあったが、まれに夏や秋に行われることもあり、これを夏口切、秋口切と呼んだ（徳川義宣『茶壺』）。口切の茶会は最も尊重されるべき、他に替えることのできない格式高い茶会である。『源流茶話《げんりゅうちゃわ》』によれば、青年時代の利休が武野《たけの》紹鷗《じょうおう》の口切に招待されたおり、剃髪して臨んだとの逸話もある。

秀吉を宗及に引き合わせる

そのような格調高い茶会が、もっと言えば津田家の天正五年の秋口切がなぜ突然行われたのであろうか。それは友閑が連れてきた客人が羽柴秀吉であったからであろう。秀吉は前年七月一日に、論功行賞《ろんこうこうしょう》によって信長から牧渓筆「洞庭秋月《どうていしゅうげつ》」を拝領し、茶の湯の魅力に取り憑かれつつあった。もっか躍進中であるところの信長の部将がはじめて参席するということで、口切、開炉ということになったのであろう。友閑は、これが茶会記に初登場となる秀吉が茶席で妙な振る舞いをしないよう気を配ったに違いない。また、この日は宗及と秀吉を引き合わせる役目も負っていたと思われる。翌日の晩、友閑は秀吉と同道して、再び宗及邸を訪問し、昨日の礼を述べている（『自会記』）。

九月二十日昼、友閑の口切が行われた。『他会記』には「始て」とあるため、友閑が代官として堺に着任し、「堺衆」との茶の湯を介した交流を行ってきたなかで、初の口切の会であった。客人は千利休、今井宗久、山上宗二、万代屋宗安《もずやそうあん》、宗及。その道具組は、次のようである。炉には五徳に据えられた「平釜」が置かれ、床の間には「無準の墨跡」が掛けられている。「大海」茶入、「亀の蓋」建水に「黄天目」という取り合わせ。休息の際、南蛮物の水指「芋頭《いもがしら》」が出され、友閑自身の手によって床の間の墨跡が取り外されて巻かれたと記されている。後に天下一の名人と見なされる利休の目の前での所作である。友閑の技量のほどをうかがい知ることができよう。

この日初披露となった道具は、「芋頭」と「黄天目」だ。「芋頭」はその形が里芋に似ていることから名付けられたもので、戦国時代より堺の商人が携わる南蛮貿易によって多くのものが持ち込まれた。そのなかでも「天下一の芋頭」と評判だったのは紹鷗旧蔵のそれであった。「芋頭」は方々の人が所持しており、どれがよいのかは好き好きであると山上宗二は述べている。「黄天目」は「灰被天目」とまぎれやすい天目茶碗であるが、格としては「灰被天目」につぐものと見なされていた（『分類草人木《ぶんるいそうじんぼく》』）。「黄天目」のうち名物と呼ばれたのは、「蓼冷汁天目《たてひやじる》」と「白天目」で、いずれも信長が所持したものである。

山上宗二の口切

さて、この日は喫茶の後、膳が供された。足付きの木製折敷《おしき》に、鯛の酒浸《さかびて》（塩を入れた酒に浸した料理）にゆず味噌を添えたひと皿に、雁の汁と飯がのり、酒の肴《さかな》として焼き鳥とかまぼこが用意された。そのほか、松茸の吸い物に、縁高《ふちだか》（縁を付けた折敷）に五種類の菓子が供された。

二十六日朝、今度は友閑が山上宗二の会に招待された。同席したのは利休と宗及である。床の間には「密庵《みったん》の墨跡」が掛けられ、「手桶」水指、「亀の蓋」建水、「貝の台」にのった「建盞天目《けんさん》」といった取り合わせであった。饗膳は鯛と鮭の刺し身に酢を添え、鮭の汁と飯、酒の肴は油で揚げた麩、まなかつおの焼き物で、菓子はかまぼこやごぼう、あつものの一種である雲月羹《うんげつかん》（野菜や魚肉などを入れて煮込んだ吸い物）といったしだいであった。

この宗二の会と友閑の会をくらべてみると、道具組や献立などがよく似ていることがわかる。このようなスタイルが当時の堺で好まれていた茶会の形式であったことをうかがわせる。

十月、十一月の友閑の動向を示す史料は残されていない。ただ、信長が十一月十三日に上洛して完成した二条屋敷に入り、十八日には弓衆、年寄衆、小姓《こしょう》衆、馬廻《うままわ》りを引き連れて、みなに鷹狩りの装いをさせて参内するという風流なパフォーマンスを行っているため(『信長公記』)、あるいは友閑も混じっていたかもしれない。そして、十二月二十一日の夜、友閑は堺におり、宗及の茶会に参席するが(『自会記』)、ほどなくして信長の待つ安土に参上したことであろう。二十九日には、天正五年を締めくくる大仕事が待っている。それは次項で述べることにしよう。

三　政権下の茶の湯統轄と信長の堺御成

信長から信忠への名物譲渡

天正五年(一五七七)十二月二十一日の夜に開かれた宗及の茶会に参席した友閑は、ほどなく安土へ向かった。年明けの元旦出仕に向けて、二十八日、嫡男信忠も岐阜城より安土に到着し、丹羽長秀の屋敷に入っている(『信長公記』)。そして、信長はこの日、信忠へ八種の名物を譲渡し、続いて翌日さらに三種を追加した。それらを列挙すると、「初花肩衝」、葉茶壺「松花《しょうか》」、玉澗筆「平沙落雁」、「竹の子花入」、「くさり」、「藤波平釜」、「道三茶碗」、「内赤の盆」、「珠徳竹茶杓」、紹鷗旧蔵の「瓢簞《ひょうたん》炭取」、古市播磨《ふるいちはりま》旧蔵の

「高麗火箸」というラインナップだ（『信長公記』）。つまり、信長は自らのコレクションのなかから、茶会を開催することのできる道具一式を取り揃えて信忠へ贈ったというわけだ。

「初花肩衝」

このうち注目すべき名物は、「初花肩衝」であろう。この茶入には将軍足利義政が名を付けたとの伝説もあるが（『大正名器鑑』）、信長が永禄十二年（一五六九）に上京の豪商、大《だい》文字屋《もんじや》疋田《ひきた》宗観《そうかん》から購入するまで（本書第二の二）、疋田家三代にわたる秘蔵の一品であった（『先祖記』東北大学図書館所蔵）。信長の慧眼を捉えてから、その外観的な美しさが茶会記に記録されるようになった。とりわけ茶人を虜にしたのは、肩衝として均斉の取れた形状、そして三本の釉薬《ゆうやく》の流れによって生じた見事な景色であった（『他会記』など）。

信忠のもとへ赴く

信忠は天正三年の年末に、家督をはじめ岐阜城や領地などを与奪されていたが、それから二年後にようやく父譲りの名物を所有することを許されたことになる。信長にとっての名物、また政権内における名物の持つ意義を考えさせられる出来事だ。これら一一種の譲渡にあたり、信長は自らのコレクションのなかから道具としての価値、取り合わせの美などを考慮して厳選したと思われる。その際、信長の意思が最も尊重されたと考えられるが、しかるべき知識を有する者の助言も必要であったであろう。その人物こそ、追加の三種を信忠のもとに持参した友閑であったに違いない。これが、友閑の天正五年年末の大仕事であったというわけだ。

明けて天正六年元日、信長配下の者たちが各地より元旦出仕のため安土に集結するなかで、信長は選抜した家臣一二名（一〇名とも）を茶会に招待した。この茶会については『信長公記』に記載が見られるが、朽木《くつき》家に伝わった『天正六年茶湯記《ちゃのゆき》』（宮内庁書陵部所蔵）という記録もある。これらを勘案しながら、茶会を再現してみよう。

信長の初釜

元日の朝、安土城内にある六畳敷逆勝手《ぎゃくかって》の茶の湯座敷において、嫡男信忠を正客とし、武井夕庵、林秀貞《はやしひでさだ》、滝川一益、細川藤孝、明智光秀、荒木村重、長谷川与次《はせがわよじ》、羽柴秀吉、丹羽長秀、市橋長利《いちはしながとし》、長谷川宗仁《そうにん》（このうち藤孝と宗仁の名は『天正六年茶湯記』には見えない）が参席して茶会が行われた。

床の間には横絵の玉澗筆「岸の絵」が掛かり、その左右の軸先に葉茶壺「三日月」と「松嶋」が置き合わされている。圧巻の床飾りだ。囲炉裏には鎖で「姥口釜《うばぐちがま》」が釣られ、台子の下には銅製の南蛮物水指「帰花《かえりばな》」が置かれている。そして、茶の湯座敷の縁側の見付柱《みつけばしら》には、一枝の梅が生けられた青磁《せいじ》の「筒」花入が掛けられている。点前に際し、仕覆におさめられた「万歳大海」が持ち出され、四方盆にすわり、茶巾《ちゃきん》、茶筅《ちゃせん》、象牙の茶杓が仕込まれた「珠光《しゅこう》茶碗」、先に今井宗久より買い上げた「五徳開山の蓋置」、建水の「合子」、炭取の「南蛮組物」、紹鷗旧蔵の「火箸」といった名物が座敷に運ばれた。

信長の代役で点前

そこで点前を行ったのは、『信長公記』に、

御茶頭《さどう》　宮内卿法印

とあり、また『天正六年茶湯記』に、

宮内卿法印御茶立ル、

とあり、友閑その人なのであった。

この朝会終了後に、客人はめいめい信長のもとに祇候《しこう》して、式三献《しきさんこん》で盃を賜ったという（『信長公記』）。したがって、この茶会に信長の出座はなかったものと思われ、友閑が信長の、いわば代役として亭主をつとめたのである。

翌二日、友閑は安土で新年を迎えた細川藤孝を招いて連歌《れんが》の会を催した。『玄旨公御連哥《げんしこうおんれんが》』には「新宅の会」とあるため、友閑が安土に構えた屋敷の落成を記念した会であったと思われる。懐紙《かいし》が残されておらず、連衆《れんじゅ》などの詳細を知ることができないのが残念である。

信忠の継ぎ目の茶会

そして四日の朝、安土城内の万見仙千代重元《まんみせんちよしげもと》邸において、信忠主催の名物開きの会が行われた（『信長公記』）。前年の暮れに、信忠が父より譲渡された一一種の名物を披露するため九名（もしくは一〇名）の家臣が招待されたのである。それは、信長からの命令であった。すなわち、『天正六年茶湯記』には、「これらの名物を使って茶会を開き、客人

それぞれに拝見させよ、と上様（信長）が仰せになった」と記されているからである。その茶会の様子は『信長公記』には記されていないものの、『天正六年茶湯記』には進行も含めて詳細な記録がある。

まず、選ばれた客人は正客の武井夕庵、次客の友閑に続き、林秀貞、滝川一益、長谷川与次、市橋長利、丹羽長秀、羽柴秀吉、長谷川宗仁の九名である（『信長公記』）。なお、『天正六年茶湯記』には荒木村重の名も見える。

座敷の室礼は次の通りであった。床の間には玉澗筆「平沙落雁」と一枝の柳が生けられた「竹の子花入」が飾られている。囲炉裏には「藤波平釜」が鎖で釣られている。客人一同はこの取り合わせをじっくり拝見した後、表の座敷に移動し、酒と肴などを振舞われた。その間に茶の湯座敷の室礼が改められ、床の間の軸と花入がさげられて葉茶壺「松花」が飾られた。点前にあたり、茶巾、茶筅、茶杓が仕込まれた「道三茶碗」をはじめとして、水指、建水、茶入、蓋置が運ばれた。そして点前は、

中将《ちゅうじょう》殿様御手前ニて三ふく立てさせられ、

とあることから、亭主の信忠は正客の夕庵、次客の友閑、三客の林秀貞の分まで三回点前を行った。

信忠にかわり点前

その後、滝川一益以下の客人については、

其後、宮内卿法印立ル、御茶各ニ下さる、

とあることから、信忠に代わって友閑が点前をつとめ、客人それぞれに茶を供したことがわかる。信長政権の初釜《はつがま》において、信長と信忠に代わって点前を行う友閑は、もはや政権下の茶の湯を統轄する立場にあったと見なすべきであろう。これ以上の大役はない。

こうして長時間にわたる茶会が終了し、すべての道具がしまわれた後、客人一同は亭主の信忠へ「ぜひ初花肩衝を拝見したい」と申しあげ、信忠はその所望を受けて、「内赤の盆」に据えた「初花肩衝」を手に、再び茶の湯座敷にあらわれた。この時、客人一同は信長の後継者だけがこれを所有する資格があることを悟り、また「初花肩衝」が天下人たる者にふさわしい「名花」(『大正名器鑑』)としての威徳をまとった瞬間であった。そこで、客人を代表して滝川一益が床の間の「松花」をさげて「初花肩衝」を飾ったという。

「大名茶湯」の世界

さて、友閑である。信長政権下において政治的にも文化的にも重要な意味を持つ天正六年年頭の茶会は、いくつかのことを示している。亭主信長にとっては、自らの名物がかもし出す威徳を利用して、茶会の場を政治的に機能させる意図があったであろう。また一方、客人となった家臣にとっては、参席を許されたこと自体を栄誉と思い、自らが限られた重臣であることを認識したはずである。こうした相互の思惑がかみ合うことで、信長政権内では茶会が家臣団統制に活用できたのである。そうしたなかにあって、信長の代役で茶頭をつとめた友閑が、客人として選ばれた重臣たちとは一線を画する存在であったことは言うまでもなかろう。友閑はその日の取り合わせも含めて、信長の初釜に信忠の継ぎ目、そのすべてを取り仕切ったのである。信長とともに、「大名茶湯」の世界を作りあげたということだ。

「堺衆」よりの道具組案

そのような立場にあった友閑は、堺の代官であることを利用して、一流の茶人の集団でもある「堺衆」の知識や感性を参考にしていたと思われる。そのことを示す史料が、高橋あけみ氏によって紹介された『宗久・宗易道具書立』だ（「「宗久・宗易道具書立」を含む伊達政宗伝授書群について」）。これは今井宗久と千利休がそれぞれ信長のコレクションを種々取り合わせて、最適と思われる二〇パターンほどの道具組を考案し、友閑に提出した書簡である。利休の考案分は裏千家今日庵《こんにちあん》にも伝わっており、それには利休が信長より命じられて取り合わせを書き付けた旨の説明とともに、孫の宗旦《そうたん》によって利休の真筆であることが明記されている（茶道資料館編『わび茶の誕生』）。

信長茶会の演出

日付けは利休分が五月二十一日、宗久分が五月二十二日で、高橋氏は天正六年から十年の間と想定しているが（前掲論文）、筆者は信長が所有していた名物の状況から、この年のものではないかと考えている（拙著『織豊期の社会と政治』）。いずれにしろ、この書簡で注目したいことは、とりわけ利休が友閑へ「上様（信長）の仰せにより道具組を考えましたが、上様にご披露された後は、どうか火中に投じてください」と記していることである。つまり、信長は自ら所有する名物の道具組にあたり、それぞれの格や美意識の観点から茶人ならではの感性を求めたのだと考えられるが、それを直接「堺衆」から受理するのではなく、まず友閑のもとに出させて、友閑から披露させるという流れを重んじたということである。むろん、友閑はたんなる取次ではあるまい。宗久と利休の道具組案を信長とともに検討したであろう。そのような友閑だからこそ、信長は自らの茶会で茶頭を任せたのであり、また友閑のもとにだけは御成をしたのである。友閑が信長の舞の師匠であった前歴を思い起こすと、茶の湯に関してもそのような役目を負っていたのかもしれないと考えたくなる。少なくとも、室町文化の継承者として、信長が行った「大名茶湯」（わび茶に対して唐物を絶対視する趣向の茶の湯）の実践とその政治的活用にあたり、友閑が欠くべからざる人材であったことはまちがいない。

近衛前久をもてなす

さて、天正六年正月に話を戻すとしよう。『信長公記』によれば、信長は正月十日、正親町天皇へ鷹狩りで仕留めた鶴を叡覧《えいらん》に供し、また近衛前久《このえさきひさ》へも鶴を贈った。翌日、前久はその礼として安土に下向したのだが、前久が城下に留まっていることを耳にした信長は、すぐさま友閑の新居を宿にするよう指示し、自らも衣装を正して友閑邸に赴いた。いわば、友閑は信長の賓客を接待したということだ。

友閑の心遣い

その日の夜は、津田宗及も信長へ年始の挨拶をするため安土に到着し、友閑は宗及を迎えて台子の茶会を開いている（『他会記』）。その際、友閑は宗及から贈られた「合子」を使用するという配慮をしている。気遣いのできる人物であることが伝わってこよう。翌日、宗及は安土城に参上し、信長より直接示された意向により、御殿と天主を残らず拝見し、その後に黄金一万枚ほども目にしている（『他会記』）。あるいは、この時の案内者は友閑であったのかもしれない。

十九日、信長は黄金一〇両を贈られた礼状を但馬《たじま》（兵庫県）の山名豊国《やまなとよくに》へ発給するが、その文中に友閑からの副状《そえじょう》を添える旨を明記している（『文書の研究』下巻七五七号）。このように、友閑は天正六年の正月を信長に近侍して過ごした。茶会の演出、統轄に饗応役、副状の発給と多忙な年明けであった。

上洛した信長に近侍

三月二十三日、信長は上洛し二条屋敷に入った。いつものように友閑も信長のかたわらに侍し、公家衆の取次や進物《しんもつ》の披露を行っていることが『兼見卿記』に見える。それから二ヶ月の間、友閑の動向を示す史料は残されていないのだが、六月に入ると堺代官、そして側近としての活動が確認できるようになる。まず六月（七月とも）二十日付けで、信長が蜂屋頼隆《はちやよりたか》へ宛てた指令書のなかに、代官としての友閑の姿が見える。それは、次のようである。「九鬼（嘉隆）の兵糧が不足していることについて、宮内卿法印（友閑）より一ヶ月の間一五日ずつ支給すべきだが、とりあえず平野《ひらの》（摂津《せっつ》の平野荘）の収納米をまず立て替えておくよう言ってきたので、それで補給しておくように」（『文書の研究』下巻七七一号）。

この指令書には、『信長公記』に記されているように、九鬼嘉隆に命じていた大船六艘が完成し、それを率いる九鬼の水軍が熊野浦《くまのうら》に乗り出し、雑賀一揆をことごとく撃破し、もっか快進撃中という背景があった。ただ、発給された年代をめぐっては、これより三年後と考える研究もある。その根拠として、宛先の蜂屋頼隆に和泉《いずみ》（大阪府）の支配権が与えられるのが、天正八年八月の佐久間信盛、信栄父子の追放以後であることをあげる（谷口克広『織田信長家臣人名辞典』第二版）。年代については検討の余地があるものの、川崎喜久子氏がすでに指摘しているように（「信長政権下の堺」）、友閑が堺の代官として収納米の管理にあたっていたことはまちがいない。そして、友閑は収納米の差配を独断で行うことはせず、信長に話を通していたのであり、そのような職務を通じて政権の軍事的発展を支えていたのである。

堺代官としての任務

この指令書が天正六年の六月十日に発給されたものと考えると、この日、信長は上洛しているので、京都でしたためたことになり、また友閑も在京し、信長のそば近くにあった（『兼見卿記』）。そして月末には堺へ戻り、「堺衆」の茶会に参席している（『他会記』）。

信長からの手紙

翌月十八日、堺にいる友閑へ信長より書状が出された（『文書の研究』下巻七七三号）。それには、「伊勢の大船が十四日に淡輪《たんのわ》（大阪府泉南《せんなん》郡）に着岸したとの報告が淡輪徹斎と淡輪大和守、沼間《ぬま》任世《にんせい》（和泉の土豪《どごう》）より即刻報告があった。喜ばしいことである。友閑からの再度の注進も待っている。なお、この大船は近いうちに堺へ入港するので、整備などに協力せよ。そして、その様子を報告するように」と記されている。

伊勢の大船

ここで言う「伊勢の大船」とは、前に完成を見た九鬼嘉隆の大船六艘などをさすのだが、なぜ「伊勢」という名称で呼ばれていたのかと言えば、黒嶋敏氏が論証しているように、信長の意を受けた次男北畠《きたばたけ》信雄《のぶかつ》の指示によって編成された艦隊であったからだ。これに滝川一益率いる「白船」の大船一艘が加わり、信雄ならびに一益という伊勢の大名が主体となった水軍という意味で「伊勢の大船」と呼ばれた（「鉄ノ船の真相」金子拓編『『信長記』と信長・秀吉の時代』）。

この伊勢の大船艦隊は、信長よりの書状が友閑の手もとに届く頃には大坂湾に進入し、本願寺と毛利との海上連絡を遮断することに成功していた（『信長公記』）。ちなみに、九鬼の大船を「鉄ノ船」イコール「鉄甲船」と理解する説が根強いが、黒嶋氏によれば「鉄ノ船」は南蛮船の意で、「クロガネノフネ」と読み、また一益の「白船」には信長の御座船が含まれていた可能性があることから、中国風の意匠を凝らしたエキゾチックな船であったと推測している（前掲論文）。きわめて重要な指摘である。

八月、信長は安土に在城し、十五日は近江、京都より一五〇〇名の力士を呼び寄せ、早朝から夕方まで大相撲大会を開催。これは信長の趣味のひとつであった（『フロイス日本史』）。一方、友閑はその頃堺にいたようで、十一日、信長の小姓のひとり矢部《やべ》善七郎家定《ぜんしちろういえさだ》と佐久間信栄を伴って津田宗及の茶会に参席している（『他会記』）。小姓の堺下向は、来月行われる一大イベントのうちあわせのためであろう。

天王寺屋道叱よりの手紙

九月に入り、友閑の周辺は慌ただしくなる。まず、この年のものと考えられる新出文書を見ておきたい。それは、九月十四日付けで天王寺屋道叱が「宮法様」すなわち友閑へ宛てた書状である（宮帯文庫所蔵）。それには、「内々に申しあげます。お手紙拝見いたしました。仰せのように御一種を調えたとのこと、宗無（住吉屋）より報告がありました。そこで、上様（信長）が上洛されるとのうわさがありますが、どうなのでしょうか」などと記されている。友閑が宗叱へ申し付けた「御一種」をさすものは不明であるが、うわさ通り、たしかに信長は九月二十三日に上洛し、二条屋敷へ入った。

信長の堺御成

そして二十七日、九鬼の大船を上覧するため京都を出発し、二十八日に若江城で宿泊、二十九日に天王寺で休息の後、住吉大社《すみよしたいしゃ》の社家に入り、三十日、堺へ到着した。随行者は近衛前久に、旧幕臣の細川信良《ほそかわのぶよし》（昭元《あきもと》）、一色義道《いっしきよしみち》をはじめ主だった重臣たちであった（『信長公記』）。

堺では、友閑が万事ぬかりなく手はずを整えて信長を迎えたのであろう。『信長公記』によれば、この日、九鬼の大船は幟《のぼり》や旗指物《はたさしもの》、幕打廻《まくうちまわ》しなどで飾り立て、周辺の兵船も装飾を凝らして入港し、「堺衆」が用意した御座船《ござぶね》にはおびただしい数の唐物が飾り付けられていた。その様子をひとめ見ようと堺の老若男女、あるいは僧俗を問わず多くの人々がつめかけたという。この華やかなイベントは、室町将軍の足利義満、そして足利義教が兵庫津まで下向して行われた「唐船御覧《からふねごらん》」を想起させると黒嶋氏は指摘する（前掲論文）。南蛮船さながらの異国風黒船に、唐様の「白船」。そこに「堺衆」の手によって装飾された唐物の数々。信長がこよなく愛した唐物の世界が如実に表現された一大イベントであった。もちろん、そのすべてを演出したのは、当津の代官にして文化的ディレクターでもあった友閑に違いない。

その友閑は、大船御覧の後に、信長のための茶席も用意した。『信長公記』には、信長が今井宗久の屋敷に御成し、その帰りに紅屋宗陽、津田宗及、天王寺屋道叱の屋敷にも立ち寄ったと記されている。そこで行われた茶会の様子は『今井宗久茶湯書抜』と宗及の『自会記』に詳しいので、それぞれ見ていくことにしよう。

宗久の茶会

まず、宗久の茶会であるが（『今井宗久茶湯書抜』では日付が九月十五日となっているが、三十日の誤りと見られている）、信長は供の衆である細川藤孝、佐久間信栄、筒井順慶《つついじゅんけい》、山岡景佐、三好康長、友閑に、「堺衆」の利休、宗及、山上宗二を伴って宗久邸に御成した。迎えた宗久は書院で饗膳を供した後、台子の茶の湯で信長一行をもてなしている。床の間の一軸は、宗久自慢の一品である玉澗筆「波の絵」であった。濃茶と薄茶の両方が出されたとあるので、現代で言うところの茶事を想定できる。

宗及の茶会

続いて宗及の会である。午前十時頃、にわかに信長の御成が行われることになり、「極上」すなわち宇治茶を口切をした。信長と同道したのは近衛前久で、供の者は友閑を筆頭に、佐久間信盛と滝川一益であった。やはり宗及も台子を使用しており、床の間には天王寺屋の名宝、牧渓筆「船子《せんす》の絵」を掛けている。喫茶の後、宗及自慢の「不破香炉」と「布袋の香箱」の二種を長盆にのせて拝見に供している。そして、菓子は平安時代以来、伝統の菓子として重要なもてなしで出されていた椿餅をはじめとして、干菓子のカヤの実、ざくろ、果実のきんかん、打栗、それに神供《じんく》にも用いられていた油で揚げた菓子など九種類が用意された。

宗及の会で注目すべきことは、信長の相伴にあずかる者として席入りしたのが、前久を別格とすると、大船御覧の立役者である友閑、本願寺攻めの総大将である佐久間信盛、

「白船」を建造した滝川一益の三名のみであったという点である。その他の供の衆として名前があがっているのは、細川信良、織田信澄《のぶずみ》、細川藤孝、佐久間信栄、筒井順慶、荒木村次《むらつぐ》（村重の長男）、万見重元《まんみしげもと》、堀秀政《ほりひでまさ》、矢部家定、菅屋長頼《すがやながより》、長谷川秀一《ひでかず》、大津長《おおつなが》昌《まさ》、河尻秀隆《かわじりひでたか》、三好康長、若江三人衆（池田教正《いけだのりまさ》、多羅尾常陸介《たらおひたちのすけ》、野間長前《のまながさき》）であるが、彼らに対しては「そとにて御菓子色々、御酒など参候《まいり》」とあることから、茶会には参席できず、座敷の外で菓子や酒などの接待を受けていたことがわかる。

茶会における身分統制

つまり、信長御成の茶会では、茶の湯座敷の内と外で明確な身分統制がなされていたわけだ。原田信男氏が明らかにしているように、室町将軍の御成では、料理の数や供される場所を変えることで身分上の上下関係を確認する場として機能していた。また、同じ料理の一部を食することは、集団としての同一性を保つことにつながったという（「古代・中世における共食と身分」）。

「大名茶湯」の本質

信長は室町将軍のように年中行事の一環として恒常的に御成を行っていたわけではないが、ごくまれに行われた信長臨席の茶会は、政権内の身分格差を明示した政治の場であり、そこで台子が使用されているという点も興味深い。なぜなら、台子は室町殿中の「茶湯棚」（写真七四ページ）に起源があり、唐物の名物を飾り付けるための最も高貴で格式のある茶道具だからだ。信長臨席の茶会は、室礼というものに政治的意味をこめた室町将軍の御成のいわば変化形と位置づけることができよう。この点にこそ、信長と友閑が作りあげた「大名茶湯」の本質がある。なお、こうした「大名茶湯」のありようは、次の政権を確立した秀吉へは継承されなかった。そのことは、多岐にわたる友閑の才能が豊臣政権では活かされなかったことと無縁ではあるまい。それについて本書の第八であらためて述べたい。

何はさておき、この天正六年の信長御成の茶会は、政権内の茶の湯を統轄している友閑の奔走のもとに完成した「大名茶湯」のひとつのかたちと見てまちがいない。前に紹介した天王寺屋道叱よりの返書からもうかがえるように、代官でもある友閑は「堺衆」を束ねて万全の体制を整え、九月三十日に行われた信長の堺御成を大成功のうちに終わらせたのであった。

翌月三日の朝、信長に従って上洛しなかった友閑は、道叱の炉開きの会に宗及とともに赴いている。この時、友閑は道叱が所持する名物の玉澗筆「洞庭秋月」の拝見を所望している。ちなみに、この一軸は友閑が拝見した当時の表具もそのままに現存し、重要文化財に指定されている（次ページ写真）。

その後ほどなくして、友閑は上洛したようである。五日に信長が開催した二条屋敷での相撲興行を見物したかどうかはわからないが、信長が安土へ下向した翌日の七日、吉

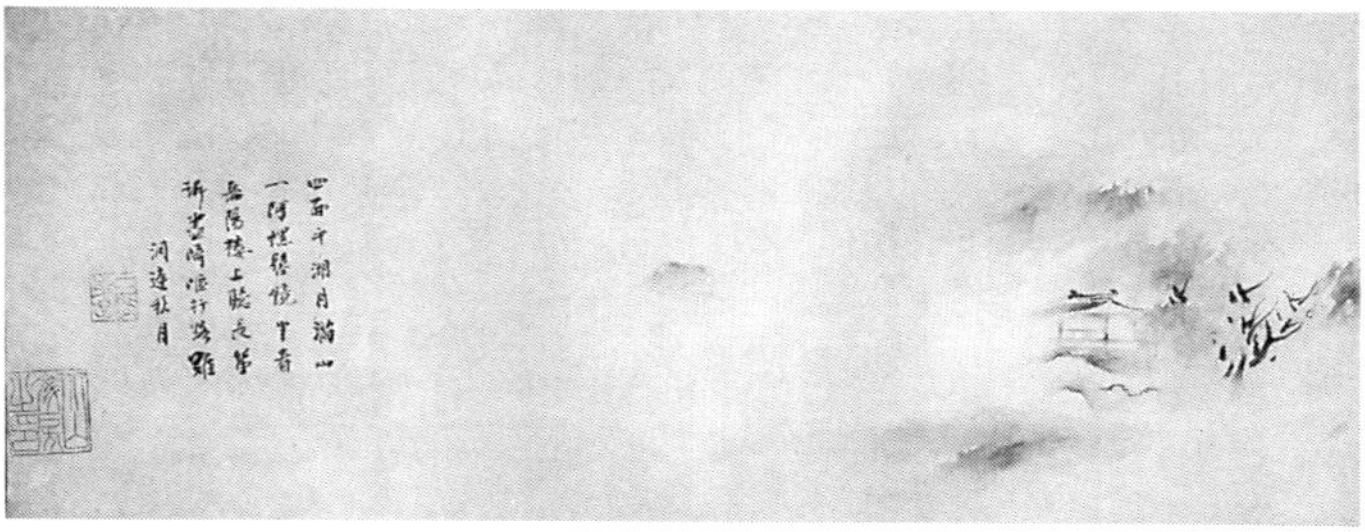

玉澗筆「洞庭秋月図」（国〈文化庁保管〉，東京文化財研究所提供）

田兼見と面会している（『兼見卿記』）。これまでの友閑の行動パターンで言えば、信長の上洛時にはたいてい友閑も京都に滞在しているので、おそらくこの時も近侍していたのではないだろうか。

荒木村重の謀叛

それから十日あまり後のこと、摂津有岡城《ありおかじょう》の荒木村重は将軍義昭、毛利氏、本願寺と通謀し、信長への謀叛を企てた。十七日付けで、本願寺顕如《けんにょ》は村重へ宛てて、新知行《しんちぎょう》は毛利の庇護下にある将軍義昭に従うよう記した起請文を送っている（『京都大学文書』）。

有岡城に出向く

村重謀叛の一報が信長の耳に入ったのは、二十一日のことであった。すぐさま、信長は友閑、明智光秀、万見重元を派遣して事情を聞き、これを慰留させた。村重は友閑らに対して事実無根の弁を述べるも、安土への出仕および母を人質として差し出すことを拒んだ（『信長公記』、『文書の研究』下巻七八七号）。十一月三日、上洛した信長は再び説得を試みようとし、光秀、秀吉、そして友閑を派遣するが、逆心の意を固めていた村重は、説得に応じることはなかった（『信長公記』）。

高山右近の謀叛

さらに、この村重の謀叛に従って、その配下にあった高槻城《たかつきじょう》の高山重友《たかやましげとも》（通称、右近《うこん》）も籠城。彼がキリシタンであることに着目した信長は、説得のために派遣した佐久間信盛、秀吉、友閑、大津長昌に宣教師を同行させた。この時、信長は宣教師へ誘降に成功すれば布教を援助するが、失敗したら弾圧するという厳しい条件を突きつけたと『信長公記』は記している。結果、重友はその条件に降服し、十一月十六日、信長に拝謁し、一件落着となった。

友閑の才能

友閑にとってみれば、前年の松永父子に続き、二度目、三度目と逆心家臣への対応にあたったことになる。松永久秀は無類の唐物数寄であり、荒木村重は第二の人生を道薫《どうくん》と号して茶の湯三昧の生活をおくった数寄者であり、高山重友もまた、後世にいわゆる利休七哲のひとりと目されるほど茶の湯に興じた武将である。友閑と彼らとを結ぶ接点は茶の湯であるが、信長が説得のための使者として友閑を選んだ理由としては、これまでの友閑の足どりを振り返ればおのずと答えが見えてこよう。すなわち、友閑は一流の茶人としてきめ細やかな気配りが身についていたことから、デリケートな問題の仲介に適し、かつもめごと解決の才に長けていたということであろう。むろん、ともに派遣された秀吉や光秀といった部将とは異なり、顧問のような役割を兼ねた側近として信長の意向を直接くみとることのできる立場にあったことは言うまでもない（本書第五の四）。

再び法隆寺内で紛争

こうしたさなか、友閑は再度勃発した法隆寺内の東寺と西寺との紛争の調停にも携わっている。この一件についてはすでに本書第五の四で述べたが、今回新たに浮上した問題とは、西寺が東寺領から段銭《たんせん》（臨時の税）を徴収していることであった。どうやら西寺は信長政権の指示に従わず、その段銭を東寺に返納しなかったようだ。そこで、友閑は荒木村重への使者として派遣された直後の十月二十四日、九藤深宮《くとうしんきゅう》と万見重元とともに、東寺へ宛てて次のような連署状を発給した（『文書の研究』下巻七八六号）。

このたび、西寺と東寺が申し立てていることについて、理非《りひ》にかまわず、それぞれが筋目《すじめ》をもって対処するように。東寺の段銭は西寺と折半すること。もしこの決定に従わないようなら、信長への取次を停止する。

西寺へ指示

このような強い調子の書状が発給されたにもかかわらず、東寺はそれを了承せず、友閑は十二月十九日に、今度は西寺へ書状を発給するはめになった。それは次のようである（『文書の研究』下巻八〇三号）。

（西寺が徴収している東寺分の）段銭と段米《たんまい》のことについて、たびたび西寺へ指示しているにもかかわらず、それを承引せず（信長の）御朱印状の旨に背いていることを受け、ことの次第を上様（信長）に申しあげたところ、新たに黒印状を東寺へ遣わされた。すぐに東寺へ段銭、段米を返納するように。

この友閑書状が発給された翌日、九藤深宮が単独で、東寺と西寺双方へ同様の趣旨の書状を出しているのだが（『文書の研究』下巻八〇四・八〇五号）、この問題は翌年まで持ち越されることになる。

堺代官としてゆるぎない地位

友閑はこの煩わしい問題に堺で対応していたと思われる。というのも、十二月十六日朝には、天王寺屋道叱とともに宗及の茶会に、そして翌十七日朝には、天王寺屋了雲、道叱、山上宗二、宗及、太《たい》子《し》屋《や》宗《そう》喜《き》とともに銭屋宗訥の茶会に参席しているからだ（『自会記』『他会記』）。とりわけ、十七日の宗訥会は興味深い。『他会記』の冒頭に「一、三日月の御茶、法印御もちになられ候」とあり、友閑がおそらく信長より拝領したと思われる「三日月」の葉茶壺におさめられていた茶を持参して、茶会が行われた。信長が「三日月」を入手した経緯については、本書第五の二で述べたが、その譲渡に関与した太子屋宗喜も同席している。山上宗二がその著書のなかで述べているように、「三日月」の中で半年寝かせた茶の風味は格別なものがあったのだろう。茶会では天目台に据えた「只《ただ》天目」が出されたが、それは友閑の前だけであったことも『他会記』に記されている。こうした正客としての特別待遇は、友閑が代官としてゆるぎない地位をきずいていたことをうかがわせる。

唯一無二の存在

元日の信長茶会よりはじまった天正六年は、友閑が政権内の茶の湯を統轄し、また信長の賓客接待を任される立場にあったことが明らかとなった。もはや、友閑は信長の文化面において信長の代行をつとめうる唯一無二の存在となっていたのである。そのような友閑が代官の職務をはるかに超えて、信長の堺御成を指揮したのは、いわば当然の帰結であろう。また、友閑は側近として逆心家臣への対応につとめた。本願寺との第二次和睦もそうだが、友閑はデリケートな問題を含む交渉事に必ずと言っていいほど投入されている。それは最高位の側近として信長から篤い信頼を得ていた証拠でもあるし、また友閑の人となりをも彷彿とさせよう。

四　内政外交に活躍の日々

明けて天正七年（一五七九）、信長は安土で新年を迎えたが、配下の部将の多くが荒木村重を包囲中であるため、年頭の出仕は行わないことにした（『信長公記』）。

「曜変天目」

しかし、友閑は安土におり、十日の朝、信長へ年初の挨拶に参上した津田宗及を招いて一客一亭の茶会に興じている。この日は宗及に玉澗筆「煙寺晩鐘《えんじばんしょう》」を初披露し、黒い天目台に据えた「曜変天目《ようへんてんもく》」で茶を供している（『他会記』）。『君台観左右帳記《くんだいかんそうちょうき》』のなかで、「無上」の一品、すなわち将軍家が用いる最高峰の天目茶碗と位置づけられていた「曜変天目」の登場である。唐物を絶対視した「大名茶湯」ではその価値が継承されていたと思われるが、わび茶の世界では価格も低く、価値もさほど高くはなかった(『山上宗二記』)。友閑はその「曜変天目」と和物の「信楽水指」「備前水下《みずこぼし》」(建水のこと)を取り合わせている。

ほどなくして、友閑のもとへ下京の実禅坊咄斎《じつぜんぼうとつさい》なる人物から十五日付けの書状が到来した(『法隆寺文書』)。それは、昨年のうちに友閑の使者が西寺に対して「去年分よりすべての段銭を東寺に渡すようにと命じ、西寺もこれを了承したにもかかわらず、逆に東寺が段銭、召米《めしまい》(=段米)が西寺に取られるのだから同意できない」という内容であった。咄斎は昨年よりもめている法隆寺内の相論に関する仲介役として友閑と接触していたため、その後の経過を知らせてきたのであった。

年明け早々、友閑は頭の痛い問題に対処しなければならなくなったが、それから十日ほど後に、信長を迎えての雪見茶会を開くことができ、心の慰めとなったであろうか。その日のことは、『信長公記』のうち天正六年と七年の一部を記した『安土日記《あづちにっき》』に、次のように書き残されている。

正月二十六日の朝、宮内卿法印友閑のところへ上様が御成。そこは安土山下にある御茶の湯の御座敷です。そこで村井貞勝と林秀貞が相伴して御茶会が開かれました。その日は一日じゅう雪が降っておりました。

信長御成の茶会とは言え、きわめて私的な会であったように思われる。このような記述が『信長公記』としてまとめられた信長の伝記からそぎ落とされたのは残念なことだ。二月十八日、友閑は信長に従って上洛し、二十五日には吉田兼見よりの進物を披露している（『兼見卿記』）。二十一日、二十八日と信長が東山での鷹狩りに興じるかたわら、友閑は二十七日朝、茶会を開いている。この日は先月以来二度目となる村井貞勝を正客として、明智光秀と宗及が参会し、玉澗筆「煙寺晩鐘」や「大壺」（葉茶壺）を拝見に供している（『他会記』）。「煙寺晩鐘」は先月の安土での茶会ではじめて掛けられたものだ。信長の行動に合わせて堺と京都、安土を行き来していた友閑は、時には所有する茶道具を持参して移動することもあったようである。

翌月五日に信長が信忠、信雄らと伊丹《いたみ》へ出陣したため、友閑は堺へ戻った。十五日の昼、天王寺屋道叱とともに参席した宗及の茶会では、床の間に掛けられた藤原定家の色紙およびその奥書を拝見している（『自会記』）。

茶道史における藤原定家

平安時代末の歌人藤原定家が神格化されたのは、室町中期の禅僧にして歌人でもあった正徹《しょうてつ》の影響によるものとされる。その後、連歌師宗祇《そうぎ》や三条西実隆《さんじょうにしさねたか》によって古今伝授の中心に位置づけられた。このような和歌や連歌の世界観は、武野紹鷗が実隆の薫陶を受けたことで茶の湯の世界へも広がった（戸田勝久『武野紹鷗研究』）。定家を崇拝して床の間の飾りとすることが確立するのは、江戸初期の武家茶人小堀遠州《こぼりえんしゅう》によってであるため、この日の宗及の趣向はかなり早い事例と見ることができよう。むろん、宗及にも連歌の素養があったし、友閑もまた、本書第三の一で述べたように、宗祇の系統の古今伝授を受けていたと考えられるため、茶会終了後の奥書拝見では、さぞかし文芸談義に花が咲いたであろう。また、この茶会では宗及が拝見に供した「大壺」を、友閑が床の間へ飾る所作を行っている。

そしてこの頃、友閑は信長の側近のひとりで、天正七年より法隆寺の問題を担当することになった一雲斎針阿弥《いちうんさいはりあみ》より、西寺へ派遣する使者についての相談を受けたり（『文書の研究』下巻八一八号参考文書）、吉田兼見より焼き鮒《ふな》の進物を受けたりしている（『兼見卿記』）。四月も引き続き堺にいたようで、十七日の朝に宗及の茶会に参席し（『自会記』）、二十一日の昼に宗及を招いて茶会を開き、「三日月」におさめられていた「極無」（上等な宇治茶）を贈っている（『他会記』）。

五月一日、信長はおよそ二ヶ月におよぶ伊丹攻めより帰洛し、三日に安土帰城、十一日、吉日ということで完成した天主へ移った（『信長公記』）。一方、友閑である。五月一日付けで針阿弥が法隆寺の東寺へ送った書状によれば、東寺よりの進物を信長に披露して黒印状が発給されたこと、そして昨年より問題となっている段銭のことについて、友閑が信長に詳しく説明したところ、東寺と西寺それぞれ段銭、段米を等分に収納するようにとの決定がくだされたことがわかる（『文書の研究』下巻八二六号）。この最終決定に不満を募らせた西寺衆は、五月四日と八日、東寺に押し入り乱妨行為をはたらくのだが、それにより友閑が煩わされるのはもう少し後の話である。つまり、友閑は五月一日、信長の帰陣に合わせて上洛し、法隆寺の問題について針阿弥とともにその対処にあたったということだ。

それでは、帰陣した信長に近侍していた友閑はその後、どうしたのであろうか。友閑の動向を明らかにする書状が残っている。それは五月十二日付けで友閑が法華宗の諸寺へ宛てた書状で、そこには法華宗から派遣された使者の用件を信長に披露したところ、信長が大変満足したこと、重ねて返書をしたためることが記されている（『頂《ちょう》妙《みょう》寺《じ》文書《もんじょ》・京《きょう》都《と》十六本山会合用書類《じゅうろくほんざんかいごうようしょるい》』）。この書状は天正七年のものと推定されているため、友閑は信長に従って安土へ行き、天主で披露したことになる。その内容は堺で行われる法華衆の勧進活動についてであった。勧進で得られた収益は信長への礼や進物に利用されたというから（河内将芳『中世京都の都市と宗教』）、信長の満足ももっともなことである。

友閑の唐物好み

李迪筆「犬図」（個人蔵，徳川美術館提供）

それから十日後の二十二日昼、大徳寺住持の古渓宗陳《こけいそうちん》が来訪したことを受け、友閑はにわかに茶会を開いている。利休、山上宗二、宗及が相伴し、このところ頻繁に掛けている玉澗筆「煙寺晩鐘」、そして珪璋《けいしょう》（黒地に朱漆の彫り目がある）の天目台に据えた「油滴《ゆてき》天目」などで道具組をしている。先に友閑が室町時代には無上の品と目されていた「曜変天目」を使っていたことを述べたが、「油滴天目」は「曜変天目」につぐ第二の重宝である（『君台観左右帳記』）。加えて、『室町将軍家の至宝を探る』によれば、友閑所持の李迪筆「犬の絵」（『他会記』天正八年十一月二十四日条）は、足利義満から足利義教の手を経た逸品であったという（前ページ写真）。このように友閑の茶の湯の趣向には、室町の伝統にもとづく唐物好みが見え、また将軍家の旧蔵品や希少価値のある高額な「曜変天目」「油滴天目」両種を含めて八〇点ほどの名物を所有していた友閑は、ルイス・フロイスの見立て通り「富裕な人物」であった（『フロイス日本史』）。

さて、五月末に安土宗論《あづちしゅうろん》を行った信長は、そのまま安土に在城しており、先に勃発した法隆寺の西寺と東寺の武力衝突に対する処置をくだした。六月十二日のことである。大和一円の支配を任されている筒井順慶に宛てて発給された朱印状は、次のようであった（『文書の研究』下巻八三二号）。

　このたび、西寺と東寺の言い分を双方より聞いたが、西寺の行為は曲事《くせごと》（道理にそむくけしからぬこと）である。とはいえ、片方のみに処罰を下すと法隆寺存亡の危機を招くことになる。西寺へ破却した物件に対する償いを東寺に支払うよう命じる。これ以後、西寺と東寺は「各別」すなわちそれぞれ別なものと見なすように。なお、西寺衆のうち暴力行為におよんだ者は成敗せよ。以後、西寺は「各別」とするように。

くりかえし命じているように、信長の最終決定は、法隆寺を二分化していくことであった。そうした重大な内容ゆえか、この朱印状には二匹の竜が「天下布武《てんかふぶ》」の印文を囲むデザインの印章が使われている。これは天正五年から七年までの限られた期間に使用された印章で、現存する信長文書のうち、わずか一二通しか確認されていない（滋賀県立安土城考古博物館『平成十二年秋季特別展　信長文書の世界』）。

法隆寺の問題を信長に説明

この信長朱印状と同日付けで、友閑は針阿弥とともに東寺へ連署状を発給している。信長による裁決を伝える内容であるが、生々しい現場の様子も垣間見られるため、紹介しておきたい（『文書の研究』下巻八三三号）。

　このところ西寺と東寺が訴えにきていることで大変迷惑していたところに、このたびの西寺の乱妨行為です。西寺は破壊した坊舎の分を東寺に償うこと。そして、今後は西寺と東寺を「各別」とすること。この二点が信長の最終決定です。たとえ不本意であっても遵守するように。それが法隆寺のためにもなるのです。

　今回のことでは一雲斎（針阿弥）は誠意を尽くして対処しましたし、私（友閑）も信長に召喚されて今後の始末について質問を受けました。ともかく、西寺、東寺ともに口論などしないように。詳細は東寺よりの使者へ申し渡しました。恐々謹言

宮内卿法印
友閑（花押）
一雲斎
針阿（花押）

六月十二日

法隆寺東寺
机下

この連署状の前半部分は、副状によく見られるように信長朱印状の内容を念押しするものであるが、後半部分には、この連署状の執筆者である友閑と信長との直接のやりとりがあったことが記されており、興味深いものがある。

針阿弥はこの年から法隆寺の問題を扱うようになった信長の側近で、彼の役割を中心にこの相論を読みといた半田実氏によれば、とりわけ民事に強い人物であったという（「織田信長側近一雲斎針阿弥に関する一研究」）。友閑はともに対応したいわば同僚の働きを評価するとともに、自らも信長の面前に呼ばれて、状況説明を求められたことを明らかにしている。この時、信長は完成した天主へ移った直後であるので、そこで裁定を下し、またその場に友閑も近侍していたことがわかる。友閑にとっては、数年来煩わされてきた法隆寺への関与はこれが最後となった。以後、贈答品の取次や書状の発給も含めて、針阿弥ひとりが担当していくことになる。

一雲斎針阿弥

それから二週間ほど後の六月二十七日、信長は安土在城中であったが（『信長公記』）、友閑は上洛した（『兼見卿記』）。今度とり扱う問題は、吉田兼見の昇殿の願いを叶えることである。友閑はその件について尽力する、と訪ねてきた兼見に返答している。

宗及よりの花所望

翌月、友閑は堺へ戻ったようで、津田宗及の茶会へ山上宗二、天王寺屋道叱とともに参席している。七月十三日に行われたこの茶会では、友閑がすぐれた茶の湯者であったことを示す記述が見られる。『他会記』によれば、この日、宗及は薄板にのせた名物の花入「蕪無《かぶらなし》」に水だけを入れて床の間に飾っている。それは「飯已前《いぜん》ニ花三色持出て、印へ所望候」、すなわち食事の前に三種の花を宗及が座敷に運びこみ、友閑へ花を生けることを所望した、ということであった。つまり、友閑へいわゆる花所望することを意図した床飾りであった。しかし、友閑はこれを遠慮し、やむなく宗及が生けたのであるが、休息の間にそれを取り、「後ニ萩一本、法印御生けになられ候」、つまり友閑が一本の萩を「蕪無」に生けたというのである。

花の達人友閑

花所望とは文字通り、亭主が客人に対して花を生けてほしいと願うことだが、誰彼にも所望するものではなく、客に花の達人がいた場合に限ることが指南書で説かれている（『烏鼠集』『数寄《すき》之《の》書古《しょこ》織伝《しょくでん》』など）。その目的は主客を慰めることに尽きるのだが、その出来映えのみならず「身の立ち振る舞い」、すなわち所作の美しさも鑑賞の対象となる。現代でも受け継がれているもてなしの趣向だ。経験してみるとわかることだが、きわめてプレッシャーのかかる所作であり、相当の技量と感性、自らの立ち振る舞いへの自信を持ち合わせていないとやりとげることができない。そのような意味で、この日の茶会は、茶の湯者としての友閑の一面を垣間見ることのできる史料として貴重である。

翌月二十六日、友閑は安土に参上した宗及を招いて朝会を開いている（『他会記』）。場所は安土山下に構えていた屋敷内の茶の湯座敷であろう。友閑は宗及の安土登城に同伴して信長への取次を行い、その後で主君の客人を接待したというわけだ。安土滞在中の友閑は、側近としてこうした任務も遂行していたのである。とはいえ、この年の初秋は比較的ゆっくりと過ごせたようだ。

信長の上洛に従う

九月十一日、信長が上洛すると（『信長公記』『兼見卿記』）、友閑もそれに従った。十三日、信長のもとに参上した公家衆よりの進物を披露し、また兼見の昇殿問題にも対応している（『兼見卿記』）。そしてこの頃、山城（京都府）宇治田原城《うじたわらじょう》に住していた山口甚介秀景《やまぐちじんすけひでかげ》（あるいは秀康《ひでやす》）とともに、宇治平等院の前に橋を架設するよう命じられている（『信長公記』）。後に述べるように、友閑は宇治の代官をも兼ねていたとの指摘もある。友閑が宇治で任務を行うことは珍しく、信長がこうした命令を友閑に下していた背景も不明だが、かりに宇治代官も兼務していたのだとすれば理解できるであろうか。

堺での茶会三昧

十月は開炉《かいろ》（炉を使いはじめることだが、茶人にとっては一陽来復の意味合いもあり、新年のように捉える）ということもあり、堺へ戻った友閑は茶の湯三昧の日々を過ごしている。宗及の茶会記からその様子をながめてみよう。

表1のように七会が知られるが、これらは宗及が関与した茶会のみであるため、炉開きということを考えれば、実際はもっと頻繁に行われたのではないか。むろん、これは代官としてのつとめでもあった。

友閑による床飾り

ところで、この七会のうちで、注目したいことが二点ある。ひとつは、これまでもし

表1　天正六年十月の堺での茶会

日時	亭主	客人	趣向
十四日朝	友閑	宗及、宗二、伊藤十右衛門入道	宗及の点前
十七日朝	山上宗二	友閑、宗及	友閑より拝領の茶入
十八日朝	天王寺屋了雲	友閑、利休、道叱、宗及	高麗茶碗のひらき
十九日朝	津田宗及	友閑、道叱	友閑による床飾り
二十日朝	銭屋宗訥	友閑、安中斎、宗及	
二十四日朝	天王寺屋道叱	友閑、宗及、万代屋宗安、了雲	
二十八日朝	佐久間信栄	友閑、宗及、宗二	友閑による床飾り

ばしば見られていたのだが、佐久間信栄の会で「壺ヲ方盆《ほうぼん》ニすへ、宮法床へ御あけなされ候」とあるように、友閑によって茶入の床飾りが行われていることである。つまり、政権内でも茶人としての友閑の所作振る舞いが手本と見なされていたのである。

いまひとつは、安中斎《あんちゅうさい》との同席である。安中斎は俗名を伊藤惣十郎《いとうそうじゅうろう》といい、尾張清洲の商人にして信長の家臣でもあった人物である。二十日の宗訥会への参席は、宗及の茶会記上の初見にあたる。もともと清洲の町人であったと考えられる友閑とは旧知の間柄であったのだろう。先に述べたようにこの年の二月には、友閑は村井貞勝や明智光秀と一会していた。この頃より、茶会の場を通して政権内の横のつながりが見られるようになる。信長政権内における茶の湯の隆盛を示していよう。

吉田兼見の昇殿問題

十一月三日、信長は愛翫《あいがん》する「しろ」の鷹を連れて上洛し、二条屋敷へ入った（『信長公記』）。この上洛で、信長は二条屋敷を誠仁親王に進上することとし、移徙《いし》の日取りが二十二日に決定された後は、たびたび「しろ」との鷹狩りに興じている。そして十六日、二条屋敷から妙覚寺へ宿所を移した。一方、信長に近侍していた友閑は、この日より連日、吉田兼見の昇殿問題に対処している（『兼見卿記』）。この一件をめぐる記述は、側近としての友閑の位置づけや役割を具体的に知る手がかりとなるので見ていくことにしよう。

六月末から懇願されていた昇殿の件は、兼見自身による勧修寺晴豊《かじゅうじはれとよ》へのはたらきかけもあり、叶えられる見通しとなっていた。だが、信長よりの執奏《しっそう》（意見や文書などを天皇にとりつぎすること）が必要ということで、十六日、兼見は友閑を訪ねた。それは、信長へ話をもっていくためには、まず友閑と相談せよとの近衛前久の助言によるものであった。この前久の発言は重要である。何となれば、信長の側近としての友閑が、対外的にどのように見られていたのかを如実に示す見解だからだ。信長の意向をうかがうためには、誰をさしおいても友閑だったのである。

ともあれ、友閑はそれを了承し信長へ取次をし、十九日、再び来訪した兼見へその結果を告げる。信長は「問題なし。叡慮すなわち正親町天皇のお考えしだい」と友閑に返答したという。友閑は兼見へ信長の回答とともに、「叡慮の件はまず前久に相談すべきである」との「宮法存分」すなわち友閑自身の考えを示した。それを受けた兼見がすぐさま前久のもとへ赴き話をしたところ、前久は「宮法存分」を納得したうえで執奏することを了解。前久は高倉永相《たかくらながすけ》と勧修寺晴豊を遣わしてこの一件を申し入れ、結果、兼見の願いは聞き届けられることになった。

友閑の対処の仕方

友閑は兼見の一件を対処するにあたり、御意伝達役として信長の簡潔な返答の取次のみならず、それを補うかのように、関係者に筋を通しながら話を進めていく方法を兼見に伝えていたのである。これまで数々のもめごとの仲介や交渉を担当してきた友閑の持ち味は、こうした点にあったのだろう。また、信長の側近としての友閑が、前久をはじめとする公家社会でも信頼を寄せられていたことは注目に値する。

十二月に入ると、堺の代官としての任務や側近としての活動がいくつか見られるので、日付け順に見ていくことにしよう。まず十日、友閑は堺の馬方衆《うまかたしゅう》（馬を売買し、あわせて馬を使用して商品を運搬する独占権を持った団体）に宛てて、信長の朱印状を渡すとともに、その権利を認め、遵守するよう指示する書状を送っている（『文書の研究』下巻八二〇号参考文書）。その信長朱印状は、この年の三月二十八日付けで、堺南北馬座《うまざ》の「当座人」に宛てて発給されたものだと考えられている（『文書の研究』下巻八二〇号）。これら二通は、摂津の地主にして大商人である末吉家《すえよしけ》に伝わっているため、「当座人」および「馬方衆」を統率する末吉家が堺南北での馬座の権利を獲得したものと思われる。

二十六日、宗及の『他会記』によると、この日、友閑は宗及を伴って堺の大寺に鳥井《とりい》引拙《いんせつ》旧蔵の「合子」と平釜の名品「田口《たぐち》釜」の拝見に赴いている。大寺とは開口神社《あぐちじんじゃ》とその神宮寺《じんぐうじ》である念仏寺《ねんぶつじ》を合わせた呼称で、堺南荘の鎮守として「堺衆」の信仰を集めてきた。南荘の自治を運営した戦国期の会合衆《えごうしゅう》は、大寺の会所《かいしょ》で集会し、祭礼や神事はもとより自治や経済の話し合いの場として利用し、茶会も開いていた。近年発表された考古学的調査によれば、大寺の遺跡から数寄屋書院作りの建物が発見され、また道具蔵と見られる区域からは、青白磁を含む大量の唐物が出土したという。これらの出土品は、室町時代の『君台観左右帳記』に示された伝統が堺に色濃く残っていたことを示すと指摘されている（堺市博物館編『よみがえる中世都市堺—発掘成果と出土品—』）。

友閑の目利き

　そのような大寺が所有する茶道具は質の高いものであったに違いない。実際、この日友閑が目利きした両種のうち、「田口釜」は信長のコレクションに加わり、引拙の「合子」は友閑自身の所有となった。信長の茶湯を統轄する立場にあった友閑は、自ら主君のために名物の調達も行っていたのである。

会合衆の会所・書院跡（堺市文化財課提供）
平成12年（2000）から13年にかけて発掘調査が行われ，舶来の茶器が大量に出土した．

　それからまもなく、友閑は「田口釜」を携えて安土の信長のもとへ向かったのであろう。二十七日には、石清水八幡宮《いわしみずはちまんぐう》と山下の別当寺《べっとうじ》との間にもちあがった造営をめぐる紛争に関して、信長の下知《げち》に従って調停している（『文書の研究』下巻八四八号）。造営とは、十六日よりはじめられた内陣と外陣の間にある樋《とい》の改築をさすものと思われる。これまで木製であった樋が腐り、雨もりするようになったので、信長が唐金《からかね》で作り直すよう指示を出したのであった（『信長公記』）。友閑が石清水八幡宮に関わる問題を担当していたことは本書第五の一で述べたが、友閑は「徳庵」と署名していた永禄年間（『石清水文書』）より、引き続き同宮とつながりを保っており、今回の一件についても面会のおりに詳しく申しあげると結んでいる。

豊後大友氏との外交窓口

続いて二十八日、友閑は豊後《ぶんご》（大分県）の大友宗麟《おおともそうりん》から信長のもとへ到来した官途の礼物を披露し、信長が宗麟へ宛てて発給した書状の副状をしたためた（『文書の研究』補遺二〇四号、およびその参考文書）。ここにきて、友閑は新たに大友氏との外交窓口を担当することになり、この先もその役目を担っていくのである。

第七　ゆるぎない地位、そして突然の悲報

一　饗応役と勅命講和の交渉

天正七年（一五七九）の年末は、安土の信長に近侍していた友閑であったが、年明け正月四日の晩には堺で開かれた津田宗及の初釜《はつがま》に参席（『自会記』）。そして翌五日の昼、友閑は昨日も同席した天王寺屋了雲《てんのうじやりょううん》、天王寺屋道叱《どうしつ》、銭屋宗訥《ぜにやそうとつ》、宗及を招いて茶会を開き、このところ頻繁に使用している玉澗《ぎょくかん》筆「煙寺晩鐘《えんじばんしょう》」を掛けた（『他会記』）。

安土天主の信長に近侍

そして十四日には、友閑は宗及とともに終日安土天主《てんしゅ》の信長のもとにおり、信長手ずから茶臼で挽《ひ》いた茶を拝領している。これは「松嶋《まつしま》」の葉茶壺におさまっていたものであった（『他会記』）。このように安土と堺を慌ただしく往復していた友閑だが、その後はしばらく安土に滞在したようで、二十五日には信長のもとに参上するため、京都より下向してきた吉田兼見を接待している。早速、『兼見卿記《かねみきょうき》』をひもといてみよう。

饗応役

二十五日未明に京都を出発した兼見は、午後四時前後、安土に到着し友閑へその旨を

伝えた。それに対して友閑は、明朝はまず山下の自邸で朝食をとってから登城しようと返答。翌二十六日の午前十時頃に登城した兼見は、ほどなく次客《じきやく》として城内の小座敷《こざしき》に迎えられた。正客《しょうきゃく》は細川信良《ほそかわのぶよし》（昭元《あきもと》）であった。

小座敷では、舜挙《しゅんきょ》の絵が床の間に掛かり、「餌畚《えふご》」と「合子《ごうす》」が大板に置き合わされ、囲炉裏《いろり》に「宗慶釜《そうけいがま》」が釣られており、「大海《たいかい》」茶入に「台天目《だいてんもく》」が用意されていた。「餌畚」は津田宗及が進上した水指《みずさし》で、「合子」は高畠甚九郎《たかはたじんくろう》の旧蔵品だ。紹碩《しょうせき》旧蔵の「宗慶釜」は信長が近江の甲賀《こうが》より求めたもので、友閑がその代金三万疋を遣わしたとのこと。「大海」と「台天目」は越前朝倉氏の旧蔵品だ。こうした情報は、「各《おのおの》名物《めいぶつ》の由《よし》友閑これを語る」と記されているように、茶の湯座敷で友閑が両人に語り聞かせた伝来であった。友閑が信長の名物にまつわる来歴を把握し、またその代価を遣わすこともあったとの発言は注目できよう。本書第二の一で述べたように、信長のための名物調達は、家臣となった友閑の初仕事であったが、今なお、その役目を負っていたということである。

「信長御物」の全貌を把握

その後、まことに丁寧な朝食が供され、点前《てまえ》となったが、「次茶《ついで》、友閑タツル也」とあるように、友閑が茶頭《さどう》を行ったのであった。しかも、「座敷三人」と記されていることから、正客、次客に亭主兼茶頭の友閑というわけで、そこに信長の姿はなかった。つまり、友閑は信長に代わって亭主をし、二名の客人をもてなしたのである。信長にしてみれば、自らのコレクションの詳細を把握している友閑だからこそ、安心してこの日の接待を任せられたのであろう。こうして茶会が終了し、友閑は兼見よりの礼物《れいもつ》を信長に披露し、客人に対して表の座敷で葛《くず》や素麺《そうめん》とともに酒を供し、この日の饗応役《きょうおうやく》を無事になしとげたのであった。

本願寺との勅命講和

三月一日。いよいよ長きにわたった本願寺との抗争に終止符をうつべく、勅命講和《ちょくめいこうわ》の締結に向けて動きはじめた。この日、信長は摂津《せっつ》の郡山《こおりやま》で「しろ」との鷹狩りに興じる一方で、友閑と佐久間信盛を本願寺へ派遣した。勅使《ちょくし》（勧修寺晴豊《かじゅうじはれとよ》と庭田重保《にわたしげやす》）と近《この》衛《え》前久《さきひさ》に自らの「御目付《おんめつけ》」すなわち監査役として、第二次講和を成立させた実績のある友閑と本願寺攻めの総司令官である信盛をそえたのである（『信長公記』）。ここに前久が加わっているのは、前関白《さきのかんぱく》である前久が教如《きょうにょ》を猶子《ゆうし》（相続を目的としない仮りに結ぶ親子関係）としていたことや、信長その人と昵懇《じっこん》の間柄であったがゆえである。したがって、前久は朝廷と信長と本願寺との三者を結ぶ、いわばパイプ役と位置づけられる。

この時の協議をふまえ、十七日、信長は勅使に宛てて和睦の条件を記した朱印状、誓約書としての起請文、那智滝宝印《なちたきほういん》の表面（本来は裏面）に罰文《ばちもん》を記して花押のうえに血判《けっぱん》を据えた神文《しんもん》、合計三紙の文書を作成すると同時に（『文書の研究』下巻八五二〜八五三号）、前久と友閑へもそれぞれ書状を送っている。これらの書状は大変興味深い。なぜなら、両者の役割や立場の相違が如実にあらわれているからだ。まず、前久宛では、講和交渉に赴いたことをねぎらい、ついで本願寺が信長に対して疑心や心配を持っているのは当然であろうとし、朝廷と前久が仲介して下さるからには少しの表裏二心はないという信長の心中を本願寺に伝えるよう記されている（『文書の研究』下巻八五五号）。

それに対して友閑宛には、講和の条件である加賀《かが》の二郡（江沼《えぬま》と能美《のみ》）に関しては大坂退城の後、問題がなければ返却すること、それに関しては常々、信長と友閑が直接話しているように本願寺の動向をよく見極めることが至極当然であるといった具体的な指示が書かれている。そして、注目すべきは次のくだりだ。

信長の本音と建前

ただし、こちらが本願寺に示した講和の条件がひとつでも成立しない時には講和そのものを破談にせよ。この信長の意向を前久へもよくよく伝えて談合するように。

これら二通の書状を比較すると、前久へは自分の表裏のないことを示す一方で、友閑へは具体的な指令および慎重な姿勢を示すとともに、万が一の時には破談にせよ、と厳命していることがわかる。前久へは信長の表向きな見解、いわば建前だとすれば、友閑へは本音を語っているのである。しかも、破談云々のくだりでは、友閑の口から前久へ説明したうえで相談するようにと命じている。本願寺の表裏を疑い、その態度を見極めるべしとの指令は、第二次講和の際も見られた信長の慎重な姿勢だ（本書第五の二）。信長は友閑に自らの意図するところを理解させたうえで本願寺との交渉を進め、かつ前久と協議することを友閑に求めたのである。

交渉開始

この二通の書状の相違点から、信長の内意はまず友閑に伝えられ、そのうえで友閑と前久が談合するという図式が見える。これこそが、信長政権内の指揮系統にほかならない。あくまで信長の内意は直接家臣、もっと言えばごく限られた最上位の側近へ伝えられるものなのであり、その役目を命じられた者は、いわば信長の代弁者となってことにあたったのである。こうして友閑は、信長の御意伝達《ぎょいでんたつ》および実行役という重責を担って勅命講和締結に向けて交渉を開始した。

本願寺側の起請文

翌閏《うるう》三月、友閑は堺におり、二日晩の宗訥会、五日朝の信盛会、翌朝は宗及会に参席している（『他会記』『自会記』）。おりしも本願寺より勅命講和を受諾し、七月二十日までに大坂を退城すること、そして起請文の検使を受け入れる用意のある旨がもたらされた。友閑と信盛がこのことを安土に知らせるや、六日、信長より起請文の検使役を命じられた小姓《こしょう》の青山虎《あおやまとら》が安土を出発し、その日のうちに天王寺城《てんのうじじょう》に到着した。翌七日、前久を筆頭に二名の勅使、友閑、信盛、青山虎が見守るなか、顕如《けんにょ》は信長が示した文案に従って作成された起請文に署名し、下間仲之《しもつまちゅうし》、同頼廉《らいれん》、同頼竜《らいりゅう》らが起請文に署名および血判を据えた。安土で待つ信長は、ほどなく本願寺側が作成した一連の起請文を手にしたのであった。

信長起請文のゆくえ

さて気になるのは、先月十七日に作成した信長の起請文のゆくえだ。結論を先に述べれば、本願寺が起請文を作成した七日には交付されなかった。というのも、十一日付けで信盛へ宛てて発給された信長の書状に「大坂本願寺への誓詞《せいし》（起請文）を交付してもよい」と記されていることから、交換というかたちは取らず、後日、交付の許可を出していることがわかるからである（『文書の研究』下巻八五九号）。信長は自らの起請文を作成したおり、友閑へ本願寺の表裏を疑い、向こうの動向を見極めなければならないと語っていたが、ここにきてその疑念も晴れたということであろう。

信長の御意伝達役

そしてこの日、信長は信盛のみならず佐久間信栄《のぶひで》、九鬼嘉隆《くきよしたか》へもそれぞれ書状を発給し、人質として信長の実子を本願寺へ出すことや、本願寺内への海上、陸路ともに通行を保証するよう指示を出している。そして、そのいずれについても「詳細は友閑が述べる」と結んでいる（『文書の研究』下巻八五九・八六〇・八六一号）。つまり、友閑は信長の代弁者として本願寺と交渉したばかりでなく、配下の部将へも信長の意向を伝達する役目を負っていたということだ。

友閑の人となり

顕如との交渉を首尾よく進めた友閑は、ひと息つけたであろうか。十九日、里村紹《さとむらじょう》巴《は》邸で何船連歌《なにふねれんが》の会を開催した（大阪天満宮所蔵）。連衆《れんじゅ》は聖護院道澄《しょうごいんどうちょう》、大覚寺尊信《だいかくじそんしん》、そして連歌師の紹巴、昌叱《しょうしつ》、心前《しんぜん》らであった。とりわけ、友閑と道澄は内々のことまで雑談する間柄であり、友閑が道澄に対して種々気遣いを示すほど親交があったと道澄自身が語っている（『遠藤山城家文書』『賜蘆文庫文書』）。かつて曲直瀬道三《まなせどうさん》も述べていたが、友閑と個人的なつきあいのあった人が共通して書き残していることは、友閑が「親切」であったということだ。友閑の人となりを考えるうえで、貴重な証言だ。

それから十日後、友閑は堺北庄《きたのしょう》の座敷で佐久間信栄、津田宗及、山上宗二を招いて茶会を開いている（『他会記』）。ついで、堺勧進《かんじん》によって得られた収益より捻出されたと考えられる音信《いんしん》の扇が、堺の法華宗寺院より届けられた。四月十六日のことである（『頂妙寺文書・京都十六本山会合用書類』）。河内将芳氏は、信長をはじめとして友閑やその他の信長家臣へ会合の経費を使って音信や礼物が届けられることを、教団保存をはかるべく編み出された対応策であると指摘する（『中世京都の都市と宗教』）。茶会開催も礼物受理も堺代官としての友閑の立場をものがたっているということになろう。

それから友閑の動向がわかるのは、五月に入ってからのこと。二十五日、昨年より造営を行っていた石清水八幡宮《いわしみずはちまんぐう》が竣工し、その遷宮《せんぐう》（ご神体を仮殿《かりどの》から新造の本殿《ほんでん》に還すこと）を行うにあたり、友閑は信長が同宮の善法寺堯清《ぜんぽうじぎょうせい》へ宛てた礼状の副状《そえじょう》を発給した（『文書の研究』下巻八七一号)。また、『康雄記《やすおき》』によれば、遷宮に携わる者への手当や宿の手配についても、友閑が取り仕切っていたという。前項でも述べたように、石清水八幡宮に関しては、一貫して友閑の担当であったのである。

禁裏への献金

六月、昨年より外交窓口となっていた豊後大友氏のことで、友閑は四日に勧修寺晴豊からの使者である人見丹後守《ひとみたんごのかみ》の来訪を受け(『晴豊公記』)、ついで八日、禁裏《きんり》と晴豊へ大友氏よりの官途《かんと》に対する礼銭を取り次いでいる。『御湯殿《おゆどの》の上の日記』によれば、大友氏から禁裏への礼銭金三枚を友閑が取り次ぎ、それを晴豊がさらに取り次いで禁裏にもたらされたことがわかる。また『晴豊公記』には、大友氏よりの礼銭とは別に友閑が正親町天皇《おおぎまちてんのう》と誠仁親王《さねひとしんのう》へ銀子《ぎんす》二枚を献じ、文書作成者の広橋兼勝《ひろはしかねかつ》へ銀子一枚、取次の晴豊へ銀子三枚、晴豊の奏者《そうじゃ》人見丹後守へ銀子一枚をそれぞれ遣わしていることが見える。

それから一週間後の十五日、友閑は雑賀衆《さいかしゅう》より到来した二通の起請文を受理し、ほどなく安土の信長へそれらを披露したと思われる。本願寺の問題は、顕如らの起請文提出と信長の起請文交付が行われた閏三月で決着したわけではなかったのである。顕如自身は、四月七日に大坂を退城して鷺森へ移っていたのだが(『信長公記』)、大坂にはいまだ信長との講和を潔しとしない新門主の教如が立て籠もっていた。その教如を支える勢力として、信長も侮れずにいたのが、いわゆる雑賀衆であったのだ。

雑賀衆より
の起請文

五月二十三日、信長は教如への加勢を禁ずるとの命を雑賀衆に下し（『文書の研究』下巻八七〇号、『宇野主水日記《うのもんどにっき》』）、これを受けた雑賀の土橋春継《つちはしはるつぐ》、胤継《たねつぐ》父子、そして杉坊照算《すぎのぼうしようさん》と泉識坊快厳《せんしよくぼうかいげん》は、友閑と信盛、そして勅使の下使である荒尾善左衛門に宛てて、顕如に従い教如には与《くみ》しない旨を明記した起請文を提出したのであった（『龍谷大学図書館所蔵文書』）。土橋父子の起請文案の末尾に記されている「この旨（信長に）ご披露してください」との一文は、友閑と信盛が取次として雑賀衆の起請文を信長に披露したことを示しており、実際、これらの起請文を手にした信長は比類なきこととして喜んでいる（『文書の研究』下巻八七三号）。

信長よりの
指令書

信長が雑賀衆よりの起請文を受理してから一週間ほど後のこと、顕如の使者が安土に参上するとの知らせを受けた信長は、きわめて重大な指令を友閑と信盛に発した。六月二十三日のことである。友閑の立場を考えるためにも重要な書状であるため、長文にわたるが全文を紹介したい（『文書の研究』下巻八七三号）。

教如の退城が遅れていることに関して、顕如の意向を記した書状と雑賀衆の起請文が届いたことは、比類なく素晴らしいものだ。これらを見たからには、顕如に対する疑いは毛頭ないが、教如の籠城が継続中であることは不審千万である。そのような状況下で、顕如の使者三名が祝儀を述べるため、安土に参上することはひとまず喜ばしい。

しかしながら、先年、本願寺を赦免して以来、彼らはたびたび裏切っているし、教如の一件が片付かないうちに顕如の使者と対面することは重ねて天下の面目を失うことになる。ゆえに、このたびは信忠《のぶただ》に対面させるのがよろしかろう。

問題が解決した暁には、顕如の意にそって信長自身が対面してもよい。この信長の真意をよくよく本願寺に聞かせよ。もしこのような信長の気遣いを本願寺が迷惑と思うなら、人目を忍び、夜中に対面してもよい。

いずれにせよ、顕如からの起請文を見たからには大坂籠城など一日とて続けさせない。信長死す時か、はたまた教如が果てる時か、このふたつにひとつしかない覚悟である。

六月二十三日　　　　　　　　　　信長（朱印）

この朱印状には宛名が記されていない。その理由については後に述べるとするが、この朱印状の包紙《ほうし》に「佐右・宮法」そして「信」との署名があり、友閑と信盛に宛てたものであることは明らかだ。したがって、この朱印状は信長が交渉役の両人に向けてその心中を余すところなく伝えたものであり、また教如問題で緊迫した情勢が続いていたことをうかがわせるものである。

信長の真意

さて、この朱印状を通して信長が両人に伝えたかったことは、次の四点に集約することができるであろう。

①雑賀より起請文が到来したことや顕如の使者が参上する現状への満足
②信長の体面を考慮して使者とは対面しない方針
③夜中、隠密に使者と対面してもよいという妥協案
④教如退城を早期実現させる強い決意表明

このうち信長の考える落としどころ（③）と信長の憤り（④）などは、内部機密と見紛う内容であるかもしれない。だが、その反面、信長は当座の方針を少しも隠しだてすることなく、本願寺に伝えよと命じている。こうした信長よりの指令を遵守し、かつ③の外交カードおよび④の切り札をどの局面で切るのか。いずれも両人の外交手腕にかかっていたということになる。それこそが、交渉役に求められた任務であった。

友閑の交渉手腕

それでは、友閑と信盛はいかに本願寺と協議を進めたのであろうか。その方法は、信長があえて書状に両名の名前を記さなかった事実が示している。つまり、友閑と信盛は信長からの朱印状そのものを本願寺に渡したうえで交渉にあたったのだ。だからこそ、この信長朱印状は、現在、西本願寺《にしほんがんじ》に所蔵されているのである。信長もそれを想定して、宛名を記さなかったということだ。信長は教如問題に対して、自らの手の内や心中を包

み隠さず相手方に伝えるという外交戦略を有効と見なしていたのである。実際、七月二十日に前久へ宛てた信長の書状には、「この書状を教如方へ見せ、退城を急がすように」と明記している。友閑と信盛は、そうした信長の意図を理解し、朱印状そのものを本願寺に渡して交渉を行ったのである。

要するに、緊迫した情勢が続くなか、信長の要求および事態の推移などすべてを正確に把握して対外交渉を行うこと、これが信長から求められていた友閑と信盛の役目であった。その重責もさることながら、両人に対する信長の信頼も相当なものであったに違いない。だからこそ、それを怠った信盛、信栄父子は教如退城の十日後に追放されることにもなったのだろう。信長はその理由を一九条にわたって列挙しているが、そのなかで武力攻撃もせず「調儀《ちようぎ》・調略《ちようりやく》の道」すなわち謀略も行わなかったと述べている（『信長公記』）。信長の言う「調儀・調略の道」とは、まさにこの信長朱印状が示すことにほかならない。すなわち、信長の真意を理解し、信長の名代として対外交渉を行うことである。それを信盛が怠ったということは、勅命講和および教如退城の協議が友閑の才覚で重ねられていたことを暗示している。

話を六月二十三日に戻そう。顕如よりの使者とは対面しないという信長の意向を受けて、七月二日、顕如の使者三名に前久と勅使が安土に登城。むろん信長は対面の場に出座しなかったが、代わりに信忠がそれを受け、友閑と信盛が取次を行った（『信長公記』）。信長はその日のうちに顕如へ礼状を発給し、友閑はその副状をしたためた（『文書の研究』下巻八七六号）。

教如の退城

二十八日、抵抗を続ける教如の進撃を撃退した友閑は、すぐさま安土の信長へ注進《ちゅうしん》状《じょう》（事態を急ぎ上申する報告書）を送った。信長の意を受けた右筆《ゆうひつ》の楠長諳《くすのきちょうあん》は、目付《めつけ》として矢部家定《やべいえさだ》と下石頼重《おろしよりしげ》が派遣されるとの返書を出している（『蜷川家文書《にながわけもんじょ》』）。ほどなく教如退城のはこびとなり、前久も安土に下向し、状況確認と現地へ向かう手はずをととのえた（『文書の研究』下巻八八二号）。そして八月二日、ようやく退城となり、友閑は信盛、前久、勅使とともに大坂開城に立ち会い（『信長公記』）、信長より顕如へ宛てた礼状の副状を発給した（『文書の研究』下巻八八三号）。

佐久間父子へ追放を伝達

九日、教如の大坂退城に伴い、大和《やまと》や河内《かわち》の諸城が破却され、畿内の再編成が行われる過程で、友閑は八尾《やお》の真観寺《しんかんじ》へ宛てて人夫役《にんぶやく》など臨時の課役を免除する文書を発給し（『真観寺文書』）、十二日、追放の命を伝達する使者として佐久間信盛、信栄父子のもとに赴いた（『信長公記』）。そして十六日、顕如から落着を祝う品として徽宗《きそう》皇帝筆の三幅一対《さんぷくいっつい》が到来したことを受け、信長書状の副状を出している（『文書の研究』下巻八八八号）。友閑にとって、目まぐるしい日々であった。

勅命講和の事後処理

ようやくひと息ついた友閑は、九月二日、津田宗及、銭屋宗訥、山上宗二を招いて口《くち》切《きり》の茶会を催し（『他会記』）、七日の夜には天王寺屋道叱、宗訥、宗二とともに宗及の夜《よ》咄《ばなし》（灯火の風情を味わうため夜中に行われる茶会）に赴いている（『自会記』）。場所は堺であろう。それからまもなく、友閑は上洛したと思われる。というのも、勅使の庭田重保と勧修寺晴豊が三日、十一日と本願寺へ書状を送り、いまだ協議中である和睦の三条件に関して、「近いうちに友閑が上洛してくるので、ただちに談合し返書する」と記しているからだ（『文書の研究』下巻八八八号参考文書など）。信盛が追放されたことで、友閑は勅命講和の事後処理を一手に引き受けなければならなかったのである。

「定家色紙」

九月十八日の昼、友閑は安土で茶会を開いた（『他会記』）。その目的は、信長より雁《かり》を拝領した友閑が、信長よりの命でそれを汁に仕立てて客人に振る舞うところにあった。参会者は山上宗二、村井専次《むらいせんじ》（貞勝の子、清次《せいじ》か）、津田宗及だ。この日ははじめて床の間に定家の色紙が掛けられた。「定家色紙、嵐吹《あらしふく》ノ歌なり」と記されているので、定家自詠の和歌ではなく、定家が選んだとされる私撰和歌集『小倉百人一首《おぐらひゃくにんいっしゅ》』の一首、能因《のういん》法師による「あらしふく　三室《みむろ》の山のもみじ葉《ば》は　竜田《たつた》の川の錦《にしき》なりけり」の色紙であったのだろう。まことに時期に適う室礼《しつらい》である。定家の和歌を茶席に掛けることについては、本書第六の四で述べたが、小倉色紙は茶会で使用された仮名文字の最初とされる

（『五島美術館の名品《絵画と書》』）。紹鷗《じょうおう》以来、人気が高まりつつあった小倉色紙を友閑も入手し、新しい趣向を取り入れていたということだ。

大友氏と島津氏の和睦交渉

翌十九日、友閑は昨年末より担当することになった豊後大友氏との外交で（本書第六の四）、新たな問題に着手する。それは大友氏と薩摩《さつま》（鹿児島県）島津《しまづし》氏との和解だ。九州地方の覇権をめざして戦いを続けてきた両家の和議については、一三代将軍足利義輝、そして一五代将軍足利義昭も命じていたことであった。ようやく本願寺を屈服させた信長は、九州統一を画策しはじめたのである。そのため、旧縁のある近衛前久を介して両家の和睦を試みたのであった。十九日付けで前久が島津義弘《よしひろ》および喜入季久《きいれすえひさ》へそれぞれ宛てた書状によれば、信長の名代として友閑と猪子高就《いのこたかなり》（信長の代表的な近習《きんじゅ》）の名があげられており、彼らが信長政権の意思決定に参与していることがわかる（『文書の研究』下巻八八六号参考文書、補遺二一八号）。

このように新規の任務に携わるようになった友閑と、教如の大坂退城後に追放された佐久間父子や林秀貞《はやしひでさだ》、安藤守就《あんどうもりなり》、丹羽氏勝《にわうじかつ》とはあまりに対照的である。信長その人の立場が確固たるものとなり、政権の拡大をめざす今、信長は自らに忠節を尽くし、武篇《ぶへん》や「調儀・調略の道」をもって戦功に励む者をますます重用する一方で、それを怠る者を不要な人材として切り捨てた。政権内の統制をはかるために、改革を断行する信長の強い意志が伝わってくる。

友閑の軍事的調略

その頃、友閑は毛利方に属していた安宅神五郎《あたぎじんごろう》を離反させ、信長と和談させるというはたらきかけを行っていたと思われる。十月七日、安宅神五郎へ宛てて和議成立となったことを喜び、太刀一腰と馬一匹が到来したことを謝し、祝儀を贈った旨を書信した（『兵庫県史』）。その後まもなく、安宅、小西《こにし》両氏は室津《むろつ》（兵庫県たつの市）で毛利の警固船二〇〇艘を撃退した（『文書の研究』補遺二五七号、天正七年や天正九年と考える研究もあるが、ここではひとまず天正八年と考えておく）。

さて、友閑が軍事面に介入することはめったにないことだが、これは安宅神五郎が堺と関わりの深い三好一族の後継者（最新の研究では三好実休の三男という）であることによるのであろう。朝尾直弘氏によれば、堺の代官に友閑が登用される以前、堺南庄《みなみのしょう》は三好一族の安宅神太郎信康《じんたろうのぶやす》が管掌していたという（「織豊期の堺代官」）。そのような背景から、堺の代官として一帯を掌握している友閑が、安宅神五郎の取り込みも行ったと考えられる。このように考えると、この四日後、宗久とともに参席した三好康長《やすなが》の不時茶会《ふじちゃかい》が政治的色合いの濃いものであったように思えてくる（『今井宗久茶湯書抜』）。

顕如よりの掛け軸

ついで二十四日、友閑は先月以来、懸案となっていた本願寺との和睦の三条件に関する書状を顕如へ送っている（『文書の研究』下巻九〇一号参考文書）。これは同日付けで信長が顕如へ宛てて、音信として到来したみかんの礼および雑賀衆よりの使者を受け、今後とも和睦を続けることに異議はないこと、そのことを雑賀衆に聞かせる必要性を明記した書状の副状として発給されたものであった。友閑の書面では、信長へ進物《しんもつ》を披露したこと、雑賀衆へは別に信長が朱印状を発給したこと、自らへ贈られた「一軸」の礼、そして和睦の三条件については「正親町天皇の勅命として仰せくだしたように手続きする心づもりである」と記されている。

ここで言う和睦の三条件とは、教如の大坂退城にあたり、七月二十四日付けで近衛前久が記した三ヶ条のことで（『文書の研究』下巻八八一号参考文書）、①教如を本願寺住持として認めること、②本願寺末寺領の保証、③本願寺の存続と往還の自由、のことである。教如の退城から二ヶ月ほどが経過してもなお、友閑はこまかな調整に奔走していたわけである。

「夜雨絵」

十一月に入り、友閑は六日に行われた宗及会への参席をかわきりに（『自会記』）、十日、二十三日、二十四日、二十七日、二十八日とくりかえし茶会を開き、天王寺屋道叱や銭屋宗訥、宗及といった「堺衆」や、大和の箸尾《はしお》氏、宇治の茶師《ちゃし》森氏《もりし》、山崎《やまざき》の妙喜庵《みょうきあん》主功叔《こうしゅく》らを迎えている（『他会記』）。このうち注目すべきは、十日に行われた茶会の室礼である。すなわち了雲、宗訥、宗及を招待した友閑は、この日、床の間に牧渓《もっけい》筆の小軸

「夜雨絵《やうのえ》」を掛けた。これについて、宗及が「ただし法印にて始《はじめ》て」と注記しているように、宗及にしてみれば、かつて拝見したことのある軸だが、友閑の所ではじめて目にした、ということであった。では、宗及は「夜雨絵」をどこで拝見したのかと言えば、永禄《えいろく》十三年（一五七〇）正月十七日の川那部肥後《かわなべひご》入道《にゅうどう》の茶席なのであった（『他会記』）。この人物は本願寺坊官《ぼうかん》下間氏の一族だ。それゆえ、「夜雨絵」は本願寺とその坊官も収集品を合わせた「本願寺名物」にもあげられるほどの一品と見なされていた（『松屋名物集《まつやめいぶつしゅう》』）。こうした事情から、先に紹介した顕如宛の友閑副状で言及されていた「一軸」が、この日の「夜雨絵」である可能性がきわめて高い。顕如が友閑へ示した懇情のほどをおしはかることができよう。友閑はこの日、顕如から贈られた「一軸」の初披露に合わせて、金襴《きんらん》の袋におさめられていた葉茶壺「筑紫《つくし》」や、「黒台《くろだい》」に据えた「曜変天目《ようへんてんもく》」を取り合わせた豪華な道具組をしたのであった。

　十二月も引き続き、友閑は本願寺関連の任務と茶会の日々を過ごした。まず四日、顕如から庭田重保へ宛てた書状によれば、三条件のことに関して使者を派遣し（金龍静『一向一揆論』）、翌五日の朝は塩屋宗悦《しおやそうえつ》の茶会に招かれ、十八日の朝は京都で奥村直俊《おくむらなおとし》（旧佐久間の与力《よりき》と思われる）、堺の医師竹田法眼定信《たけだほうげんさだのぶ》、宗及を迎えて茶会を開いている（『他会記』）。

　そして二十一日、本願寺へ宛てて返書をしたためた（『八木健治家文書』）。「友感」と署名したその返書によれば、友閑のもとに本願寺よりの使者が到来し、本願寺の在所ではいまだ落ち着かない状況が続いていたが、それも静まってきたとの報告が届いた。友閑はそれを結構なことであると言い、問題が起きないよう取り計らうよう伝えている。それから安土へ向かったようで、本願寺よりの歳暮の品を受け取るとともに（『宇野主水日記』）、二十九日は信長が本願寺へ発給した歳暮の祝儀に対する礼状の副状を出している（『文書の研究』下巻九〇八号）。

こうして、こまかな調整は継続中であるものの、勅命講和および教如退城の交渉をやりとげた友閑は、信長の側近としてゆるぎない地位を固めた。信長の本音や心意を直接聞く立場にあるのみならず、茶会をはじめとする文化面でも信長を支えた友閑は、今や唯一無二の側近として信長に重用されている。もはや、このような友閑をして信長の懐刀《ふところがたな》と呼ぶべきであろう。

二 「王国の寧日」

明けて天正九年（一五八一）、本願寺が全面降伏したことにより、畿内を制圧した信長は、のどかな新春を安土で迎えた。二日には、信長から鷹狩りの獲物を拝領した安土の町人たちが沙々貴神社《ささきじんじゃ》で祝いの能を興行している。翌日、甲斐《かい》（山梨県）の武田勝頼《たけだかつより》に不穏な動きありとの風聞により、信忠が尾張（愛知県）清洲へ移ったが、安土の正月気分を損なうものではなかった。

八日、来たる十五日に開催予定の左義長《さぎちょう》には、馬廻《うままわり》衆、小姓衆、一門衆にいたるまできらびやかな装束を用意するよう、信長から指示が出された。左義長の当日、黒の南《なん》蛮笠《ばんがさ》をかぶり、眉を描く化粧をほどこし、赤の衣装に唐錦《からにしき》の羽織、虎革の行縢《むかばき》（一種の腰巻き）を身につけて、自慢の芦毛《あしげ》早馬に乗った颯爽《さっそう》たる信長の姿があった（『信長公記』）。

むろん、友閑も安土におり、信長と新春を祝ったに違いない。八日は、信長へ年賀の挨拶をするべく安土に参上した「堺衆」を招いて茶会を催している（『他会記』）。二十一日には、豊後の大友宗麟《おおともそうりん》より到来した馬や猩々皮《しょうじょうがわ》に対する礼状が信長と信忠それぞれより発給されたが、友閑はそのいずれの書状にも副状を記している（『文書の研究』補遺二二〇号）。昨年より近衛前久を仲介役として推し進めていた豊薩領国の和睦成立に向けた交渉は水面下で続けられていたが、信長の圧力に屈するのも時間の問題であるかのように、今や信長王国は絶頂にのぼりつめようとしていた。

馬揃え

信長はそれを天下に知らしめるため、左義長の華やかさを凌駕するようなイベントを企画する。京都での馬揃《うまぞろ》えである。正月二十三日、信長は明智光秀にその準備を命じた

（『信長公記』『文書の研究』下巻九一一号）。光秀は種々準備に取りかかったと思われるが、とりわけ二十一日に吉田兼見へ書状を送ったことが『兼見卿記』に見える。光秀よりの知らせを受けた兼見は、馬揃えへの参加の免除を請うため坂本へ下向、そして二月一日、すでに上洛していた友閑のもとも訪れ、面会している。

その三日後、四日の昼には友閑は堺へ戻ったようで、銭屋宗訥と津田宗及を招き、一《いっ》休宗純《きゅうそうじゅん》の墨跡《ぼくせき》を掛けて不時の茶会を開いている（『他会記』）。友閑としても、来るべき馬揃えで信長が着用する珍しい唐織物《からおりもの》を調達しなければならなかったと思われる（『信長公記』）。続いて十日の朝、宗及の茶会へ天王寺屋了雲、天王寺屋道叱、宗訥とともに参席。亭主の宗及は白玉椿《しらたまつばき》と薄色椿を用意して友閑へ花所望をしたところ、友閑は白玉椿を天王寺屋の名宝「蕪無《かぶらなし》」に生けた（『自会記』）。

本願寺へ起請文返却

十九日、信忠と信雄《のぶかつ》が京都妙覚寺に入り、二十日、信長も上洛し本能寺に入った（『信長公記』）。友閑も堺より入京し、信長に近侍した。二十二日の晩には兼見よりの礼物を信長に披露している（『兼見卿記』）。そして、友閑はこのたびの上洛で本願寺との勅命講和の際、勅使であった庭田重保、勧修寺晴豊と対面し、内々に談合したと思われる（『晴豊公記紙背《しはい》文書』）。信長と本願寺との関係はすでにおだやかなものとなり、友閑もこの頃より年頭《ねんとう》、端午《たんご》、八朔《はっさく》、重陽《ちょうよう》、そして陣中見舞《じんちゅうみまい》といったおりおりの音信を受けている。

したがって、この時の談合は、二十九日に返却されることになる、本願寺が作成した起請文の扱いに関することであったのかもしれない（『宇野主水日記』）。

さて二十三日、友閑は明智光秀、蜂屋頼隆《はちやよりたか》、細川藤孝とともに春日馬場で騎乗し、その後、供の衆総勢二〇〇名ほどを引き連れて兼見邸で夕飯のもてなしを受けた（『兼見卿記』）。一方、信長はこの日、本能寺の宿所でイエズス会巡察師ヴァリニャーノが同行した黒人奴隷を見ている（『信長公記』）。信長が黒人の肌が黒いことをにわかに信じることができず、入念に洗わせたという逸話は有名だ（『日本巡察記《にほんじゅんさつき》』）。

そうこうするうちに二十八日、馬揃え当日となった。内裏《だいり》の東八町の広さに設けられた馬場に正親町天皇以下摂家《せっけ》、清華家《せいがけ》の公家衆を迎え、信長の騎馬隊が結集しての華麗なるホースパレードのはじまりだ。信長は午前八時頃、下京《しもぎょう》本能寺を出発して馬場へ向けて駒を進める。丹羽長秀《にわながひで》を先頭に、蜂屋頼隆、明智光秀などそれぞれ国衆《くにしゅう》を従えた上層部将に続き、信忠、信雄ら織田家一門衆、前関白近衛前久や細川信良ら公家衆、名門衆、馬廻衆、小姓衆、弓衆、坊主衆といった直属の騎馬隊が延々と続く。

「坊主衆」として参加

友閑はこの坊主衆のなかに、謡曲山姥《ようきょくやまうば》の主人公に扮した武井夕庵、そして楠長諳や長雲軒妙相《ちょううんけんみょうそう》とともにあった。つまり、信長家臣団における友閑の位置づけは、右筆や奉行などに携わる法体《ほったい》の側近グループに属すということだろう。試乗までして臨んだ友閑の装いをものがたる史料が残されていないのは残念であるが、信長の命に従い、きらびやかな衣装を調えて参加していたに違いない。

そして最後に、信長その人の登場である。頭上には唐冠《とうかんむり》、首に梅の花をさしている。小袖は紅梅に白の段々、桐唐草《きりからくさ》模様、そのうえに唐物《からもの》の錦の小袖という装い。腰には朝廷より拝領した牡丹の作り花、熨斗《のし》付きの太刀、脇差し、鞭をさし、革手袋は桐紋のある白い皮、沓《くつ》は上部が唐錦の猩々皮という出で立ちで、あたかも住吉明神《すみよしみょうじん》が出現したかのような姿であったという（『信長公記』）。『御湯殿の上の日記』によれば、この日の信長を目にした「あここ」なる女官が信長に恋いこがれてしまったことが語り草となっていたという。

信長一世一代の文化の祭典

また、この日のパレードでは馬そのものも各地から集められた名馬、駿馬であり、その装身具も鞍の上に掛けられた唐織物の敷物や金襴の障泥《はふり》（泥よけ）であったりと、騎乗の人々に負けず劣らず、見物人たちの目を驚かせるほど豪華なものであった。かつて、この馬揃えは軍事パレードや観兵式などに置き換えられ、朝廷への一大示威行為と解釈されていたこともあった。だが、これまで見てきたように、武装した集団ではなかったことから、信長の文化力、経済力を誇示するファッショナブルな祭典と見るべきであろう。信長がこよなく愛する唐物文化と武芸の象徴でもある馬に焦点を絞った、信長一世一代の文化の祭典である。まさに、武家の本道である文武両道を体現していたとも言える。信長の意図は、自らの個性によって作りあげた世界観を広く宣伝し、信長のもと寧日、つまり平穏な日々が訪れたことを示すところにあったのだろう。後に天下を統一した秀吉が北野《きたの》大茶湯《おおちゃのゆ》を開催したおり、信長の馬揃えを模倣したと揶揄《やゆ》されることになるが（『多聞院日記《たもんいんにっき》』）、秀吉は信長のコンセプトを茶の湯に置き換えて、模倣したのである。天下人としてのイメージ戦略がいかに大切であったのかを、秀吉は信長から学び取ったということだ。

その秀吉、実は馬揃えには参加することができなかった。吉川経家《きっかわつねいえ》が守る鳥取城《とっとりじょう》攻略のため、姫路《ひめじ》を動くことができなかったのである。しかし、信長の小姓長谷川竹《はせがわたけ》（秀《ひで》一《かず》）へ宛てて、馬揃えのうわさが聞こえてくるので、せめて皆の衣裳について知りたいと書信している（『文書の研究』下巻九一一号参考文書）。三月五日のことであった。その月末の二十九日、秀吉は上洛し、友閑と村井貞勝、貞成《さだなり》父子とともに清水寺《きよみずでら》で酒宴を催し、地下《じげ》の手中楽《てさるがく》を観覧した（『兼見卿記』）。

四月一日、京都に滞在中の友閑は兼見の来訪を受け、吉田社《よしだしゃ》修理の一件を信長に取りなしてほしいと依頼される。友閑は「ぜひ吉田社を再興するべきでしょう」と返答し、信長への取次を了解した（『兼見卿記』）。

千利休の動向

そして翌二日、友閑が京都を発ち安土へ下向する予定であることが千利休の書状に見える。これは京都大徳寺の門前に居を構えた利休から、摂津平野《ひらの》の豪商である末吉勘兵衛《すえよしかんべえ》に宛てたもので、桑田忠親氏によって紹介されて以来、信長時代の利休の立場を如実に示す史料として重要視されている（『定本千利休の書簡』）。ここには多岐にわたる内容が記されているので、本書に関連あることのみ紹介しよう。①友閑へは今日（四月一日）連絡するが、友閑は明日あたり安土へ下向すること、②秀吉は四、五日前に上洛したが、明日安土へ下向すること、③光秀とは長らく面会していないので悲しく思っていること、④去る二十九日は秀吉による清水寺での大盤振る舞いが行われたこと、⑤信長の上洛が延期となったこと、以上の五点だ。

利休は昨年末頃、大徳寺門前に屋敷を構え、再婚した宗恩《そうおん》の連れ子少庵《しょうあん》を住まわせることにしたが、利休自身もそこを拠点として、信長をはじめ友閑や秀吉らの動向を存じていたことは注目してよい（米原『天下一名人　千利休』）。友閑と「堺衆」との関係は、茶会記を残した津田宗及を中心としたグループとの交流に終始していたように見えるが、実はそうではなく、利休との親交もあり、また利休が思いのほか情報通であったこともわかる。とりわけ、秀吉との交誼がこの頃より深められていったことは、後の歴史を考えると非常に興味深いものがある。

安土に下向した友閑は、十四日に宗及を迎えて一会し（『他会記』）、十七日、京都妙蓮《みょうれん》寺《じ》へ書状を送っている（『頂妙寺文書・京都十六本山会合用書類』）。その内容は、高祖年忌《こうそねんき》のため万部の経を読誦したことを結構なことと褒め、友閑を含め諸檀方衆と談合することが肝要である、というものだ。書状の署名は「友閑（花押）」とあり、ここ数年は「友感（花押）」が見られるものの、花押が同一であるので問題なかろう。

友閑の人脈と情報網

さて、本書第三の二で述べたように、友閑は元亀年間より信長の外交官として上杉家を担当してきた。春日山城へも赴き謙信と対面したが、天正九年にいたっても上杉家とはつながりを保っていた。というのも、この年の三月二十八日に能登《のと》（石川県）七尾城《ななおじょう》代《だい》として派遣された菅屋長頼《すがやながより》が、四月二十日に上杉景勝《かげかつ》の家臣である専柳斎《せんりゅうさい》（山崎秀仙《やまざきしゅうせん》）、上条《じょうじょう》入道（宜順《せんじゅん》）、須田相模守《すださがみのかみ》（満親《みちちか》）へ宛てた書状に、「自分のもとには一通も知らせが来ないが、友閑のもとには情報が届き、友閑を通して信長の耳にも入っている」と記されているからである（『伊佐早文書《いさはやもんじょ》』）。七尾城代として上杉家との戦《いくさ》のみならず外交面も任されていた長頼であったが、友閑の持つ人脈や情報網にはなかなか達しなかったようだ。

五月に入ると、友閑はほぼ堺に常駐していたと思われる。まず、四日には津田宗及の茶会に秀吉を伴って参会。この日は亭主宗及の名物はもとより、客人である塩屋宗悦、銭屋宗訥、小嶋屋道察《こじまやどうさつ》も所有の名物道具を持参して駆けつけ、各人の名物も飾り付けられた。このところ茶の湯熱が高揚している秀吉のために、それらの拝見を目的として開かれた茶会であったのだろう。出陣を目前に控えた秀吉は、この後、見事鳥取城を攻略し、信長から破格の褒賞として一二種の名物を拝領することになるが、この日の道具拝見が刺激となり、奮闘したのかもしれない。そして、友閑は宗及自慢の「不破香炉《ふわこうろ》」を四方盆《よほうぼん》に据えて床の間に飾る所作を行った。秀吉へ手本を示すという意味もあったのだろう（『自会記』）。

槇尾寺へ検分に赴く

そして八日、信長の命を受けた堀秀政《ほりひでまさ》による指出を拒否した和泉槇尾寺《いずみまきのおでら》を焼き払うにあたり、友閑は織田信澄《のぶずみ》、蜂屋頼隆、堀秀政、丹羽長秀とともに検分に赴き、一両日滞在している（『板原家文書《いたはらけもんじょ》』『信長公記』）。続いて十六日には、山上宗二の会に参席し、二十二日には尼崎森嶋宗干《あまがさきもりしまそうかん》の茶会へ、翌二十三日には、平野道是《ひらのどうぜ》の会に赴いた（『他会記』）。この日は終日、宗及とともに道是の「肩衝《かたつき》の開き」つまり道是が入手した名物「木辺《きのべ》肩衝」披露の会に興じた。これは、戦国時代の堺の茶人北向道陳《きたむきどうちん》が所持していた茶入だ。目利きとして知られていた道陳の旧蔵品ということで、評価も高く、その扱い方にも口《く》伝《でん》があった（『山上宗二記』）。それゆえ、三月二十一日には上洛中の信長のもとに参上した道是がこれを携え、上覧に供した（『他会記』）。そのような「木辺肩衝」を友閑が床飾りしている。友閑の茶の湯の技量ならびに知識のほどをうかがい知ることができよう。また、道是はこの日のために、鮎の焼き物、まなかつお、うなぎ、白鳥の刺し身、ひばりの焼き鳥といった饗膳に、りんごや五月桃など七種の菓子を用意して客人を歓待している。友閑の五感を満足させた一日であった。

それから友閑の動向が知られるのは、八月一日、信長が安土で開催した馬揃えの日のことである。信長は二月に行った京都馬揃えの成功に気をよくしてか安土でも行うこととし、この日は白い衣裳に虎革の行縢という姿で芦毛の馬に乗り、近衛前久や織田一門衆らとともに馬上の人となった（『信長公記』）。友閑がこれに参列したのかどうか定かではないが、この馬揃えを見物するため安土に参上した宗及の『他会記』に友閑の姿が見える。

信長より宗及へ「文琳」の返却

それによれば、馬揃えの翌日十三時頃、信長は小姓の長谷川竹を使者として、昨年取りあげていた津田家の名宝「文琳《ぶんりん》」をこの機会に返却すると伝えた。信長としてはすぐに返却しては世間体がよろしくないため、「コラシメ」の意味で返却を長引かせていたという。信長と宗及の間に何があったのかは不明であるが、ひとまず一件落着となったわけだ。その「文琳」返却の場に指定されたのが、「宮内法印宿」であった。宗及はその日の十五時頃に安土を発ち、四日の八時頃に堺に帰着。六日の朝には博多《はかた》の嶋井宗叱《しまいそうしつ》を招いて「文琳」披露の会を開いている。そして十一日、あらためて進物を携えて安土の信長のもとに参上したが、信長は進物を受理しなかった。

さて、友閑である。九月から十一月初旬にかけては、勧修寺晴豊へ宛てて小河《おがわ》と嵯峨《さが》の地から得る収入の件を信長に取り次ぎ、その結果を書状で知らせてはいるが（『晴豊公記』十月二十日条）、おおむね茶会に興じる日々であった。その様子を表2（次ページ）に列挙しよう。

堺での茶会の日々

ここで注目したいのは、九月三十日と十一月三日だ。三十日、友閑は宗及の朝会に参席の後、宗及が父宗達《そうたつ》の菩提《ぼだい》を弔うために建立した大通庵《だいつうあん》へはじめて赴いた。そこには大勢の「堺衆」が集まり、風呂に入り、そして本因坊算妙《ほういんぼうさんしゃ》と肩を並べる碁打ちの利玄《りげん》（日蓮宗僧侶）と囲碁に興じた。友閑は風呂と芸能による、いわゆる淋汗茶湯《りんかんちゃのゆ》で、初秋とはいえ、酷暑の一日を楽しんだのであった。

闘茶を主催

ついで十一月三日の夜、友閑は珍しい趣向の茶会を催した（『他会記』）。それは宗及の表現で言うなら「宮法にて御茶合《ちゃあわせ》」すなわち闘茶《とうちゃ》の会である。この日、友閑は池田恒《いけだつね》興《おき》に遣わしていた葉茶壺が戻ってきたことを機に、宇治を代表する茶師である森と上《かん》林《ばやし》両家の茶を用意し、天王寺屋了雲、銭屋宗訥、本住房《ほんじゅうぼう》、山上宗二、森嶋宗干、宗及を招いて茶銘を当てるゲームに興じた。宗及は「アタリ候」と記しているが、果たして

表2　天正九年九月から十一月の堺での茶会

月日	亭主	客人	趣向
九月　二日	山上宗二	友閑、宗及	
六日	万代屋宗安	友閑、薬師院円璡、宗及	風呂
七日	友閑	水落宗恵、宗及、藪内道和	
三十日	津田宗及	友閑	風呂と囲碁
十月　四日	津田宗及	友閑、池田恒興、森嶋宗干	
七日	祐長宗味	友閑、宗及	「玉垣文琳」を拝見
十二日	山上宗二	友閑、宗及	
二十五日	友閑	塩屋宗悦、宗及、今井宗薫	「胡桃口」の披露
二十六日	銭屋宗訥	友閑、宗及	
十一月三日	友閑	天王寺屋了雲、銭屋宗訥、本住房 山上宗二、森嶋宗干、宗及	闘茶

勝者だったのかどうか。亭主である友閑は、頭役《とうやく》すなわち幹事として点前をしたに違いない。

茶の湯の歴史を振り返ると、闘茶が流行したのは南北朝時代のことだ。鎌倉時代に抹

石茶臼（吸江寺所蔵）

茶文化が浸透し、また各地で茶の栽培がはじまると、京都栂尾《とがのお》産の茶を「本茶《ほんちゃ》」、それ以外の産地の茶を「非茶《ひちゃ》」として二種類の茶を飲みわけ、それを当てる勝負事が行われるようになった。時代とともに茶の種類が増え、例えば「四種十服《よんしゅじゅっぷく》」（『元亨釈書《げんこうしゃくしょ》』紙背文書）、つまり四種類の茶を一〇回戦飲みくらべて、当てた回数を競うというように複雑化した。そして、勝者に与えられる景品（多くの場合唐物であった）の点数が増えたばかりか、その価格までもが高まり遊芸の域を逸脱してくると、室町幕府初代将軍足利尊氏《たかうじ》によって、それを禁ずる法令が出された（『建武式目《けんむしきもく》』）。

しかし、闘茶の持つ「一味同心《いちみどうしん》」の性質、すなわち精神的な結合を生み出す力は、寄合《よりあい》の文化の根幹をなすものである。室町時代以降、唐物を絶対視した「大名茶湯《だいみょうちゃのゆ》」とわび茶人のめざす「わび茶」というように、その趣向を変えながら茶の湯が発展をとげてもなお、闘茶の持つ性質は茶会における「一座建立《いちざこんりゅう》」の精神に継承されていたに違いない。そして、茶の湯の歴史のうえではすでに廃れていたと言われている闘茶が、友閑を中心とした「堺衆」の結束を高めるために、また維持するためにこうして行われていたことは興味深いものがある。友閑が先月参加した淋汗茶湯もそうだが、茶会の形式にとらわれない、中世初期の特色を色濃く残す茶の湯を通じて、友閑は堺の代官として「堺衆」およびその周辺の茶人らと交流していたのである。いわば、茶の湯の場が持つ「一味同心」の精神こそ、堺代官としての友閑を支える基盤であったということであろう。

安富父子への手紙

さて、友閑はこの月、信長の御意伝達役として新規の任務にも携わっている。友閑にしてはあまり例のない、軍事面に関する信長の指令を讃岐《さぬき》（香川県）の国人である安富筑後守《やすとみちくごのかみ》（盛方《もりかた》か）と又太郎《またたろう》（盛定《もりさだ》か）父子に伝えた（『志岐文書《しきもんじょ》』）。十一月十三日のことであった。全文を紹介しよう。

このたび、淡路《あわじ》の件（十七日に秀吉らの攻撃により、安宅清康《あたぎきよやす》が守る淡路島岩屋城《いわやじょう》が陥落したこと）がすべて片付きました。その様子はすでにご存じのことでしょう。ついては、上様（信長）が阿波と讃岐への侵略を三好康長に命じられました。その時にはあなた方も軍勢を出し、両国を残らず平定するようにと上様のご命令です。この旨、確かに伝えるようにとの上意（信長の意向）ですから、あなた方は奔走することが肝要です。

なお、追って沙汰いたします。

一読して明らかなように、友閑は淡路島征服の直後、信長より四国攻略のプランを伝えられていた。そして、すぐさま御意伝達役として動いている。このことは、後の経緯を考えるときわめて重要な任務であったことがわかる。すなわち、翌年二月、三好康長が四国へ出陣し（『文書の研究』下巻九六七号）、さらに五月には信長の三男信孝《のぶたか》が四国方面の軍事司令官に抜擢され、四国の国人《こくじん》統制に関する指令を受ける（『文書の研究』下巻一〇五二号）。そのなかで、信長は在地にいる国人衆（安富氏をはじめ香川《かがわ》氏、香西《こうざい》氏など）の忠義のほどを見極め、存続か追放か、その処置を適正に行うよう命じている。このことから、友閑の安富氏への接触は、信長が信孝を中心にして制圧しようとした四国方面への根回しに着手したものと考えられよう。それは安富氏だけではなかったのかもしれない。

堺代官の管轄範囲

友閑がこうした任務を新たに任せられた理由として考えられることは、友閑が信長の意を直接受ける立場にあったことに加え、四国が堺代官の地域的管轄内であるがゆえであろう。実際、天正十年五月二十九日、信孝が瀬戸内海を渡り、四国攻めを開始するにあたり、軍勢を堺に陣取りしようとしたところ、堺南北荘がもってのほか迷惑するのでやめるよう伝えてきたのは友閑なのであった（『宇野主水日記』）。

十一月二十七日昼、友閑は堺におり、塩屋宗悦以下四名の「堺衆」を招き、佐久間信栄旧蔵の「肩衝」を披露した（『他会記』）。それからほどなくして、友閑は上洛したと思われる。というのも、十二月四日、村井貞勝が友閑邸を訪れているからである。その目的からして、場所は京都の友閑邸と考えられる。

宇治平等院の相論

貞勝は、宇治平等院《うじびょうどういん》住持職をめぐる相論《そうろん》で、青蓮院尊朝法親王《しょうれんいんそんちょうほっしんのう》の勝訴となったことを確認するために、友閑を訪ねたのであった（『華頂要略《かちょうようりゃく》』『青蓮院宮日記抄』）。

信長の裁決

この相論については、奥野高廣氏の研究に詳しい（「宇治平等院と織田信長」）。すなわち、この年の八月より、石清水八幡宮の新善法寺氏《しんぜんぼうじし》がその職に就こうとして青蓮院と争っていた。正親町天皇が青蓮院の推す人を院家《いんげ》にせよとの綸旨を出したが解決にいたらず、勅使および青蓮院の使者が安土の信長のもとへ下向した。十一月十五日のことだ。また、ことが住持職にとどまらず、平等院領の横領問題にまで及んだため、宇治に家領を有する近衛前久までも巻き込むことになった。信長の判断は、①住持については無案内のため、青蓮院側で相談して適当な人物を迎えたらよい、②しかし、前久と相論するとはいかがなものか、③平等院領は信長の直轄領内のことであるから、「代官」に申し付ける、というものであった（『文書の研究』下巻九六一号）。村井貞勝は、こうした点を友閑と相談しにきたわけである。翌五日、新善法寺氏を担ぎ上げ、平等院領を横領していた「宇治七人」なる土豪《どごう》グループは、宇治より退散。そして十五日、信長の指示を受けた友閑は宇治に下向し、かの七人を処断し、ひとまず落着となった。

宇治の代官

さて、この一件に友閑が関わった理由として、奥野高廣氏は、友閑が堺代官とあわせて山城国《やましろ》（京都府）の蔵入地《くらいりち》代官もつとめていたからであろうとしている。つまり、そこに含まれる宇治についても代官としての立場で介入したということになる。そのように考えれば、天正七年九月に、友閑が信長より平等院の橋梁工事を命じられていた理由も理解できるかもしれない（本書第六の四）。

その後、友閑は堺へ戻り、二十四日、祐長宗味《ゆうちょうそうみ》とともに宗及の茶会に参席し（『自会記』）、まもなく信長の待つ安土へと出立したことであろう。この一年を振り返れば、天下馬揃えにはじまり、いくつか側近としての役割を果たしたものの、おおむね茶会三昧のおだやかな日々であった。むろん、信長による天下平定が現実的となったゆえのことである。まさしく米原正義氏が表現するところの「王国の寧日」を謳歌した天正九年であった。

三　信長のもとでの最後の任務

天正十年（一五八二）元日、この日は四年ぶりに信長への元旦出仕が行われた。絶頂期にある信長のもと、死傷者が出るほどの群衆が安土城につめかけた。諸国より参上した大名、小名《しょうみょう》らは礼銭一〇〇文を信長に直接手渡し、安土山内の惣見寺《そうけんじ》を通り、天主の下にある白洲《しらす》で信長より新春のことばを賜り、それから天皇を迎えるための専用の部屋である「御行幸の間」の拝見を許された（『信長公記』）。

そのなかには堺より馳せ参じた五名の「堺衆」今井宗久、千利休、山上宗二、津田宗及、今井宗薫《そうくん》の姿もあった。宗及は「御行幸の間」拝見の様子を記しているが、それによれば、並みいる家臣のうち一番目に拝見を許されたのは、明智光秀と友閑の二名であったという（『他会記』）。この一事をもって、いかに信長が友閑を評価していたかをうかがい知れよう。

茶湯者としての友閑

五日、友閑は滞在中の「堺衆」を招いて茶会を開いたようだ（『今井宗久茶湯書抜』）。記録のうえでは、これが友閑の天正十年初釜ということになる。宗及の『他会記』に見えないので多少疑問だが、その道具組を紹介しておく。床の間には、白椿を生けた青磁《せいじ》

「砧《きぬた》」の花入が飾られ、台子《だいす》に鳥井引拙《とりいいんせつ》旧蔵の三点「縁桶」「合子」「胡桃口《くるみくち》」が取り合わされていたという。この水指《みずさし》、建水《けんすい》、柄杓立《ひしゃくたて》の三つ組みは、この先もたびたび友閑の茶会に登場することになるのだが、友閑が古今の名人と仰がれていた引拙の三点を入手したことは注目できよう。すなわち、当時の茶人の間では、「茶湯者」となるためには、珠光や引拙、紹鷗といった往年の名人が心にかけてきた「善《よ》き道具」を所持しなければならないと認識されていた（『山上宗二記』）。つまり、友閑には「茶湯者」として生きる覚悟や心がけがあったということになろう。友閑は茶の湯の造詣が深かったとしばしば言われるが、もはやその範疇を超えていることを読みとるべきなのである。

十四日、本願寺より年頭の使者として八木駿河守や下間仲之らが安土に参着。使者と対面した信長は一段の上機嫌で、顕如へ白鳥や鶴を贈った。おそらく、その場には友閑も近侍していたことであろう。実際、それに対する顕如よりの礼状を友閑に届けたことが『宇野主水日記』に見える。また、その頃、友閑が下間仲之の法印叙任《じょにん》について、勅使の庭田重保、勧修寺晴豊とともに内々に沙汰をしていることも同日記に記されている。一昨年前の勅命講和以降、友閑と勅使との親交は続いており、また信長政権の窓口として、友閑が多様な任務をこなしていたことを示す一例だ。

十八日、信長は友閑を召し寄せて、「来たる二十八日に名物を持参して上洛し、京都で茶会を開く」と伝えた。それは博多の豪商嶋井宗叱に、自慢のコレクションを披露するためだとも語った。ついては、この茶会に参席したい「堺衆」は上洛するように、とのことであった。すぐさま、友閑はこの旨を昵懇の「堺衆」である塩屋宗悦、銭屋宗訥、津田宗及、尼崎宗也《あまがさきそうや》に書き送った。というのも、宗叱がこの四名のいずれかの邸内に滞在中であったからである。現在、『島井文書《しまいもんじょ》』におさめられているこの友閑書状は、四名の「堺衆」を介して宗叱に手渡された、いわば信長よりの招待状なのであった。

かつて、信長は茶会の場を通して「堺衆」を懐柔したように（本書第四の二）、今度は博多を代表する豪商茶人で、かつ豊後大友氏のいわば御用商人でもあった宗叱に狙いを定めたということであろう。宗叱は天正七年頃より天王寺屋グループと接触しており（『島井文書』）、翌八年にははじめて堺を訪れ、宗及をはじめとする「堺衆」と交流している（『自会記』『他会記』）。そのような情報を熟知していた友閑は、信長よりの誘いを「堺衆」に伝えたわけである。

しかし、これはいわば幻の茶会となった。実現されることはなかったのである。なぜなら、正月二十八日の信長の上洛は四ヶ月後に延期されたからである（『兼見卿記』）。それについては、後に述べることにしよう。

正月二十八日、紀州（和歌山県）雑賀で、鈴木孫一《すずきまごいち》が土橋平次《つちはしへいじ》を殺害するという事件が起きた。孫一は、昨年平次に継父を打ち殺されたことの遺恨を晴らしたわけだが、信長は孫一を擁護し、援軍として織田信張《のぶはる》（義理の従兄弟）を派遣した（『信長公記』）。二月六日にいたり、さらに信長は警固のため野々村三十郎《ののむらさんじゅうろう》（正成《まさなり》）を使わし、鷺森にいる顕如へ「気遣いは無用に」としたためた朱印状をも託した。十三日、友閑も「内ノ者」すなわち家臣の等見《とうけん》を派遣し、翌日、野崎六兵衛なる家臣を野々村三十郎につけた（『宇野主水日記』）。友閑自身は現場に赴いていないものの、友閑が信長や信張の動向に合わせて、間接的ではあるが、軍事行為に関わっていたことを示す珍しい事例である。本願寺に絡むことは、友閑の任務内ということであろう。

連歌会に参席

十八日、友閑は「光源氏物語饗宴の会」と銘打った山何連歌会《やまなにれんがえ》に参会。主催者は脇句《わきく》を詠んだ勝熊、すなわち後の松永貞徳《まつながていとく》と思われ、発句《ほっく》は勝熊の師であった九条稙通《くじょうたねみち》が詠んでいる。友閑は第三句を詠んだ細川藤孝の上《かみ》の句に対して「雨のはれまの　日はかすがなり」と下《しも》の句を唱和している。その他の連衆として宇喜多《うきた》安津（忠家《ただいえ》。直家《なおいえ》の弟）や大村由己《おおむらゆうこ》らの名が見える（『白山万句《はくさんまんく》』）。

「信長御物」の管理

三月五日午前八時頃、津田宗及は甲斐《かい》（山梨県）武田氏討伐のため出陣する堂々たる信長の本隊を安土に見送った。そのおり、宗及は安土の友閑邸で信長が所有する天下無双の葉茶壺「松嶋」を拝見したことを『他会記』に記している。友閑は「信長御物」の管理も行っていたということであろうか。

信長の出陣を見届けた友閑は、ほどなくして堺へ戻ったと思われる。十五日の朝、利休の娘婿である水落宗恵《みずおちそうけい》の茶会に出座しているからである（『他会記』）。この日は宗恵が数日前に入手したばかりの紹鷗名物「円座《えんざ》肩衝《かたつき》」を披露する目的で開かれた。相伴《しょうばん》は宗及である。しかし、これは実質、友閑ひとりのための開きの会であった。なぜなら、すでに宗及はひとり呼ばれて「円座肩衝」を拝見していたうえに、宗恵たっての願いにより点前まで行っていたからである（『他会記』）。ちなみに、この「円座肩衝」は、茶入としてその形や恰好におもしろみがあったが、口が少々広い点が難点であったようだ（『山上宗二記』）。

信長よりの手紙

三月十七日、信長は友閑へ宛てて長文の書状を記した（『文書の研究』下巻九七八号）。それは、①去る十一日に滝川《たきがわ》一益《かずます》の軍勢が武田勝頼らを討ち取り、また武田信豊《のぶとよ》、仁科《にしな》盛信《もりのぶ》らの頸《くび》も到来したこと、②尾張、美濃の浪人ども土岐《とき》頼芸《よりなり》、織田信賢《のぶかた》、織田信安《のぶやす》を捕らえたこと、③近江六角《ろっかく》承禎《じょうてい》の子次郎と若狭武田信景《のぶかげ》を切腹させたこと、といった快進撃を伝える内容であった。信長はこのような短期間で平定できたことを「我ながら驚いている」と思わず本音をもらし、近々安土に帰国するが、出迎えなどは無用であると断り、最後に注目すべき文章で締めくくった。それは次のようである。

武田軍へ快勝した詳細は、まだ安土へも伝えていない。京都、五畿内はもとより中国地方で在陣中の羽柴秀吉にまで、あらゆる方面に残らずこのたびの戦勝を伝えよ。そのためにこの書状をしたためたのである。

信長がこの勝利を真っ先に伝えた相手は、堺で待つ友閑なのであった。信長は友閑をいわばスポークスマンとして、この大勝利を方々に宣伝する役目を命じたのである。

友閑の広報活動

これを受けた友閑は、すぐさま安土に京都に五畿内にと、各方面へ「信長勝利す」との吉報を知らせたに違いない。事実、紀伊の鷺森にいる顕如の側近宇野主水は、友閑から信長黒印状《こくいんじょう》の写しを受けとっているし、大和の興福寺蓮成院《れんじょういん》へも届いていたことが、それぞれの日記に見える。また、朝廷もすぐさま戦勝を祝うべく、万里小路充房《までのこうじあつふさ》を東国へ派遣した（『兼見卿記』）。信長は最も信頼を寄せる友閑に広報活動を託したということであり、また友閑にとってははじめてのスポークスマン役であった。

二十日に開かれた友閑の茶会でも、武田勝頼が討ち果たされ、信濃《しなの》、甲斐、駿河が信長によって平定された旨が記されているので、茶席ではタブーであったにもかかわらず、このたびの大勝利が話題となったのであろう（『他会記』）。当時より、茶人の常識として茶席で御法度とされる話題があった。それは牡丹花肖柏《ぼたんかしょうはく》の狂歌「我仏《わがほとけ》　隣の宝　聟《むこ》　舅《しゅうと》　天下の軍《いくさ》　人の善し悪し」とあるように、宗教、財産、家庭内の愚痴、政治、ゴシップである。茶会を一生に一度しかない場、すなわち一期一会と心得て主客ともに茶の湯に集中せよという意味であるが、この時ばかりはそれを忘れさせるほど、信長の快進撃を祝うムードであったのだろう。そして、何よりもまず尊ぶべきは茶席でのルールより信長の命令であったということだ。

四月十日、信長は甲斐を立ち、安土への帰途につく。『信長公記』によれば、信長を接待するため街道筋には美しくしつらえた茶屋がところどころに設置されていたという。信長は駿河、遠江《とおとうみ》（静岡県）の景観を眺めながらゆっくりと凱旋し、二十一日、安土に帰城した。

その頃、友閑は雑賀衆へ貸していた二年越しの代物として五〇貫が返金された。四月十日のことである（『晴豊公記』）。そして十五日、上洛して利休、宗及、嶋井宗叱、今井宗薫を招いて茶会を開いている（『他会記』）。この時、宗叱に対しては三ヶ月前の上洛延期のことなどがあらためて説明されたであろう。十八日、本願寺坊官の下間仲之の来訪を受け、信長の帰城が二十一日であることや、友閑自身は二十二日に堺を発足して安土へ参上することなどを伝えた（『宇野主水日記』）。長きにわたり本願寺との和睦交渉を行ってきた友閑は、今や本願寺へ信長の予定を伝える窓口となっていたのである。むろん、信長が顕如へ発給する書状に副状を書くこともすでに定例化している（『文書の研究』下巻一〇一六号)。

勅使一行をもてなす

そして二十三日、信長の凱旋に合わせて予定通り安土に参上した友閑は、勅使一行を迎える。安土に到着した庭田重保、勧修寺晴豊、甘露寺《かんろじ》経元《つねもと》、白川雅朝王《しらかわまさともおう》は、まず友閑邸に赴き、正親町天皇や誠仁親王から託された信長への進物を渡した。取次である。また、友閑自身も礼銭やゆかけなどの進物を受け取り、勅使一行を素麺や大酒でもてなした(『晴豊公記』)。賓客接待の最たるものであり、また最高位の側近として勅使への対応を全面的に任されていたことを意味する。

五月四日、再び勅使一行が安土に下向してきた。晴豊が友閑邸を訪れて進物を渡しているところへ、安土城内にいる信長が小姓の森乱《もりらん》(成利《なりとし》)を遣わし、その用件を尋ねた。そこで晴豊は「関東打ちはたされ珍重《ちんちょう》候間《あいだ》、将軍になさるべきよし」との意向を伝えた(『晴豊公記』)。前年、信長が左大臣推任を受諾しなかったことから、朝廷としては武田氏を討ち果たしたこのタイミングで三職推任《さんしきすいにん》、すなわち太政大臣《だじょうだいじん》か関白か将軍かのいずれかの官職に信長を推任しようと考えていた。そのための勅使下向であった。それに対し信長は、「返答を用意しないまま勅使と対面することはできない」として、なかなか面会に応じなかったのであるが、二日後にようやく実現した(『晴豊公記』)。しかし、信長はそこでの返答を避けた。信長が三職推任に対していかなる回答を用意していたのか諸説あるものの、今となっては永遠の謎である。

友閑と宗及の一客一亭

十七日朝、友閑は安土で宗及を招いての一客一亭《いっきゃくいってい》を開催（『他会記』）。床の間には玉澗筆「煙寺晩鐘」を掛け、四方盆に据えた「肩衝」を飾っている。台子には定張釜《じょうはりがま》と鳥井引拙旧蔵の三つ組み（「縁桶」「合子」「胡桃口」）を置き合わせている。格調高い道具組だ。この日は「宗及一人、すなわち茶堂《さどう》仕《つかまつり》候、この御茶湯、始《はじめ》ての也」とあり、友閑は点前することなく、宗及は自身で点てた茶を喫するというはじめての試みがなされている。かつて、信長も宗及ひとりを招いた岐阜城の茶会で同じことをしている（『他会記』）。

桟敷席で観能

十九日、安土山内の惣見寺にある能舞台において、信長お抱えの幸若八郎九郎《こうわかはちろうくろう》による舞、翌二十日には丹波猿楽《たんばさるがく》の梅若大夫《うめわかたゆう》による演能があった。いずれも十五日より安土に滞在している徳川家康一行をもてなすために開催されたものだ（『信長公記』）。この日の桟敷席《さじきせき》（貴賓席、本書第五の二）に友閑の姿があった。『信長公記』によれば、桟敷席で鑑賞したのは信長をはじめ、主賓格の近衛前久、家康とその与力である穴山梅雪《あなやまばいせつ》であり、信長家臣のうち同席を許されたのは楠長諳、長雲軒妙相、武井夕庵、そして友閑の四名であった。そのほか信長の小姓衆、馬廻衆、年寄衆、それに家康家臣衆は芝居《しばい》（桟敷席と舞台の中間にある土間《どま》で、いわゆる大衆席）での見物であったというから、「坊主衆」としてひとつのグループをなしていた側近のみが桟敷席での観覧を許可されたことがわかる。

二十一日、家康一行は安土を後にして京都へ向かった。それは信長よりの提案で、心静かに京都、大坂、奈良そして堺を見物するよう計画された、いわば観光旅行であった。そのため、信長は案内者として長谷川竹を同行させ、また織田信澄と丹羽長秀の両人を大坂での接待役に命じた（『信長公記』）。堺での家康饗応役を仰せつかったのは、もちろん友閑である。友閑は安土より堺へ戻り、「堺衆」に命じて家康を歓待するため、万事ぬかりなく差配し、その準備にとりかかった（『宇野主水日記』）。

信長、名物とともに本能寺へ

二十九日、信長は安土を出発し上洛。京都からすぐに中国地方へ出陣する予定であったため、供の者は小姓二、三十人ばかりであったと『信長公記』は伝える。そして、短い京都滞在の間に、延期となっていた博多の豪商嶋井宗叱のために茶会を開くつもりで、自慢の名物を携えていた。その主だった名物四〇点ほどは、六月一日付けで右筆の楠長諳が宗叱へ宛てた書状に列挙されている（『仙茶集』）。天下無双の「つくも茄子《なす》」にはじまり、本願寺より贈られた「白天目」、駿河今川氏旧蔵の「千鳥の香炉」など信長が終生愛用した逸品揃いであった。また、長諳の書状には、大道具のため運搬できなかった葉茶壺「三日月」「松嶋」、掛け軸の「岸の絵」「万里江山《ばんりこうざん》」「虚堂墨跡《きどうぼくせき》」は安土に残してきたので、別の機会にあらためて拝見を許可するとも記されている。

大型の道具である葉茶壺や掛け軸を持参しなかったにしても、四〇点近い茶道具を運ぶことは至難の業であったに違いない。ことによると供の小姓衆を上まわる運搬人が必要であったのではないだろうか。というのも、時代はかなりくだるものの、江戸後期の松江《まつえ》藩主にして大名茶人としても名を馳せた松平不昧《ふまい》が名物を運搬した際の用具がそれを示しているからだ。天下の名宝「油屋《あぶらや》肩衝」を入手した不昧は、参勤交代の際もこれを携帯するために専用の運搬用具を誂えた。それらは「油屋肩衝」とともに現存しているが（畠山記念館『大名茶人松平不昧の数寄―「雲州蔵帳」の名茶器―』）、茶入の内箱、外箱にはじまり、付属品をおさめるための箱、そしてそれらすべてを収納し運搬するための笈櫃《おいびつ》にまでおよぶ。ひとにぎりの茶入と道中をともにすることの大変さをうかがい知ることができよう。したがって、信長の上洛も決して身軽な行列ではなかったと思われる。また、そこまでしても宗叱を招待したかった信長の茶会にかける強い想いを見てとることができよう。

堺で家康一行を迎える

一方、友閑は信長が安土を出発したまさに二十九日、堺に入津した家康一行を出迎えている（『宇野主水日記』『他会記』）。この日の夜は、友閑邸でおちつきの振る舞いがあった。これは到着してまず一献を勧める意味で、いわばねぎらいの饗応を言う。友閑がいかなる饗膳を用意していたのかを示す史料は残されていない。だが、家康一行が安土に到着した五月十五日に、信長が供したおちつきの献立を見ると、武家の本膳料理（七五三の膳）

が五の膳まで出され、鯛の焼き物、鯉の汁、鶴の汁、焼き鳥、まなかつおの刺し身、うなぎといった高級食材が並んでいた（『天正十年安土御献立』）。おそらく、友閑も信長にならって山海珍味を取りそろえ、家康一行を迎えたことであろう。また、この日は顕如よりの使者として八木駿河守が酒や鯛、鱧《はも》、まんじゅうなどの進物を携えて来訪した。喜んだ友閑は、八木駿河守を家康接待の座敷に招き入れたという。さぞかしにぎやかな宴であったであろう。

三通りの茶会

翌六月一日、友閑は朝、昼、晩と茶会を企画し、三通りの茶の湯で家康をもてなした。朝会の亭主は今井宗久だ。「御茶をさしあげるように」と友閑から指示のあったことが『今井宗久茶湯書抜』に見える。昼会の亭主は津田宗及だ。やはり友閑よりの命で準備をすすめたことが『他会記』に記されている。そして、晩会の亭主は友閑その人である（『宇野主水日記』）。亭主が違えば茶会の趣向も雰囲気もがらりと変わるわけで、友閑が家康を三者三様の茶会で楽しませようと意図していたことがわかる。当時の常識で言えば、最も尊ばれたのが朝会で、次が夕会、その次が午時《ごじ》（昼会）と不時茶会であった（『烏鼠《うそ》集《しゅう》』）。つまり、「堺衆」のうち最も重鎮と見なされていたのは、今井宗久であったと考えられよう。

利休主催の茶会

ところで、このところ頭角を現している千利休の名が見えない。しかし、五月二十八日に利休が少庵に宛てた書状によれば、「信忠様が堺へ下向される予定であったが、それがとりやめになり、私をはじめ堺南北荘の町衆《まちしゅう》も気落ちし、準備していた茶の湯も無駄になり、かえすがえすも残念でならない」（米原『天下一名人　千利休』）と記している。このことから、このたびの家康接待に信忠が京都より合流した暁には、利休を亭主とした茶会も開かれる予定であったのだろう。そのあたり、友閑はぬかりなく手配していたのである。

友閑邸での酒宴

さて、友閑は六月一日の晩、家康を正客として茶会を行った後、幸若舞を余興としながらの酒宴を開いた。宴席には家康の案内人として、信長と信忠がそれぞれ派遣した長谷川竹と杉原家次《すぎはらいえつぐ》も列座した（『宇野主水日記』）。

幻の本能寺茶会

同日、京都本能寺に滞在中の信長は、上洛を賀すために参上した公家衆と対面し、しばらく雑談をし、「茶子《ちゃのこ》、茶あり」すなわち菓子と茶を出している（『言経卿記』）。このように信長が挨拶のため参集した公家衆に茶を振る舞うことは珍しいのであるが、これは茶会ではない。ましてや、宗叱を招待していた茶会をこの日に開いたとは到底考えられない（田中秀隆「本能寺の変と茶会」）。これまでの信長の茶会を振り返れば、友閑不在の茶会は考えにくく、また友閑も信長の上洛に合わせて堺を出立することが習わしとなっていた。とすれば、家康の堺滞在を終えしだい友閑も京都に駆けつけ、そこで天下の名物を豪勢にしつらえた宗叱のための茶会が開かれる予定になっていたのではないか。しかし、それもまた幻の茶会となったのである。

天正十年の上半期、他に並ぶ者がいないほど信長の信を得ていた友閑は、新規の任務としてスポークスマンを命じられ、勅使への対応や接待も任されていた。友閑の足どりを示す史料から見えることは、例年通り堺と安土、京都を行き来する多忙な側近としての姿である。そして、この先もそのような日々が続くはずであった。

四　亡君信長の重臣として

本能寺の変

六月二日のうちに、堺の友閑のもとへ悲報が届いた。津田宗及や今井宗久の茶会記にその事実が記されている。むろん、友閑が報じたのである。

だが、最も興味深いのは、家康饗応のため、顕如よりの進物を友閑に届けにきていた八木駿河守が鷺森へ持ち帰った情報だ。それは、信長と友閑との関係、友閑の立場、ひいては友閑の人生を端的にものがたる。「上様御《ご》生害《しょうがい》」すなわち「信長自害す」との一報を耳にした友閑は、

友閑の悲傷

取り乱し、正体をなくした

というのである（『宇野主水日記』）。これが、八木駿河守が目の前で見た友閑の真実の姿である。主君信長の死に際して、こうした姿が歴史の記録に書きとめられた家臣はほかにはいない。信長からの篤い信任を得、重用された友閑もまた、かつての弟子である信長にあらん限りの忠節を尽くした。そのような友閑の生き様が、この八木駿河守の報告から読みとれよう。

明智光秀の謀叛は、ようやく訪れかけた「王国の寧日」を崩壊させ、再び「天下錯乱」（『兼見卿記』）を引き起こすことになった。そして、それを制した秀吉の時代。信長の重臣として、友閑はどのように生き抜いたのであろうか。ここからは、それをたどる、いわば旅の第二章である。

秀吉の快進撃

主殺し「明智め」討つべしとの一念で真っ先に行動を開始したのは、羽柴秀吉であった。四日未明に第一報を受けとった秀吉は、それを秘しつつ清水宗治《しみずむねはる》の切腹と高松《たかまつ》開城を条件に毛利氏と和睦（『当代記《とうだいき》』）。六日、軍を動かし、姫路で休息の後、十一日尼崎に着陣。その日、秀吉は堺の友閑へ宛ててこれまでの経過を報じるとともに、「かの悪逆人の首を刎《は》ねて鬱憤を晴らす」と宣言し、友閑との対面の日を願い、追ってまた状況を知らせると結んでいる（『荻野由之氏所蔵文書』）。信長のもとで最高位の側近であった友閑を重んじる様子がうかがえる。

堺より上洛

その友閑が行動を起こしたのは、亡君の二七日《にしちにち》、六月十六日のことである。十三日に秀吉や三男織田信孝、丹羽長秀、池田恒興らの連合軍が山崎の戦いで明智光秀軍を破ったことを見届けた友閑は、堺より上洛した。信長政権の中枢にいた友閑が入京するやいなや、さまざまな問題がもちこまれた。まずは近衛前久の一件で、庭田重保と勧修寺晴豊が来訪した（『晴豊公記』）。信長と仲むつまじい関係にあった前久は、その死を惜しみ嵯峨のあたりで出家し、追善の和歌を詠むなど信長の菩提を弔っていたという（橋本政宣『近世公家社会の研究』）。

近衛前久への疑惑

にもかかわらず、世間では光秀との関係を疑い、信孝や秀吉から嫌疑をかけられていた。それはあまりに謂われのないことであったため、重保と晴豊が友閑に事情説明に赴いたのであった。しかし、前久の身の潔白は友閑に聞き入れられず、二十日、信孝によって前久成敗すべしとの触れが出された。そして、二十三日には、吉田兼見のもとに預けられていた前久の私物が秀吉の手の者によって糾明された（『晴豊公記』）。後日、信孝に対してはその誤解は解けたのであるが、信孝へ前久の一件を「支え申す」すなわち告げ口したのは、ほかでもない友閑であったと前久自身が回想している（『近衛家文書《このえけもんじょ》』）。

本書第六の四で述べたように、友閑と前久は互いに一目置く存在として認め合っていたし、また信長と本願寺との勅命講和ではともに奔走した間柄であった。その友閑による告発であるので、友閑は前久が光秀に加担したと確信していたのであろう。『信長公記』によれば、光秀の軍勢は前久邸の屋根にのぼり、二条御所で応戦する信忠軍に攻撃を仕掛けたと記されている。前久が光秀側についていたのかどうかは別問題として、少なくとも当時、織田家中で前久を黒と見なしていたことは事実なのである。前久にとっては身に覚えのないことであったのであろう。それゆえ、友閑の発言を讒言《ざんげん》と捉えるが、友閑にとってそれは断じて事実を曲げた告げ口ではなかった。真実の告発なのであった。だからこそ、信孝は前久成敗の触れを出し、後日、前久は京都を出奔《しゅっぽん》せざるを得ない状況に追い込まれたのである。

織田信孝との関係

さて、友閑よりの告発を受け入れた信孝であるが、友閑とはいかなる関係にあったのであろうか。信長のみならず、後継者の信忠までも失った友閑は、信孝に従っていた。六月十八日付けで近江日野城《ひのじょう》を守る蒲生賢秀《がもうかたひで》、氏郷《うじさと》父子へ宛てた本願寺坊官下間頼廉の書状に、「三七様（信孝）が本願寺へ深くよしみを通じたいとのこと、宮内卿法印（友閑）と惟住五郎左衛門殿（丹羽長秀）を使者として仰せになりました」（『興教寺文書《こうきょうじもんじょ》』）と記されていることが、そのことを示していよう。信孝は兄信雄とくらべて利発であり、信長家臣からの信頼も篤い人物であったと言われている（『イエズス会日本報告』）。友閑がそのような信孝に従うのは自然の流れであったのだろう。

近年、信長の横死後における政治的混乱期の研究が進んでおり、信孝の位置づけも明らかになってきている。信孝の発給文書を分析した山﨑布美氏は、京都を中心に門跡や公家へ宛てた「継目安堵」（代替わりに際して引き続き所領や職務の安堵を明記する文書）が多数発給されていることに注目し、信孝へ信長在世期の安堵保証が求められていたと指摘する（「織田信孝の継目安堵」）。加えて、世上では信孝が三法師《さんぼうし》（信忠の遺児）が成人するまでは天下を治めるだろうと見られていた（『イエズス会日本報告』）。このように信孝の存在が大きなものになってくると、織田家嫡流三法師を宿老たちが支えていくという清洲会議の決定をゆるがすことになり、またそこから突出していく秀吉との対立も避けられないものとなっていくのは、いわば歴史の必然である。

本願寺顕如と教如の和解

さて、上洛中の友閑の動向を見ていくことにしよう。六月二十一日、勅使として晴豊、蜻庵《せいあん》、重保、中山親綱《なかやまちかつな》、立入宗継《たていりむねつぐ》が友閑邸を訪問。友閑は勅作《ちょくさく》の貝《ばい》（貝殻に入った薫物《たきもの》）を拝領した。今回の用件は本願寺顕如、教如父子の「仲直りの事」すなわち和睦に関することであった（『晴豊公記』）。

両者は天正八年の大坂退城以降、義絶の状態にあったのだが、ここにきて叡慮により和睦の交渉がはじめられ、二十三日に成立を見る。両者の絶縁は信長への体面上のものであり、その信長がこの世を去ったことで和睦成立になったと辻善之助氏は説いている

（『日本仏教史　第七巻』）。信長亡き後も、引き続き友閑が本願寺の問題に関わっているのも、そうした事情によるのであろう。『宇野主水日記』を見ると、友閑がこの一件に同意していることが記されている。

吉田兼見の釈明

翌二十二日、吉田兼見が友閑邸を訪れ、友閑はこれと対面。兼見は友閑を「連々《れんれん》信長へ奏者《そうじや》」つまり長らく信長への取次を担当していた人物と記し、この日は、先日光秀より配分された銀子のことを弁明にきたのであった（『兼見卿記』）。兼見が光秀より銀子五〇枚の寄進を受けたのは、六月九日のこと。それから状況が一転した今、信孝より詰問された兼見は、誠仁親王へ愁訴し、また施薬院《やくいん》全宗《ぜんそう》に秀吉へのとりなしも請い、さらに「連々信長へ奏者」であった友閑へも釈明したのである。あくまで友閑の立場が信長の側近という認識であることは興味深い。

ついで二十三日、高倉永家《たかくらながいえ》の次男にして水無瀬兼成《みなせかねなり》の養子となった水無瀬親具《ちかとも》と、実子が誕生した兼成との家督争いに際して、勅使が出されることになった。友閑はことが刃傷沙汰におよんでいたこともあり、勅使に随行する警固の者を派遣した（『晴豊公記』）。

清洲会議

二十七日、尾張清洲では信長の宿老四名（柴田勝家、羽柴秀吉、丹羽長秀、池田恒興）による清洲会議が開かれた。ここで、三法師を宿老の合議によって主導していくことや、宿老たちの遺領配分が決定された。しかし、友閑はそれには関与せず、京都に滞在して信長在世期より担当していた任務をこなしている。二十七日の午後、晴豊より酒樽と強飯《こわいい》が届けられ、前年より難儀している勧修寺家領の小河地子（収益）の事について対応を請われた。それに対して、友閑はこころよく引き受け、問題ない旨を返答した。そして晴豊へ砂糖、瓜一籠、鱧一〇〇本を使わし、それらを受けとった晴豊は、友閑よりの到来物として瓜を朝廷に進上した（『晴豊公記』）。ちなみに、砂糖は高級な贈答品のひとつだ（江後『信長のおもてなし　中世食べもの百科』）。それから三週間ほど友閑の足どりは不明であるが、七月二十一日には京都におり、まんじゅう五〇個を携えた兼見の来訪を受けている。この日、友閑はことのほか機嫌がよく、しばらく親密にさまざまなことを相談したという（『兼見卿記』）。

平等院住持の入寺延期

八月六日、前年十二月に信長の裁決によって方向性の定まっていた宇治平等院の住持職について、友閑が待ったをかけた。この日、青蓮院尊朝が次期住持となる八歳の藤丸を伴って参内したところ、友閑が入寺延期を伝えてきたのである（『華頂要略』）。翌日、青蓮院は友閑邸を訪れ談合におよんだのだが、友閑の同意は得られず、入寺延期は取り下げられなかった。友閑はその理由として、秀吉へ「申届」をすべきである、と述べたという。この「申届」とは、清洲会議によって山城国などを統治することになった秀吉による領地改めのことで、門跡、公家衆は所領の届け出を行う必要があった。しかし、それを拒否した者たちもおり、青蓮院はそのひとりであった。

友閑が入寺延期を求めた背景には、宇治代官を兼務していた友閑が自らの権益（宇治の所領）を確保する意図があり、それゆえの干渉であったとする見解があるが（山﨑氏前掲論文）、果たしてそうだろうか。友閑としては、住持の入寺以前に決められたことを実行せよと言いたかったのかもしれない。友閑がこれまで携わってきた相論やもめごとの交渉を想起すると、ものごとの筋道を通しながら関係者と話をすすめていく方針を旨としていたように思われるからだ。友閑のような、いわば交渉役のプロフェッショナルがこの期におよんで私情をさしはさむとは考えられず、また信長が最も重用し、絶対の信頼をおいた最上位の側近がそのような了見の狭い吝嗇家《りんしょくか》であろうはずがない。いずれにせよ確かなことは、最高位の信長の側近であった友閑は、信長亡き後も一定の力を有し、その発言力は想像以上に大きいものであったということである。

その後、友閑は堺へ戻ったようで、十五日には銭屋宗訥邸で開かれた夜会に臨んでいる（『他会記』）。参会者は宗及、千利休、天王寺屋了雲、山上宗二であった。この日は中秋の名月を愛でる連歌会も行われた。宗及は「われなりと　まんする月の　こよいかな」と発句を詠んだ。これは清洲会議以降、実権を握った秀吉を風刺した一句とされる（米原『天下一名人　千利休』）。すでに秀吉の側近の地位にあった利休は何を思ったのであろうか。

その頃秀吉は、清洲会議に同格の宿老として参加していたはずの丹羽長秀、池田恒興を実質的な支配下に置き、信孝と結ぶ柴田勝家との対立を深めながらも、着々とその足固めをしていた。友閑はことのなりゆきを静観していたのではなかったか。友閑の動向を示す史料が残されていないことこそ、それを示しているように思われる。

信長の葬儀

友閑の動きが見られるのは、十月に入ってからのことである。十一日より秀吉を喪主として、京都大徳寺の塔頭《たっちゅう》総見院《そうけんいん》で信長の法要および葬儀が行われる。友閑はその準備の一端に奔走している。仏事は十一日の転経《てんきよう》、十二日の頓経《とんきよう》、施餓鬼《せがき》、十三日の懺法《せんぼう》、十四日に総見院開山の古渓宗陳《こけいそうちん》の入室、そして十五日の送葬、十七日の拈香《ねんこう》と続いた（『他会記』）。十一日の転経より五山《ござん》の僧侶がことごとく出頭し、また貴賤群衆が見物に押し寄せ、大徳寺は大変な混乱状況であった（『兼見卿記』）。そのようななか、友閑の姿は『晴豊公記』に見える。転経のはじまる十一日、葬儀に関わる楽人《がくにん》（雅楽《ががく》を演奏する者）が、これほど大規模な葬礼はないので、さらなる手当を大徳寺に要求する事態が生じた。結局、大徳寺より五〇石が支払われることになったのだが、楽人と大徳寺の間をとりもち、調整した人物こそ友閑なのであった。信長在世期より、大徳寺の窓口となっていたがゆえの行動であろう。また、大徳寺伝奏《てんそう》の役についていた晴豊も友閑とともに仲介の労をとり、楽人衆より斡旋料として友閑が三石、晴豊が五石をそれぞれ受領している。この一件から、友閑が信長の生前と変わることなく、もめごとの仲裁に入っている様子を知ることができる。

五ヶ月ぶりに茶会を主催

その後、友閑は二十八日まで京都に滞在していたようだ（『兼見卿記』）。そしてまさにこの日、秀吉と長秀、恒興が京都本圀寺《ほんこくじ》で会し、臨時的かつ形式的ではあるが、信雄を織田家の家督に据えることが決定された。その情報を得た友閑は、十一月には堺へ戻っている。十五日朝、塩屋宗悦、天王寺屋道叱とともに宗及の茶会に参席し（『自会記』）、二十一日朝には宗悦、山上宗二、宗及とともに銭屋宗訥の朝会に赴き、二十五日朝には三好康長と宗及を招いて茶会を開いた（『他会記』）。六月一日に家康を正客とした茶会以来、五ヶ月ぶりの友閑主催の茶会である。この日は盆にのせた「肩衝《かたつき》」がただ一点、床の間に飾られていた。それは休息の間に座敷におろされ、点前に使用された後、宗及の手によって再び床の間に飾られた。明らかに、この日の中心的存在であった。『他会記』にはその名が記されておらず、どの「肩衝」であるのか不明であることが残念である。信長ゆかりの「朝倉《あさくら》肩衝」か、珠玉の「宮王《みやおう》肩衝」（口絵）あたりだったろうか。

この頃、友閑は堺代官としての任務もこなしている。『宇野主水日記』によれば、十一月十六日、本願寺の使者として河野越中が鷺森を出発した。それは、友閑より堺にある本願寺領の年貢など一八〇石あまりを還付するとの連絡があったからだ。その件については秀吉と長秀による書状も出されたという。つまり、友閑は代官として実務にあたったということになる。本願寺は秀吉へみかん二籠、数にして五〇〇個ほどを届けたが、友閑へは「音信なし」と記されている。信長亡き後、友閑の立場、位置づけが少しずつ変化していることが読みとれよう。

翌月四日、友閑は宗及とともに天王寺屋道叱の朝会に参席した（『他会記』）。記録のうえでは、これが天正十年最後の足どりとなる。こうしたわずかな手がかりは、友閑が十一月十二月を堺で過ごしていたことをうかがわせるのだが、とすれば、茶会への参席があまりに少ないように思われる。ちなみに、両月における宗及の『自会記』『他会記』を見ると、宗及が関わった茶会は、十一月が一五会、十二月が二〇会である。このうち友閑の出座が見えるのは、すでに述べたように十一月が三会、十二月がわずか一会である。先の本願寺の「音信なし」と同様、秀吉の時代が到来しつつある今、信長の最高位の側近として大きな権限を有していた友閑は、もはや過去の人となりつつあったのであろうか。あるいは「堺衆」の茶会に興じることのできない事情があったのであろうか。その答えを示す史料は残されてない。だが、信長という大樹を失った友閑の目には、すべての景色が違って見えたことだけはまちがいなかろう。

第八　晩　年

一　混沌とする政局にのまれて

徐々に活動を再開

年が改まり、天正十一年（一五八三）正月七日朝、友閑は千利休、津田宗及、石橋良叱《いしばしりょうしつ》（利休の女婿）を招いて茶会を開いた。記録のうえでは初釜《はつがま》ということになる。この日は、太鼓打ちの観世小次郎信光《かんぜこじろうのぶみつ》が所持していた「菊の絵」が初披露された（『他会記』）。続いて十八日朝、大坂から来た客人の木ノ村屋宗意《このむらやそうい》が持参した「大壺《おおつぼ》」や「肩衝《かたつき》」をしつらえた天王寺屋道叱《てんのうじやどうしつ》邸での茶会に臨んだ（『他会記』）。「肩衝」は京都の豪商大文字屋《だいもんじや》旧蔵の大振りな茶入《ちゃいれ》で、底に室町時代の幕臣細川高国《ほそかわたかくに》のものと伝えられる判が据えられていたという。そして二十三日には、天王寺屋了雲《りょううん》、道叱、銭屋宗訥《ぜにやそうとつ》とともに宗及の夜咄《よばなし》に参会した（『自会記』）。徐々に活動を再開したかのようである。

翌閏《うるう》正月四日、織田信雄《のぶかつ》が三法師《さんぼうし》のいる安土城に入城したことにより、秀吉らが年頭の挨拶に赴いている（『多聞院日記《たもんいんにっき》』など）。秀吉は十五日に安土より上洛したが、風邪気味のため、来訪した吉田兼見《よしだかねみ》と対面しなかったという（『兼見卿記』）。興味深いのは、兼見がその足で友閑邸を訪れていることである。友閑は兼見と面会し、このところ疲れがたまっていると話した。閏正月十六日のことであった。

それからほどなくして、友閑は利休へ書状をしたためた。利休は友閑よりの書状をそのまま摂津《せっつ》茨木城《いばらきじょう》の中川清秀《なかがわきよひで》に送り、「明朝の事」を忘れないよう伝えている（桑田忠親『定本千利休の書簡』）。具体的なことは不明であるものの、友閑が秀吉の周辺で動き出したことをうかがわせる。また、この頃、秀吉や丹羽長秀らに年始の音信《いんしん》を送った本願寺は、信雄が安土に在城しているとの情報を得、信雄へも一書を遣わした。そして、その宛先を「宮内卿法印」すなわち友閑とし、太刀一腰と馬一匹を贈った（『宇野主水日記』『天正日記』）。本願寺としては、友閑を信雄に従う人物と見なしていたということになろうか。

友閑の立ち位置

あるいはたんに、これまでのように友閑を織田家の窓口と見なしていたに過ぎないのだろうか。信長の重臣であった友閑が、形だけの織田家当主信雄につくのか、はたまた政権を簒奪せんとする秀吉につくのか、微妙な立ち位置であったことを暗示しているように見える。

京都で「堺衆」をもてなす

三月二十三日、京都に滞在中の宗及、水落宗恵《みずおちそうけい》、藪内道和《やぶのうちどうわ》の三名は友閑邸を訪れ、もてなしを受けた（『他会記』）。宗及一行は柴田勝家との一戦に備えて江北《こほく》（滋賀県北部）に在陣中の秀吉を見舞ってきた帰りであった。翌月、友閑は堺へ戻ったようで、宗及の茶会記にその姿が見える。まず十一日朝、天王寺屋了雲、道叱、銭屋宗訥と宗及の会に同席。この日は、先に宗及が秀吉の陣中見舞いに訪れた際、秀吉より拝領した葉茶壺《はちゃつぼ》「松花《しょうか》」におさめられていた茶を振る舞うことを目的として茶会が開かれたのである。

葉茶壺「松花」は、天正五年十二月二十八日に信長から信忠《のぶただ》に譲渡された名物であった。翌年正月四日に行われた披露の会では、床の間の室礼《しつらい》として鎮座していた。友閑がその継ぎ目の茶会で点前《てまえ》をしたことは、本書第六の三で述べた通りだ。その場には秀吉も選ばれた重臣として列座していた。信長、信忠亡き後、天下を取りつつあった秀吉が「松花」を入手したわけである。はてさて、信忠の所蔵となっていた「松花」を秀吉はどのようにして手に入れたのであろうか。『山上宗二記《やまのうえそうじき》』によれば、「一乱の時に堀久《ほりきゅう》太郎《たろう》（秀政《ひでまさ》）が取り、関白《かんぱく》様（秀吉）へ献上した」とある。信忠が切腹して果てた京都二条御所に「松花」があったとは考えられない。また、堀久太郎は秀吉とともに備中高《びっちゅうたか》松城《まつじょう》攻めの陣中にいたことから、本能寺の変の後、信長の後継者争いの混乱に乗じて「松花」を手に入れたのであろうか。何ともすっきりしない入手ルートであるが、秀吉の名物収集にはこのような後ろ暗い事情がしばしば見られる。

とにもかくにも「松花」を手にした秀吉は、この年の閏正月五日に山崎《やまざき》でその初披露

秀吉配下の「堺衆」

の茶会を開いた。そこには今井宗久、千利休、重宗甫《じゆうそうほ》、山上宗二、津田宗及、万代屋《もずや》宗安《そうあん》といった「堺衆」を代表する茶人が顔を揃えていた（『他会記』）。この六名に住吉屋《すみよしや》宗無《そうむ》と利休の長男道安《どうあん》を加えた八名が秀吉お抱えの茶湯者《ちやのゆしや》として、この先活躍していくことになる（『山上宗二記』）。このように、すっかり秀吉に従属した宗及は、「下物《おろしもの》」として秀吉より拝領した「松花」の茶を、山崎での茶会に参加しなかった了雲、道叱、宗訥に供し、「堺衆」が秀吉の配下におさまることを確認し合ったのであろう。もうひとりの客人であり、最高位の信長側近であった友閑を「堺衆」と同列に見なすことはできない。だが、友閑も時代の流れに逆らうことなく、秀吉に従っていくことを決めたのではなかったか。

翌十二日、友閑は宗及とともに道叱の朝会に赴き、十九日、小寺休夢斎《こでらきゆうむさい》（黒田如水《くろだじよすい》の叔父）と宗及を招いて朝会を開いた（『他会記』）。文武両道の人として知られる休夢との一会は、これが初見となる。そのためなのか、友閑は白地金襴《しろじきんらん》の仕覆《しふく》におさめられている「肩衝」や牧渓《もつけい》筆「夜雨絵《やうのえ》」（顕如《けんによ》よりの贈答品、本書第七の一）や引拙《いんせつ》旧蔵の「合子《ごうす》」といった自慢の名物を取り合わせて、濃茶《こいちや》と薄茶《うすちや》の両方を供している。

またこの頃、前年十一月より対処していた堺にある本願寺の坊および寺領、坊主衆の屋敷に関わる年貢の還付を行っている（『宇野主水日記』）。その後しばらく友閑の動向を示す史料は残されておらず、わずかに六月九日、宗及の朝会の参席したことが確認できる程度である（『自会記』）。

大坂入城を記念する茶会

七月二日昼、大坂入城を記念する茶会が秀吉によって開かれ、利休と宗及が参仕した。この日より連日茶会が行われ、秀吉のもとに次から次へと名物がもたらされる様子が宗及の『他会記』に記されている。初日に飾られた名物のうち、注目すべきは四方盆《よほうぼん》にのった「初花《はつはな》肩衝」だ。これも先の「松花」同様に、信長から信忠へ譲られた名物で、とりわけ信長の後継者であることを体現する逸品と認識されていた茶入である（本書第六の三）。秀吉はこれをこの年の五月二十一日に家康から贈られたばかりであった（『家忠日記』）。この「珍しき唐物」の到来は、しばらく秀吉の周辺で話題になっていたと利休が博多の嶋井宗叱《しまいそうしつ》に報じている（米原『天下一名人　千利休』）。かつて、信忠主催の茶会で「初花肩衝」を目にした秀吉は、その入手経緯はともかくとして、大坂入城を祝う茶席で使用することができたのである。信長ゆかりの名物を必死に収集していた秀吉にとって、最も誇るべき一品であったに違いない。

七夕の花遊び

それから四日後のこと、柴田勝家に呼応して挙兵していた滝川一益は、秀吉に下り、降参の証として馬麟《ばりん》筆「朝山《ちょうざん》の絵」を贈った。おりしも、「堺衆」の祐長宗味《ゆうちょうそうみ》がそれと対をなす「夕陽《せきよう》の絵」を進上してきたため、この日は両幅掛けての茶会となった（『他

友閑の白むくげ

会記』)。そして翌七日は七夕の花遊びだ。床の間に掛けられた「朝山の絵」「夕陽の絵」の前には、荒木道薫《あらきどうくん》(村重《むらしげ》)より贈られた青磁花入《せいじはないれ》「蕪無《かぶらなし》」と紹鷗《じょうおう》名物「槌《つち》」花入の両種が飾られ、七夕にちなみ七度の廻《まわ》り花《ばな》(主客合わせて七人がそれぞれ花を生ける遊興)が行われた。客人は利休、宗及、宗久、道薫、山上宗二、そして友閑である。

『今井宗久茶湯書抜』には、秀吉および客人が生けた花が記されているので紹介しておこう。秀吉が芙蓉《ふよう》、利休が花すすきとおみなえし、宗及が藤袴《ふじばかま》、宗久が桔梗《ききょう》、道薫がわれもこうと撫子《なでしこ》、宗二が萩。そして、友閑が生けたのは白むくげであった。むくげは冬の椿に対して夏のむくげと言われるほど、現代でも茶花の代表だ。友閑は椿を生けた茶会を開いたこともあるので、華やかな花を好んだように思える。また、むくげは明け方に咲き、夕方にはしぼむことから「槿花《きんか》一日《いちじつ》の栄《えい》」(白居易《はくきょい》。栄華とははかないものであるとの意)を具現しており、そこがわび茶の世界観に合うとされる。だが、ここでは茶会での常識に照らすより、秀吉の

むくげの花

水揚げが難しく，開花時間も限られている．その一瞬の美を愛でるために，友閑も手を尽して生けたであろう．

大坂入城を賀す茶席で、あえてはかないむくげを選び、この一輪に託した友閑の心中に思いを馳せたくなる。

秀吉の得意絶頂はとどまるところを知らず、十一日はかつて信長が所持していた「紹鷗（松本）茄子《なす》」が今井宗久より、そして播磨《はりま》の赤橋善海《あかはしぜんかい》より佐々木道誉《ささきどうよ》ゆかりの「京《きょう》極《ごく》茄子」がそれぞれ到来し、両種並べて披露する会を開いた（『他会記』）。そして、まさにこの日、秀吉は友閑へ宛てて、摂津四天王寺太子堂《してんのうじたいしどう》へ寄進する五〇〇貫を堺の地子銭《じしせん》（税金）より納めるようにとの指示を出している（『秋野房文書《あきのぼうもんじょ》』）。秀吉のもとで、友閑が引き続き堺代官としての任務にあたっていることが確認できよう。

秀吉茶会に名物を持参

そして、運命の九月十六日。友閑は秀吉の茶会に呼ばれた。その際、所有する名物を持参するようにとの指示があった。なぜなら、この日は秀吉が興行する「道具揃《どうぐぞろ》え」すなわち道具くらべの会であったからだ。要するに、秀吉が名物を物色するための会である。友閑のほか、利休、道薫、万代屋宗安、宗及がおのおの名物を持ち寄った。見物人として招待されたのは池田恒興《いけだつねおき》と施薬院全宗《やくいんぜんそう》であった。『他会記』によれば、四畳半の座敷に茶入と花入、そして香炉と香合《こうごう》が並べられ、八畳敷の座敷に掛け軸と葉茶壺が飾られた。当代の名品が一堂に会した様子は、さぞかし壮観であったことだろう。友閑は「宮王《みやおう》肩衝」と「引拙胡桃口」に、牧渓筆小軸「夜雨絵」、そして葉茶壺「小天狗《こてんぐ》」を出品した。このうち「宮王肩衝」を除く三点が秀吉の目にとまり、後に召しあげられることになる。そのような事態が起ころうとは知るよしもなく（あるいは、ある程度は覚悟のうえだったかもしれない）、友閑は翌日、秀吉の「相伴衆《しょうばんしゅう》」として前田利家、利休、宗及、道薫らとともに秀吉の対面儀礼に同席した（『宇野主水日記』）。

秀吉による饗応の場に参席

翌十月、信長時代より敵対関係にあった安芸《あき》（広島県）の毛利輝元《もうりてるもと》が秀吉に恭順の意を示すべく、人質として吉川経言と小早川元総の二名を大坂城に送ってきた。この時秀吉は、能役者の観世宗節《かんぜそうせつ》と金剛大夫《こんごうたゆう》、同又兵衛《またべえ》、太鼓打ちの樋口石見《ひぐちいわみ》と桑垣蓮二《くわがきれんじ》、笛の一噌《いっそう》、幸若舞《こうわかまい》の幸若大夫《こうわかたゆう》、それに京都の乱舞《らんぶ》の上手《じょうず》二八名を呼び寄せて二名の人質を大歓待した。式三献《しきさんこん》により秀吉と毛利家との主従関係が確認された後で宴となり、その余興で演能があった。注目したいのは、毛利方が書きとめた「毛利家太閤《たいこう》江《へ》

秀吉による毛利氏饗応の座敷図
（東京大学史料編纂所所蔵影写本より）

始《はじめ》テ御出会之次第《おんであいのしだい》」と称する記録に見える座敷図である（前ページ写真）。秀吉の手前に「前田又左衛門」（利家）と並んで「友閑法印」の名が見える。秀吉の御座と友閑との位置関係、そして秀吉の信任篤い利家と友閑が座を列ねるというこの席次から、この時点では秀吉が信長から重用されていた友閑を「相伴衆」のひとりとして重んじていることがうかがえる。

十月十六日の晩、友閑は、信長の旧臣で現在は信雄に仕える武田左吉《たけださきち》とともに秀吉の茶会に招かれた（『秀吉様於大坂御唐物揃之事《ひでよしさまおおさかにおいておんからものそろえのこと》』）。この頃、秀吉の名物収集欲は高まる一方であったが、徐々にわび茶を理念とした利休の影響を見ることができるようになる。大坂城の一郭に山里丸《やまざとまる》を設け、そこにわびた草庵の茶室を建てるのも、その一例である（芳賀幸四郎『千利休』）。利休による感化もあってのことか、十六日の茶席は、床の間に「虚堂《きどう》の墨跡《ぼくせき》」を掛け、かつて信長より拝領した「乙御前釜《おとごぜがま》」、「井戸茶碗」、「おりため」（竹製の茶杓《ちゃしゃく》）、「手桶」水指《みずさし》、「かくれか」（竹製の蓋置《ふたおき》）、備前焼の水翻《みずこぼし》（建水《けんすい》）というわび茶の手本のごとき道具組であった。友閑が信長とともに作りあげた唐物名物を絶対視した「大名茶湯」とは対極的な、和物と高麗物《こうらいもの》を取り合わせた利休によるわび茶の空間がここにある。世代交代は権力者だけではなかったのである。茶の湯の世界でもまた、秀吉のもと、利休が作り出す和物の名物やその取り合わせによる新しい趣向が生み出されていたのであった。

秀吉を茶会に招く

それから三日後、秀吉は利休と宗及を伴って友閑のもとを訪れた（『他会記』）。友閑は床の間に「雁《かり》の絵」を掛け、その前に四方盆にのせた「宮王肩衝」を飾り、棚に引拙ゆかりの水指、建水、柄杓立《ひしやくたて》を取り合わせて秀吉らを迎えた。そして、「尼崎台《あまがさきだい》」に据えた「灰被天目《はいかつぎてんもく》」で濃茶を、「人形茶碗《にんぎよう》」（唐物の青磁茶碗で、見込みに人形文がある）で薄茶を供した。引拙名物三つ組を中心とした、友閑自慢のコレクションを取り合わせての茶会であった。喫茶の後、秀吉が友閑の茶会に赴いた目的が達せられたのである。同伴した宗及は、その様子を次のように記している。

名物の召しあげ

茶が終わり、金花の葉茶壺が秀吉より友閑へ贈られました。そしてすぐに、友閑は小天狗の葉茶壺を秀吉に進上しました。合わせて、棚に飾られている引拙名物三点も秀吉に進上されました。

つまり、秀吉は先月十六日に行われた「道具揃え」の際、友閑が持参した名物のうち目をつけたものを交換というかたちをとりながらも、体よく接収したということだ。

記録上の最後の茶会

秀吉が友閑へ贈った「金花《きんか》」は、天正四年、安土築城中の信長のもとへ「松花」とともにもたらされ、信長を上機嫌にさせた名物だ（『信長公記』）。いわば信長御物であった「金花」をどのような経緯で秀吉が入手したのかは不明であるが、友閑は亡君遺愛の名物を手にしたことになる。だが、一点一点時間をかけて集めてきた引拙の名物、しかも

信長旧蔵の「金花」を手にする

それらは茶人の精神を象徴する愛蔵品を召しあげられた友閑は何を思ったであろうか。友閑の心中をおしはかることはできない。なぜなら、記録のうえではこの茶会が友閑自会の最後となるからだ。引拙名物三点を手放した友閑が、その後いかなる道具組で茶会に興じたのかを知ることはできないのである。

一方、秀吉にとって友閑から召しあげた名物は、そのコレクションのほんの一角に過ぎなかった。というのも、秀吉の収集品二六一点のうち、天正十三年の関白《かんぱく》就任までに集めたものは一二九点にのぼり、この時期の秀吉は名物を片っ端から脅威的なスピードで入手していたからである。とりわけ、秀吉が執着したのは信長やその旧臣に関わる名物であった。秀吉は信長の後継者として信長御物の再収集、ひいてはそれを凌駕することをめざしていたということだ。そのためには手段を選ばず、強引な手口におよぶこともあった。例えば、近衛《このえ》前久《さきひさ》が所持する信長形見の刀剣を無心した秀吉は、前久がそれに応じないと見るや、関白職譲渡の問題を持ちかけ、半ば強引に刀剣を取りあげ、ご満悦の体であったと前久の子信尹《のぶただ》は自らの日記に記している。

こうした事例にかんがみれば、友閑の場合は一方的な進上というかたちは取らず、秀吉自身も「金花」を渡しているところに、信長の重臣であった友閑への配慮がうかがえよう。とはいえ、やはりこれは一種の服従の証であったことは否めない。秀吉が友閑から接収した名物の使用状況がそのことを示している。すなわち、本能寺の変以後に開催された秀吉の茶会七八会のうち、「胡桃口」は七回、「縁桶《えんおけ》」は五回、「合子」は三回の使用である。七回の「胡桃口」ですら使用頻度が高いとは言えず、「小天狗」にいたっては一度も使用した形跡が見られない。つまり、秀吉が友閑所有の名物をとりわけ気に入ったというより、友閑にとって大切な名物を差しださせるところに意味があったのでないかと考えざるを得ない。要するに、服従の証である。政権の基盤を強固なものとするため、この時期の秀吉には信長の旧臣、いわばかつての同僚の従属を確かなものとする必要があったのだろう。

秀吉を迎えての茶会を開いた後、友閑がこの年の十一月、十二月をどこでどのように過ごしていたのかを知る手がかりは残されていない。ひとまず秀吉に従い、時に「相伴衆」として、また堺代官の任にあたっていたのだろう。信長亡き後、友閑の能力を存分に発揮できる場は徐々になくなっていったように思える。

二　秀吉政権下における立場

天正十二年（一五八四）は、ごくわずかな記録をとどめているに過ぎない。時間の経過に従って見ていくことにしよう。

正月十四日朝、友閑は重宗甫とともに宗及の茶会に赴いた（『自会記』）。この茶会はこれまでのように、堺における宗及の会でもなく、また宗及の初釜でもなかった。場所は宗及が秀吉より与えられた大坂屋敷なのであった。前項で述べたように、宗及をはじめとする堺の主だった豪商茶人八名は、秀吉の正式な茶頭《さどう》としてその配下に組み込まれたため、前年十月五日には大坂に屋敷を構えていた。宗及は大坂屋敷での自会を通常の『自会記』とは別に記している。それには、秀吉をはじめとしてその家臣たちによる茶の湯を介した交流が克明に記されているのだが、その間、大坂屋敷における宗及の会に友閑が参席したのは、この一会のみである。しかも、宗及は天正十二年年頭の茶会を四日に行っているので、初釜でもなかった。というわけで、十四日の茶席は友閑が大坂を訪れたおりに、宗及邸へも立ち寄って一会ということになろうか。それからしばらくの間、友閑の動向を知る手がかりはなく、九月六日、堺における宗及の朝会に、天王寺屋了雲、塩屋宗悦《しおやそうえつ》とともに参会していることが確認できるだけである（『自会記』）。

秀吉の茶会に参席

翌月十四日晩、友閑は大坂城内山里での秀吉茶会に招かれた（『今井宗久茶湯書抜』）。この頃秀吉は、小牧《こまき》の役後、家康との講和がもの別れに終わっていたが、十五日に大茶会を企画していた。十四日晩の茶会はその前夜祭ともいうべき会で、秀吉自ら茶を点《た》てたと米原正義氏が述べている（『天下一名人　千利休』）。客人は八名おり、一番目のグループは利休、幽斎《ゆうさい》（細川藤孝）、安津（宇喜多忠家）、宗及で、二番目のグループは友閑、宗久、宗二、千紹庵（後の道安《どうあん》）であった。山里の小間《こま》には、一度に八名の客は席入りできなかったのである。友閑は第二席の正客であった。これが、秀吉配下における友閑の立場をあらわしているのだろう。

数寄者オンパレードの茶会

翌日、芳賀幸四郎氏によって「数寄者《すきしゃ》オンパレードの茶会」と名付けられた（『千利休』）催しが大坂城内で開催された。宗及はそこに招かれた客を「ヲヨソ」として次の二九名記している。筆頭に「宮内法印」すなわち友閑の名が見え、以下、幽斎、利休、宗久、宗及、今井宗薫《そうくん》、千紹庵、山上宗二、万代屋宗安、小寺休夢斎、宇喜多忠家、住吉屋宗無、満田宗春《みつたむねはる》、重宗甫、富田知信《とみたとものぶ》、佐久間盛春《さくまもりはる》、高山重友《たかやましげとも》、芝山源内《しばやまげんない》、津田隼人《つだはやと》、山上道七《やまのうえどうしち》、古田左介《ふるたさすけ》、中川秀政《なかがわひでまさ》、松井康之《まついやすゆき》、細川新介《ほそかわしんすけ》、観世宗拶《かんぜそうさつ》、牧村利貞《まきむらとしさだ》、円乗坊《えんじょうぼう》宗円《そうえん》、樋口石見、施薬院全宗といった面々だ。秀吉の茶頭や堺の主だった茶人、信長旧臣に芸能者といった、当代を代表する数寄者が一堂に会した大茶会であった。

信長と秀吉の相違

これまで本書で述べてきた信長の茶会を想起してみよう。信長が意図したことは、選抜した客人のみを招待することにより、茶会の場にいわばプレミアな価値を持たせるところにあったように思う。だが、それに対して秀吉の茶会は、より多くの人に開放されたイベント的な意味合いが強い。そのような点で、この十五日の大茶会は、信長と秀吉の茶の湯に対するスタンスの違いが色濃く出ていると言えよう。

また、信長のもとでプレミアな茶会の世界を作りあげてきた友閑は、秀吉がもくろむイベント化した茶会の場では突出するほどの活躍振りは見られない。それを担ったのは、秀吉の正式な茶頭である利休と宗及だったのである。とはいえ、友閑が秀吉の周辺で欠くべからざる文化人のひとりとして、その存在が認められていたことはまちがいない。たとえ、第二席の正客であったとしても。それゆえか、翌月十日、久しぶりに本願寺の顕如より書信が届いた。『宇野主水日記』によれば、何となく音信不通となっていたが、顕如は友閑と旧交を温めることを思い立ち、使者を派遣したということであった。その翌日、友閑は堺の宗及邸での口切《くちきり》へ天王寺屋了雲、天王寺屋道叱とともに赴いている（『自会記』）。

明けて天正十三年二月二十二日、友閑は顕如より音信として一〇〇〇疋ならびに年頭の祝儀として太刀一腰を受けとった（『宇野主水日記』）。これは、この日、友閑が大坂に滞在中の織田信雄をもてなしたことに関わる心遣いであったと思われる。『宇野主水日記』を一読すると、本願寺側が秀吉や信雄の動向に気を配っていたことがわかる。信雄へも太刀一腰と三〇〇〇疋を贈っている。

織田信雄をもてなす

その信雄は、小牧の戦いの後に秀吉と単独講和を結び、父信長の末弟織田長益《ながます》（後の有楽斎《うらくさい》）を伴って大坂に到着した。二月二十日のことであった。迎える秀吉は、二十一日、城内の大広間で両人を歓待し、二十二日には能の会を企画していた。宗及の『他会記』に「宮内法印方にて御能アリ」と記されていることから、友閑が秀吉側の立場で信雄と長益をもてなしたことがわかる。臨時の饗応役《きょうおうやく》というわけだ。信雄は能の愛好家であるばかりか、自らも演じ、その腕前は名手と謳われるほどで、また信雄の発言が能役者たちにとって貴重な指針になるくらい能に精通していた（『観世流仕舞付《かんぜりゅうしまいづけ》』）。そのような主賓のために用意された趣向であったに違いない。演目は世阿弥《ぜあみ》が作った《難波梅《なにわうめ》》（現在は《難波》として知られる）、坂上田村磨を主人公とした《田村《たむら》》、中国の故事をもとにした観世小次郎信光《かんぜこじろうのぶみつ》の作品《張良《ちょうりょう》》の三番であった（『宇野主水日記』）。そして二十四日には、城内の山里で秀吉点前の茶会があった（『他会記』）。つまり、信雄は四日ほど大坂に滞在したことになる。したがって、二十二日に演能された「宮内法印方」というのは、大坂にあった友閑邸と考えるのが自然であろう。秀吉に従うことになった友閑は、屋敷までも与えられていたということだ。

大徳寺茶会

翌月八日、秀吉は大徳寺において大茶会を開催した。それは京都、大坂、堺の茶湯者がことごとく参加し、延べ人数一五〇名という稀代の興行であった（『兼見卿記』）。秀吉の目的は、自慢の名物を茶の湯に執心している人々に見せ、茶頭として登用している利休と宗及の点前による茶を供するところにあった。また、参加者もそれぞれ道具を持ち寄り、大徳寺の塔頭《たっちゅう》を借用し、屛風などで囲って茶の湯を行ったという（『宇野主水日記』）。秀吉自身は信長の墓所総見院《そうけんいん》で台子飾りの茶席を持ったのだが、そこには友閑から召しあげた引拙名物三点が置き合わされていた（『他会記』）。大徳寺茶会の参会者を具体的に記した史料が残されていないので確かなことはわからないものの、これまでの友閑の立場を勘案すれば、友閑も茶席を持っていてもおかしくはなかろう。

七月十一日、秀吉に関白宣下がなされた（『兼見卿記』『公卿補任《くぎょうぶにん》』など）。その返礼として、秀吉は十三日に禁中能《きんちゅうのう》を催した。上演された五番の演目のうち、注目すべきは《弓八《ゆみや》幡《わた》》であろう（『宇野主水日記』）。というのも、《弓八幡》と言えば、かつて信長が拒否した演目だからだ。永禄《えいろく》十一年（一五六八）十月、信長の力添えにより、足利義昭《あしかがよしあき》が将軍に就任し、それを祝う能の会が催された。当初、《弓八幡》も上演が予定されていたが、いまだ天下が治まったわけではないとの理由で、信長により《高砂《たかさご》》に変更されたのであった（『信長公記』）。あれから十八年。秀吉によって《弓八幡》の上演にふさわしい時代が到来したことを告げる禁中能であった。

昇殿し盃を賜る

そして、その席には稲葉伊代入道《いなばいよにゅうどう》（一鉄《いってつ》）、前田玄以《まえだげんい》、施薬院全宗とともに、直綴《じきとつ》（僧衣のこと）に白袴という正装姿で昇殿《しょうでん》を許され、盃を賜る友閑の姿があった（『兼見卿記』）。三位《さんみ》法印に叙せられた稲葉伊代入道、民部《みん》卿《ぶきょう》法印の前田玄以、従五位下に叙せられた施薬院全宗、そして宮内卿法印の友閑。秀吉に従う「坊主衆」ということになろうか。

座次相論

翌十四日、友閑は里村紹巴《さとむらじょうは》、蜂屋頼隆《はちやよりたか》とともに秀吉の午餐《ごさん》（昼食）に相伴している。そして食後、秀吉が来訪した日野照資《ひのてるすけ》や広橋兼勝《ひろはしかねかつ》らを前に、摂家門跡《せっけもんぜき》と親王門跡との座《ざ》次相論《なみそうろん》（席順をめぐる争い）に決着を付けると宣言し、明日、大徳寺でその裁決が下されることになった（『兼見卿記』）。席次はそのままその人物の家格をあらわすため、たんなる席次争いと軽視することはできないのである。

当日、大徳寺総見院には秀吉をはじめ、親王や公家衆が参集し、沙汰《さた》が行われた。その席に前田玄以、蜂屋頼隆、休庵《きゅうあん》（阿野実時《あのさねとき》）とともに友閑も列し、問答の際の使者をつとめている（『兼見卿記』『稙通公記別記《たねみちこうきべつき》』）。友閑が先の禁中能に続き、秀吉の周辺で高位の相伴衆となっていることが見てとれる。しかし、それはあくまで臨時的なものであったのだろう。というのも、その後も引き続き、友閑が秀吉のかたわらに侍したことを確認することができないからである。

貝塚御座所の顕如を訪問

翌八月の友閑の動向を示す史料は残されていないが、九月に入るといくつかの記録に散見される。まず三日、『宇野主水日記』によれば、友閑は家臣の富田清左衛門や野崎

松屋肩衝（根津美術館所蔵）

六兵衛（彼らは本願寺よりの使者を友閑に取り次ぐ立場にあった）を伴い、今井宗久と同道してはじめて和泉《いずみ》（大阪府）貝塚《かいづか》にある本願寺の御座所を訪れた。新門主 教如《きょうにょ》は外出中であり、また顕尊《けんそん》（顕如の次男）とも面会はしなかったのだが、顕如へは太刀、馬、縮《しじら》を贈り対面を果たした。その後、友閑一行は座敷で酒や肴を供され、歓待を受けた。

松屋久政の茶会で床飾り

続いて十三日、友閑は奈良の塗師《ぬし》である松《まつ》屋《や》久政《ひさまさ》の茶会に赴いたようである。そこで松屋の名宝「松屋肩衝《まつやかたつき》」（写真）を拝見した後、床の間に掛けられている軸の中央へ飾ったという。そのこと記す『古《こ》織公伝書《しょくこうでんしょ》』は、後に茶の湯にまつわる雑談や逸話をまとめたものであるため、確かなことはわからない。とはいえ、これまで本書でたびたび述べてきたように、友閑による床飾りは周囲の茶人たちから一目置かれていた。そのような友閑が松屋久政の茶会で、客人として亭主が誇る名物「松屋肩衝」を飾る所作を披露したというのは現実味のあるエピソードであろう。だが、むしろこの聞書で注目すべきは、後世の茶人たちの間で、茶湯者友閑の一面が語り継がれていたという事実そのものである。

大友氏への書状

そして二十七日、友閑は利休とともに秀吉が豊後の大友義統《おおともよしなり》へ宛てた礼状の副状《そえじょう》をしたためた（『大友文書』）。秀吉は以前より、大友家が所蔵する名刀「骨啄刀《ほねばみとう》」を無心していた。友閑と利休は、それを大友氏から秀吉へ進上させるよう交渉していたのだ。それが功を奏し、九月二十七日、かの名刀が秀吉のもとに到来したというわけである。それのみならず、この年の十二月に秀吉が信長の方針を踏襲して、大友氏と島津氏との和睦を成立させようと書状を送った際も、友閑と利休が副状を添えると記している（『大友家文書録』）。友閑が利休とともにその任についたのは、秀吉の側近茶頭として活躍中の利休と同じ立場にあったからではなく、信長の生前より友閑が大友氏の外交窓口となっていたことによるのだろう。いわば、利休のサポート役である。

十月十日、友閑は日蓮宗諸寺より堺南北庄《なんぽくしょう》での勧進《かんじん》活動に関する依頼の書状を受理している（『頂妙寺《ちょうみょうじ》・京都十六本山会合用書類《きょうとじゅうろくほんざんかいごうようしょるい》』）。これは三ヶ月ほど前の七月より、秀吉が日蓮宗の再興を許し、自らへの礼物《れいもつ》調達のための勧進活動を認めたことを受けて、日蓮宗側があらためて堺代官である友閑に、堺の檀家衆が活動できるよう、取り計らいを求めたものである。信長による安土宗論《あづちしゅうろん》から六年を経て、ようやく日蓮宗は復活し、また信長に提出していた起請文《きしょうもん》も秀吉の手から返却されたのであった（『己行記《こぎょうき》』）。日蓮宗諸寺より依頼を受けた友閑は、十二月七日、その返書を送った。そこには堺での勧進に対する調整はつかなかったが、来春には必ず折り合いを付けるようにすること、近日中に上洛するので、詳しく話しをする旨が記されている（『頂妙寺・京都十六本山会合用書類』）。

必要とされなかった友閑の才能

以上が天正十二、十三年における友閑の足跡である。時に秀吉の相伴衆として公の場にその姿を見せてはいるが、信長時代の活躍には遠くおよばない。友閑の茶湯者としての一面は、秀吉に重用されている利休を筆頭とする一団の中に埋没し、その能力を発揮することもままならなかった。換言すれば、秀吉自身が亡君信長のこよなく愛した「大名茶湯」よりも利休の創造する「わび茶」に傾倒していったため、友閑の才能を必要としなかったということであろう。

この二年間で友閑が公的に動いたわずかな事例、すなわち公家社会における座次相論、大友氏との外交、堺代官としての任務は、信長在世期に培った人脈や知識をとりわけ秀吉が必要とした場合や信長時代よりの継続的なつとめに限られていた。第一線よりの引退はもう間近に迫ってきている。

三　堺代官の罷免とその後

大友宗麟をもてなす

年明けて天正十四年（一五八六）。友閑が史料上にその姿を見せるのは、四月五日のことである。この日、豊後より上坂した大友宗麟《おおともそうりん》は、二番鶏の鳴く頃（午前四時前後）、堺妙国《みょうこく》寺《じ》の宿所を立ち、一路大坂城をめざした。その途中、「宮内卿法印へ立宿《たちやど》の儀仕《つかまつ》るべきの由《よし》候間《あいだ》、辰《たつ》の刻《こく》程に法印へ罷着候《まかりつき》」と宗麟自身が語っている（『大友家文書録』）。つまり、大坂登城の前に、友閑の屋敷で「立宿」すなわち、しばし休息をということなので、午前八時頃、友閑邸に到着したというのだ。門をくぐると、そこは普請《ふしん》のまっただなか。諸国より集められた人夫たちが大石を運んでいる。宗麟はその人数に驚きを隠せない。また、堀の深さや広さは見たこともないほどだ、とも記している。つまり、友閑の屋敷は城内の一角にあったということだ。

秀吉による饗応の場に列座

十二時頃、宗麟は友閑邸を後にし、登城。この日の目的は、秀吉による停戦命令を無視して薩摩（鹿児島県）の島津氏が北上の構えを見せたことにより、秀吉の救援を求めるところにあった。ほどなくして大広間での謁見が行われた。主座の秀吉に少し離れて弟秀長《ひでなが》、宇喜多秀家、細川幽斎、長谷川秀一《はせがわひでかず》、宇喜多忠家が控え、客座の方には宗麟、ついで前田利家、安国寺恵瓊《あんこくじえけい》、そして友閑、利休が列座した。秀吉政権の公的な場へ友閑が出座したのは久しぶりのことであった。

大広間で饗膳が出された後、秀吉自慢の黄金の茶室で一会。利休の点前に続き、秀吉自らも茶を点てた。その後、天守を見物し、これまた秀吉が誇る葉茶壺コレクションが披露された。これらを扱った秀吉の茶頭は次の通りだ。「四十石」を利休、「松花」を宗及、「佐保姫《さほひめ》」を今井宗薫、「撫子」を再び利休、「百島」を千紹安ということであった。最後に宗麟は、あまりにも有名な「内々の儀は宗易《そうえき》（利休）、公儀《こうぎ》の事は宰相《さいしょう》（秀長）と存じ候」と秀吉政権の本質を見抜き、また「宗易ならでは関白様へ一言《いちごん》も申し上ぐる人これなし」、すなわち秀吉へ意見できる人物は利休をおいていないと言い切った。大坂城中における利休の権勢をこれほど的確に表現した史料はほかにはない。

こうして友閑のもてなしからはじまった宗麟の大坂登城は、利休一色のうちに無事終了した。友閑がここに出座したのは、ひとえに客人が宗麟だったからであろう。これまで大友氏との外交窓口をつとめてきたゆえのことである。この先、秀吉のもとへは上杉、島津、毛利といった大名が諸国より秀吉との対面儀礼を果たすべく上坂するが、その大歓待の場に友閑の姿はない。秀吉政権のもとで賓客接待を担当するのは、正式な茶頭に登用された利休や宗及ら生粋の茶人たちなのであった。

翌五月十四日、友閑は昨年より対処している堺勧進《かんじん》のことで日蓮宗諸寺より書信を受け、その返書をしたためている。状況は進んでいるようだが、一両日中に上洛するのでその時に話をすると書き送った（『頂妙寺・京都十六本山会合用書類』）。これが、友閑の堺代官としての最後の仕事となった。

堺代官罷免

六月十四日、友閑は突如、その職を追われた。秀吉の怒りを買ったのである。『多聞院日記』によれば、「曲事《くせごと》」により罷免されたと記されており、「曲事」の内容は、友閑が日照り笠をさしてはならぬと下知したからだとうわさされたようだが、記主の多聞院英俊《えいしゅん》も半信半疑であった。たしかにまったく意味不明である。それもそのはずで、秀吉にとってみれば、罷免の理由など問題ではなかった。難癖をつけ、友閑を追いやることができれば満足だったのである。

この前年、天正十三年には配下の小堀新介《こぼりしんすけ》らを奉行として和泉国の検地《けんち》を実施するなど、秀吉による堺政策が積極的になってきていた（川崎「織田政権下の堺」）。すでに天正十一年には、友閑のもとに、次期代官となる小西立佐《こにしりゅうさ》を投入して民政にあたらせていたとの指摘もある（『堺市史続編　第一巻』）。秀吉が家康との抗争に政治的決着をつけ、関白政権として中央権力を確立したこの時、堺衆周辺も秀吉に従属の一途をたどるなか、信長時代の代官はもはや不要だったということである。

「堺衆」の反応

秀吉の連衆に名をつらねる

友閑の堺代官罷免という一事を「堺衆」がどのように捉えていたのかを語る史料は残されていない。堺における友閑の事績を最も書き残し、ともに茶の湯に興じた津田宗及の茶会記は『自会記』『他会記』ともに天正十三年で終わっているからだ。また、今井宗久の茶会記は天正十七年まで記録されているが、天正十二年以降、友閑の名を記した会は見えない。『今井宗久茶湯書抜』が後世に抜粋されたものであることを忘れてはならないものの、天正十四年十二月二十六日、すでに堺代官に着任している小西立佐の一族で、秀吉の家臣でもある小西行長《ゆきなが》と利休の会で同席している宗久は、時代の波にうまく乗じたように思われる。もっとも、これが商人のあるべき姿ではあるのだが。

さて、肝心な友閑は、この一事をどのように受けとったのであろうか。それを示す史料は残されていない。だが、かなり老齢になっていたようであるし、また相当裕福であったことだけはわかっている（『フロイス日本史』など）。主君信長の横死から四年。秀吉への引き継ぎ期間もこれで終わった。あとは悠悠自適の生活が待っている、といったところであろうか。

代官職を辞した後の友閑の動向はよくわからないものの、ほどなくして堺を去り、京都の自邸に移り住んだと思われる。そして天正十五、十六年（一五八七〜八八）、秀吉の連《れん》歌《が》会《え》の連衆《れんじゅ》になっていることがわかる。『兼見卿記』によれば、十一月二十五日、秀吉は連歌会を興行した。その連衆は大覚寺《だいかくじ》門跡尊信《そんしん》、聖護院道澄《しょうごいんどうちょう》、細川幽斎、「宮内法印」すなわち友閑、前田玄以、施薬院全宗、里村紹巴、蘆中心前《あしなかしんぜん》、蜂屋頼隆、大村由己《おおむらゆうこ》の一一名であった。続いて二十八日にも、玄以主催の連歌会が行われた。実際の興行主は秀吉であったということだが、『兼見卿記』に見える「連衆先度《せんど》の衆《しゅう》也」との一文は注目できよう。つまり、二十八日の連衆は三日前と同じ面々であったということである。このことは、先に記した一一名が秀吉主催の連歌会の固定メンバーであったことを示している。

続いて十二月一日には聖護院道澄邸で、三日には紹巴邸で同前の連衆による秀吉の連歌会が行われた（『兼見卿記』）。そして翌年正月十九日には、細川幽斎の発句《ほっく》にはじまる百韻連歌《ひゃくいんれんが》が行われた。懐紙《かいし》の末尾には句上《くあげ》として、幽斎九句、松（秀吉）十一句、昌叱《しょうしつ》九句、白（道澄）八句、秋（尊信）九句、紹巴九句、頼隆九句、心前九句、「友感法印」七句、玄以八句、全宗七句、由己七句、一千世一句と記されている（『思文閣古書資料目録 善本特集』第一九輯）。

この百韻連歌はこれまで、九州大学細川文庫に所蔵される写しによって知られていたのだが、先年、懐紙の原本が発見されて、いくつか重要なことが明らかとなった。そのひとつは、開催日が三月十一日ではなく正月十九日であること。いまひとつは「友感」

と明記され、「友盛」と注記されている人物が、実は「友感法印」の誤写であったこと。この日の句上に見られる顔ぶれが『兼見卿記』に記されている秀吉の連衆とほぼ一致していることから、「友感法印」が友閑その人をさすと考えてまちがいない。とすれば、写しとして残されている連歌史料のなかで、「感」の字が「成」や「盛」に誤写され「友成」「友盛」と認識されたものは、友閑のことを指し示す可能性が俄然高くなる。

一文化人として交流

しかし、正月十九日の百韻連歌のように懐紙の原本と写しとの比較ができない限り、友閑と断定することは難しいところもある。ただ、連衆の面々が秀吉率いるメンバーと一致している場合の「友成」「友盛」は友閑と見てよいであろう。したがって、友閑は正月十九日に引き続き、三月一日も蜂屋頼隆が発句、秀吉が脇句《わきく》を詠んだ何路百韻連《なにみちひやくいんれん》歌《が》にも参会したと考えられる（『連歌合集』第四四冊）。通常、連衆はもちまわりで頭役《とうやく》をつとめるのが習いであるため、友閑邸で行われた秀吉の連歌会もあったと考えるのが自然である。したがって、天正十四年以降、友閑は一文化人として秀吉やその家臣らと連歌を介した交流を持っていたと言えよう。

最後の足どり

友閑の最後の足どりは、文禄《ぶんろく》二年（一五九三）十月二十九日、聚楽第《じゅらくてい》で行われた秀吉主催の能を観覧したという『鹿苑日録《ろくおんにちろく》』の記事である。その日は秀吉自身が演じた《山姥《やまうば》》など八番の演目が上演された。三番目の《江口《えぐち》》が終了した段階で七五三の饗膳、そして七種類の菓子が供され、庭に集まった見物人たちへも薄皮まんじゅうやみかん、雲門《うんもん》（餅米を白餡で包んだ菓子）が配られるという賑やかな催しであった。友閑は右列に幽斎や僧侶、医師らと並んで鑑賞した。

これが、記録にとどめられた友閑最後の姿である。その晩年は連歌と能に興じるものであった。おりしも、この年はかつて信長のもとで「坊主衆」としてともに活躍した為顕照院殿すなわち右筆《ゆうひつ》武井《たけい》夕庵《せきあん》の一周忌の法要も営まれたとされる（『蒲庵稿《ほあんこう》』）。友閑もまもなく天寿を全うしたのであろうか。その最期は京都三条の自邸であったと思われる。その邸内には庵もあったという。庵号はもちろん徳庵《とくあん》であったに違いない。

慶長《けいちょう》七年（一六〇二）九月二日、友閑の屋敷は細川幽斎の正室である沼田《ぬまた》麝香《じゃこう》によって購入された（『兼見卿記』）。

おわりに

友閑の生涯をたどる旅が終わった。いつ、どこで、どのような家に生まれ、そしてこの世を辞したのか、という基本的なことはわからずじまいであった。友閑の多岐にわたる才能はどこで培われたものであったのか。結局、謎めいた人物であることには変わりはない。でも、ただひとつ明らかなことがある。それは、信長なくして友閑の生き様を描くことは到底できなかった、ということである。舞の師匠とその弟子からはじまったと思われる友閑と信長との関係は、信長のための名物収集にはじまり、客人接待や寺社に関する奉《ぶ》行《ぎょう》を経て、堺代官の就任という主従関係にいたった。だが、友閑は堺に常駐することはなく、信長の行動に合わせて移動する側近であった。それはひとえに、友閑が信長の意を直接受け、それを伝達および実行するためである。友閑はトップクラスの、ごく限られた吏《り》僚《りょう》のひとりとして、信長と奉行との間を取りもつなど政権内における命令系統の中枢に位置したのであった。また対外的には、信長にとって侮ることのできない存在であった上杉謙信との外交のため春日山城に赴き、将軍足利義昭との交渉、さらには本願寺との和睦に際しては信長の御意《ぎょい》実行役、代弁者として奔走し、大徳寺や石清水八幡宮などの寺社、伊達や大友といった大名との窓口ともなった。この御意伝達役こそが、信長側近としての友閑の立場だ。友閑が堺にとどまることなく、信長の居城や上洛先で信長のかたわらに侍した理由もそこにある。

こうして友閑は内政外交にいかんなくその手腕を発揮し、果ては近衛前久や勅使《ちよくし》など公家衆からも一目置かれる存在になった。友閑の行動の軌跡は、そのまま信長政権の発展過程をたどる旅でもある。そうしたなか、本書で唯一訪れることのなかった場所がある。戦場だ。合戦の現場に、友閑はほとんどその姿をあらわさなかったが、物資の管理、調達や戦略面そしてスポークスマンとして信長の軍事活動を支えていた。

そのような友閑の真骨頂は、政治面での活躍のみならず信長の文化を作りあげたところにある。茶の湯はもとより、古今伝授を受けるほどの和歌、連歌への造詣に加え、舞や能、花といった素養がそなわっていた友閑は、もはや当代を代表する文化人のひとりと言える。武家の家に生まれた信長にも、当然ながら文武両道の精神が息づいていたが、その信長がこよなく愛した茶の湯——もっと言えば、室町以来伝統の「大名茶湯」が開花したのも、友閑が総責任者となって信長の名物を掌握し、茶会を演出したからにほかならない。信長と友閑がともに創造した唐物絶対主義の「大名茶湯」の世界は、茶会の枠組をはるかに超越し、政治の場ともなった。こうした茶の湯のあり方は、後にその趣向を変えながらも江戸幕府に継承された。ひとつの芸能が公的な場となり得たのは、信長による「大名茶湯」の活用が大きく影響している。そこには茶人たちによって形成されてきた、いわゆる「わび茶」とは異なる歴史がある。

信長のもとには多くの有能な家臣が集結していたが、友閑のように多方面に、ことに政治と文化の両面で信長を支えた者はほかにはいない。信長が唯一訪問した家臣の茶会は、友閑の茶席だけでもあった。この一事をもってしても、信長と友閑との関係の深さをおしはかることができる。また、本書の「はじめに」で紹介した腫れ物のエピソードによって、信長にとって友閑がいかに大切な存在であったかを知る。友閑は宮内卿法印《くないきょうほういん》に叙せられた高位の側近にして、信長にとって唯一無二の懐刀《ふところがたな》なのであった。数々の史料から浮かびあがるその人となりは、人徳者にして気配り上手。そして文化的知識を兼ねそなえたインテリジェンスな人。その立ち振る舞いは、並みいる茶人たちに引けを取らないほど美しいものであった。こうした人柄と知性とが友閑の最大の持ち味であり、またそれを武器に困難でデリケートな交渉や調停をなしとげてきたのである。信長が信頼を寄せるのも納得の逸材であった。

友閑もまた、信長からの篤い信任にこたえた。友閑の生涯は信長とともにあったのだ。だからこそ、主君の突然の死に際し、正体をなくすほど取り乱したのである。ほかの誰が、信長の死をこれほど悼む姿を見せたであろうか。芝居がかった秀吉は論外とすれば（古代ローマの賢人セネカによれば、「小さな悲しみは口に出せるが、大きな悲しみは口をつぐむ」）、このような姿を書きとめられた信長家臣は、友閑以外にいない。膨大な歴史の記録にとどめられたこのささやかな一文には、主君の死に直面した忠臣の衝撃、動揺、悲傷が滲み出ている。その後の沈黙は、過酷な現実を受け入れようとする期間であったように思える。

本能寺の変後の友閑の足どりをたどることは、正直辛いものがあった。何より友閑が信長の意を直接受けていた高位の側近として公家衆のへの対応をこなし、また三男信孝《のぶたか》を支え、そしてやがて秀吉に取り込まれていく過程に、そこはかとない悲しみを感ぜずにはいられなかったのである。だが、晩年の友閑の行動は、大切な存在を喪《うしな》った悲しみを乗り越える強さを持たねばならぬこと、そして殉死することだけが忠義の念をあらわすものではないことを教えてくれるのではないか。

秀吉から利用価値を認められていた四年間、友閑が何を考えていたのかを示す史料は残されていない。しかし、大坂落成を祝う茶席で生けた白むくげに、その心を見る。栄華とははかないものである、と。禅宗の僧侶でもあったように思われる友閑の達観した境地を、この一輪の白むくげからくみとりたい。そのように考えれば、堺代官の罷免でようやく訪れた文化人としての生活は、秀吉との主従関係もなくなり、連歌や能に興じるおだやかな日々であったのではなかったか。友閑のような才能ある人物が秀吉政権下で生き続ける場があるとすれば、それは「御伽衆《おとぎしゅう》」あるいは「御咄衆《おはなししゅう》」であろう。だが、天下人秀吉を慰めるためのそれらの集団のなかに友閑の名は見えない。それこそが、信長の懐刀であった友閑の矜持《きょうじ》であろう。友閑にとっての主君は織田信長ただひとりであったのだ。

かつて高柳光寿氏は『明智光秀』のなかで、信長なくして書けなかった光秀の人生を「淋しいこと」と記した。米原正義氏もまた、秀吉がいなくては利休の伝記を書けなかったとし、だが利休のわび茶は今日に受け継がれ、「その死は永遠に生きる出発点であった」と言う。

ひるがえって、友閑が残したものは何であったのか。屈指の英雄織田信長の生涯が語り続けられる限り、懐刀友閑もそのかたわらにそっと咲き続ける。それはあたかもお互いを引き立て合う補色のように。

本書を手がかりとして、友閑の生涯をあらためて見つめ直すきっかけとなれば、望外の喜びである。

二〇一七年　むくげの咲く頃に

竹本千鶴

略年譜

年次	西暦	事蹟	参考事項
天文年間		尾張清洲に住み、信長に舞を指導	二一年三月、信長、織田家の家督を継ぐ
永禄 九	一五六六	六月一一日、仁如集堯に扇の賛を求める	
一二	一五六九	五月、上京で信長の名物収集の奉行をつとめる○八月一日、岐阜城での山科言継ら饗応に参席○一一月四日、妙心寺領内の年貢に関して指示	四月一六日、信長、内裏の修理に着手
元亀 元	一五七〇	正月二日、岐阜にて細川藤孝らと連歌○三月、堺で信長の名物収集の奉行をつとめる○一一月九日、朝山日乗の酒宴に参席	正月二三日、信長、五ヵ条の条書により足利義昭を非難○六月二八日、姉川の戦い○九月一二日、本願寺挙兵
二	一五七一	七月二七日、佐々長秋と上杉謙信のもとへ赴く○一二月、岐阜城でのルイス・フロイス饗応に参席	九月一二日、信長、比叡山を焼き討ち
三	一五七二	正月晦日、腫れ物ができる○五月一五日、大徳寺と上賀茂社の相論に関与○一二月一三日、千利休らと今井宗久の茶会に参席	九月、信長、十七ヵ条の条書により義昭を非難○一二月二三日、三方ヶ原の戦い
天正 元	一五七三	二月二二日、嶋田秀満と義昭のもとへ赴く○六月一八	四月一二日、武田信玄死去○七月一

		日、下京の町衆より礼銭を受領○九月一五日、古渓宗陳の大徳寺入寺を祝い盆を寄進○一一月二三日から一二月五日まで連日「堺衆」の茶会に参席	八日、信長、義昭を降す○一一月一八日、本願寺との第一次講和○二三日、信長の妙覚寺茶会
二	一五七四	三月二四日、信長の相国寺茶会で茶頭をつとめる○二七日、蘭奢待截香の奉行に加わる○四月三日、信長の相国寺茶会に正客として参席か○一四日、仁如集堯と和漢連句○五月二日、信長茶会の道具組を行う	正月、越前一向一揆蜂起○三月二八日、正倉院開封および蘭奢待截香○九月二九日、信長、伊勢長島一揆を殲滅
三	一五七五	正月一日、堺南宗寺での禅問答に参席○四月一一日、長谷川宗仁と宗及の茶会に参席○一九日、三好康長から降参を伝えられる○二五日、宗仁らと宗及の茶会に参席○七月三日、宮内卿法印に任ぜられる○六日、下京の町衆による能を鑑賞○二六日、宗及の茶会に参席○二七日、日比屋宗札の朝会および万代屋新太郎の晩会に参席○八月一四日、石清水八幡宮領の狭山領に関して指示○一〇月五日、信長より本願寺への誓詞について指示を受ける○二八日、信長の妙覚寺茶会の跡見に参席○一一月二日、春日社の相論に関与○七日、公家衆、寺社への新地宛行の奉行となる。法隆寺内の相論に関与○一二月七日、宗及の茶会で床飾りをする。真観寺の寺領安堵を行う○一二月、本願寺の坊官に宛てて康長とともに起請文を作成	五月二一日、長篠の戦い○九月二日、信長、越前を平定○一〇月二八日、信長、堺衆を招き妙覚寺で茶会を開く○二八日、信長、嫡男信忠へ家督、領地、岐阜城を譲る

四	一五七六	三月六日、宗及の茶会に参席○六月一六日、毛利方の警固船に関して荒木村重と相談○一八日、信長の命により大船調達に従事○七月六日、住吉屋宗無らと宗及の茶会に参席○一一月一八日、興福寺多聞院に寺領に関して指示○一二月二日、佐久間信栄らを招いて茶会を開くか○九日、道叱らと宗及の茶会に参席	正月中旬、信長、安土築城を開始○二月一五日、本願寺との第二次講和の成立○二三日、信長、安土城へ移る○四月一四日、信長、本願寺攻めを開始
五	一五七七	三月二六日、塩飽船に関する信長の指示書を受ける○四月二八日、紅屋宗陽らを招いて茶会○二九日、信長の御成、茶会○三〇日、宗及を招いて茶会○六月六日、淡路屋宗話らと宗及の茶会に参席、風呂あり○八日、宗及を招いて茶会○八月一七日、松永久秀に謀叛の存分を聞くため信貴山城へ派遣される○二六日、羽柴秀吉を伴い宗及の茶会に参席○九月二〇日、千利休らを招いて口切○二六日、利休らと山上宗二の茶会に参席○一二月二一日、了甫らと宗及の茶会に参席○二九日、織田信忠へ信長より譲渡の名物を渡す	二月一三日、信長、紀伊雑賀一揆平定に出陣○六月、信長、安土城下町を楽市とする○一〇月一〇日、松永久秀自害
六	一五七八	正月元日、安土城内での信長初釜で茶頭をつとめる○二日、安土の新宅に藤孝を招いて連歌○四日、信忠の茶会に次客として参席、点前も行う○一一日、安土に下向した近衛前久を接待。夜、宗及を招いて茶会○五月二二日、利休と宗久が考案した道具組を信長へ披露	三月一三日、上杉謙信死去○六月、大船の完成○一〇月一七日、荒木村重謀叛○一一月、織田水軍、毛利水軍を破る

○六月一〇日、九鬼嘉隆への兵糧米について信長へ進言○二九日朝、道叱らと銭屋宗訥の茶会に参席。昼、了雲らと宗及の茶会に参席○七月一八日、信長より大船の整備などの指令を受ける○八月一一日、佐久間信栄、矢部家定と宗及の茶会に参席○九月三〇日、信長の堺御成、信長に従い宗久、宗及の茶会に参席○一〇月三日、宗及と道叱の茶会に参席○二五日、荒木村重の謀叛の存分を聞く○一一月、高山重友を説得するため高槻城へ赴く○一二月一六日、道叱と宗及の茶会に参席○一七日、了雲らと宗訥の茶会に参席

七

一五七九

正月一〇日、安土に宗及を迎えて茶会○二六日、安土山下の屋敷に信長の御成、茶会○二月二七日、村井貞勝、明智光秀、宗及を迎えて京都で茶会○三月一五日、道叱と宗及の茶会に参席、大壺を床飾りする○一八日、法隆寺の内紛に関して針阿弥と相談○四月一七日、妙喜庵主と宗及の茶会に参席○二一日、宗及を迎えて茶会○五月一日、信長に法隆寺内紛を報告○二二日、古渓宗陳らを迎えて茶会○六月一二日、法隆寺に信長の最終決定を伝達○三〇日、兼見より昇殿のことで相談を受ける○七月一三日、宗二らと宗及の茶会に参席、花所望される○八月二六日、安土に宗及らを迎えて茶

五月一一日、信長、安土天主へ移る○二七日、安土宗論○一一月四日、信長、二条御所を誠仁親王に献上

		会○九月、信長より宇治平等院前の架橋を命じられる○一〇月一四日、宗及らを招いて茶会○一七日、宗及と宗二の茶会に参席○一八日、利休らと了雲の茶会に参席○一九日、道叱と宗及の口切に参席、文琳を床飾りする○二〇日、安中斎らと宗訥の茶会に参席○二四日、宗及らと道叱の茶会に参席○二八日、宗及らと佐久間信栄の茶会に参席、壺を床飾りする○一一月一六日、兼見の堂上につき信長への執奏を依頼される○一九日、兼見に信長よりの回答を伝え、近衛前久へ話しを通すことを助言○一二月一〇日、堺南北の馬座に関する信長書状の副状を発給○二六日、宗及と堺の大寺を訪れ、信長のための名物を調達○二七日、石清水八幡宮へ造営に関わる内紛に対して指示○二八日、大友宗麟と義統よりの進物を信長に披露	
八	一五八〇	正月四日、了雲らと宗及の茶会に参席○五日、了雲らを招いて初釜○一四日、年頭の挨拶に参上した宗及を伴い、安土城天主で信長に近侍し宗及を饗応○二六日、信長に代わり安土城内で細川信良と兼見を茶の湯で饗応○三月一日、佐久間信盛らと本願寺へ和睦交渉に赴く○閏三月二日、了雲らと宗訥の茶会に参席○五日、宗及らと佐久間信盛の茶会に参席、大壺を床飾りする	正月一七日、別所長治自刃、三木城開城○閏三月五日、本願寺、信長へ起請文を提出○四月一〇日、顕如、紀伊鷺森へ移る○九月二五日、信長、大和に所領の指出を提出させる

○六日、了雲らと宗及の茶会に参席○七日、起請文の検使として大坂に赴く○一九日、里村紹巴邸で連歌○二九日、堺北の座敷に信栄らを迎え茶会○六月四日、大友宗麟の官途に関与○一五日、雑賀衆から信長への起請文を受理、信長に披露○一七日、石清水八幡宮の遷宮に伴う支払いや宿の手配などを行う○二三日、本願寺への対応策について信長より書状が届き本願寺と交渉○七月二日、安土城内にて顕如よりの使者を信忠に取り次ぎ、信長より顕如へ宛てた礼状の副状を発給○八月二日、教如の大坂退城につき、使者として派遣される○九日、真観寺へ諸役免除○一二日、佐久間信盛、信栄に追放の旨を伝達○九月二日、宗訥らを迎えて口切○七日、道叱らと宗及の夜咄に参席、安宅神五郎を毛利から離反させるか○一八日、安土に宗二らを迎えて茶会、信長より拝領の雁を仕立て客人に振る舞う○一九日、島津と大友との和議に関与○一〇月一一日、三好康長の茶会に宗久とともに参席か○一一月六日、塩屋宗悦と宗及の茶会に参席、香炉・香合を床飾りする○一〇日、了雲らを招き茶会、顕如よりの一軸を披露○一三日、大和の箸尾氏らを迎えて茶会○二四日、宇治の茶師森氏らを迎えて茶会○二七日、妙喜庵

		主らを迎えて不時茶会○二八日、了雲らを迎えて茶会、その後、宗及の夜咄に赴く○一二月五日、宗及と宗悦の茶会に参席○一八日、京都で奥村直俊らを迎えて茶会	
九	一五八一	正月八日、安土に宗訥らを迎えて茶会○二月四日、宗訥らを迎えて不時茶会○一〇日、了雲らと宗及の茶会に参席、花所望を受ける○二八日、信長の馬揃えに参列○三月二九日、清水寺で羽柴秀吉らと酒宴○四月一四日、宗及を安土に迎えて一会○二〇日、越後の情勢に関する情報を信長に伝える○五月四日、秀吉を伴い、宗及の茶会に参席、香炉を床飾りする○八日、丹羽長秀らと槇尾寺に入る○一六日、利休らと宗二の茶会に赴く○二二日、宗及らと尼崎の森嶋宗干の茶会に赴く○二三日、宗及と平野道是の茶会に赴き、木辺肩衝を床に飾る○八月二日、信長から宗及に返却された文琳を渡す○九月二日、宗及と宗二の茶会に赴く○六日、薬師院らと万代屋宗安の茶会に赴く○七日晩、水落宗恵らを迎えて茶会○三〇日朝、宗及の茶会に参席、壺の床飾りを行う。昼、大通庵で「堺衆」と風呂に入り囲碁に興じる○一〇月四日、池田恒興を伴い宗及の茶会に赴く○七日、宗及と宗味の茶会に赴く○一二日、	三月九日、信長、堀秀政に命じて和泉での指出を徴収させる○六月二五日、秀吉、因幡に入り鳥取城を包囲○八月一日、信長、安土で馬揃えを実施○九月三日、信雄ら伊賀に出陣、一国を平定する○一〇月二日、信長、前田利家に能登を宛行う○二五日、秀吉、鳥取城を開城させる○一一月一七日、秀吉ら淡路の岩屋城を攻略、淡路平定

一〇

一五八二

宗及と宗二の茶会に赴く○二五日、宗悦らを迎えて茶会○二六日、宗及と宗訥の茶会に赴く○一一月三日、「堺衆」を招き茶合○二三日、阿波と讃岐攻略に伴う信長の指令を安富父子に伝達○二七日、宗悦らを迎えて茶会○一二月四日、平等院と石清水八幡宮の一件を村井貞勝と相談○一五日、信長の命により宇治七人衆を成敗○二四日、祐長宗味と宗及の茶会に赴く

正月一日、安土城での年頭の祝儀に参席○五日、宗久らを安土に迎えて茶会か○一六日頃、下間仲之の叙任について相談を受ける○一九日、信長より茶会開催について指示を受け嶋井宗叱らに伝達○二月一八日、松永貞徳の連歌会に参席○三月一五日、宗及と水落宗恵の茶会に赴く○一七日、信長より武田攻め快勝の書信を受け、各地に報じる○二〇日、宗及の茶会に赴く○四月一五日、京都にて利休らを迎えて不時茶会○二三日、安土に勅使一向を迎え饗応○五月一七日、宗及を安土に迎えて茶会○一九日、徳川家康饗応の能に参席○二一日、堺に下向、家康饗応の準備○二九日、織田信孝率いる四国攻めの軍勢が堺に陣取るのを避けるよう指示。家康へおちつきの振る舞い○六月一日、家康を迎えて茶会、幸若舞などで接待○二日、本能寺の変

三月一一日、織田軍に攻められ、武田勝頼父子ら敗死○四月二一日、信長、安土へ凱旋○五月七日、信長、信孝らに四国出陣を命じる○六月一日、本能寺の変○一三日、山崎の戦い、光秀自害○一七日、秀吉、光秀の頸を本能寺にさらす○二七日、清洲会議○一一月七日、秀吉、利休らを招き山崎で口切○この年、利休、わび茶を確立

	の一報を受け「堺衆」へ知らせ、上洛を試みるも断念○一六日、堺より上洛○二一日、顕如と教如の和睦に関与○二二日、砂糖と瓜を朝廷に献上○七月一〇日、顕如と教如の和睦に関して勅使と談合○八月六日、青蓮院門跡の入寺延期を申し入れる○七日、京都の自邸に青蓮院来訪、入寺延期は取り下げず○一五日、宗訥の連歌会に参席○一〇月一一日、信長の葬儀に関して大徳寺と楽人の間のもめごとを調停○一一月一五日、宗悦らと宗及の茶会に赴く○一六日、本願寺へ堺にある本願寺領の年貢還付を伝達○二一日、宗悦らと宗訥の茶会に赴く○二五日、三好康長らを迎えて茶会○一二月四日、宗及と道叱の茶会に赴く	
一一（一五八三）	正月七日、利休らを迎えて茶会○一八日、宗及らと道叱の茶会に赴く○二三日、了雲らと宗及の夜咄に参会○閏正月二二日、利休を朝会に招待○三月二三日、「堺衆」を饗応○四月一一日、了雲らと宗及の茶会に赴く○一二日、宗及と道叱の茶会の茶会に赴く○一九日、小寺休夢らを迎えて茶会○四月、堺の本願寺寺領分の年貢を還付○六月九日、了雲と宗及の茶会に赴く○七月七日、秀吉の廻り花に参席○一一日、秀吉より四天王寺への寄進について指令を受ける○九月一六日、	四月、賤ヶ岳の戦い、柴田勝家自害○七月二日、利休、秀吉の大坂城初茶会で茶頭をする

		秀吉の道具揃えに参席○一七日、秀吉の相伴衆として対面の場に列席○一〇月一日、秀吉による毛利氏饗応の場に参席○一六日、武田左吉とともに秀吉の茶会に赴く○一九日、秀吉らを招いて茶会	
一二	一五八四	正月一四日、重宗甫と宗及の茶会に赴く○九月六日、了雲らと宗及の茶会に赴く○一五日、大坂城での秀吉の大茶会に参席○一一月一〇日、本願寺顕如との旧交を再開○一一日、了雲らと宗及の口切に参席	四月、小牧長久手の戦い○一一月、秀吉、信雄と講和○一二月、秀吉、家康と講和
一三	一五八五	二月二四日、織田信雄らを迎えて能の会○七月一三日、秀吉の禁中能に際し、昇殿し盃を賜る○一四日、里村紹巴らと秀吉の食事に相伴○一五日、大徳寺での座次相論に列座○九月三日、宗久と貝塚御座所の顕如を訪問○一三日、松屋久政の茶会で松屋肩衝を床飾りする	三月八日、秀吉の大徳寺茶会○九月、利休居士号の勅賜○一〇月七日、秀吉の禁中茶会
一四	一五八六	四月六日、大坂に到着した大友宗麟を迎え、秀吉による宗麟饗応に参席○六月一四日、堺代官の罷免	
一五	一五八七	一一月二五日、秀吉の連歌会に参席○二八日、前田玄以の連歌会に参席○一二月一日、聖護院道澄の連歌会に参席○三日、里村紹巴の連歌会に参席	九月一三日、秀吉、聚楽第に移る○一〇月一日、秀吉、北野大茶湯を開催する
一六	一五八八	正月一九日、秀吉の連歌会に参席○三月一日、蜂屋頼隆の連歌会に参席	四月一四日、後陽成天皇の聚楽第行幸
文禄 二	一五九三	一月二九日、聚楽第における秀吉主催の能の会に参列	

参考文献（単行本を中心に主要なものに限り、自治体史は割愛した）

一　史　料

『石山本願寺日記』　清文堂出版　一九六六年
『御湯殿の上の日記』六・七　続群書類従完成会　一九五七、五八年
新訂増補『兼見卿記』一～六　八木書店　二〇一四～二〇一七年
『信長公記』　角川書店　一九六九年
奥野高廣著『増訂織田信長文書の研究』上巻、下巻、補遺・索引　吉川弘文館　一九八八年
『大日本史料』第十編一～二十七　東京大学出版会　一九二八～二〇一一年
『多聞院日記』二・三　臨川書店　一九七八年
『頂妙寺・京都十六本山会合用書類一』　大塚巧藝社　一九八六年
『茶道古典全集』七～十巻　淡交社　一九七七年
『天王寺屋会記』一～七　淡交社　一九八九年
『言継卿記』一～六　続群書類従完成会　一九六五～九八年
『言経卿記』一　岩波書店　一九五九年

ジョアン・ロドリゲス『日本教会史』（大航海時代叢書第九・一〇） 岩波書店 一九六七・七〇年
『フロイス日本史』四・五 中央公論社 一九八一年
『山上宗二記』 岩波書店 二〇〇六年

二 編著書と論文、図録

青柳勝「織田政権における堺衆―津田宗及の従属をめぐって―」（『國學院大學大学院紀要』文学研究科一七） 一九八五年
秋山正典「前橋藩士八木家に伝来した中世文書」（『群馬県立文書館紀要 双文』三一） 二〇一四年
朝尾直弘「織豊期の堺代官」赤松俊秀教授退官記念事業会編・刊（『赤松俊秀教授退官記念国史論集』） 一九七二年
朝尾直弘『将軍権力の創出』 岩波書店 一九九四年
天野忠幸「三好氏と戦国期の法華宗教団―永禄の規約をめぐって―」（『市大日本史』一三） 二〇一〇年
天野忠幸「三好長治・存保・神五郎兄弟小考」（『鳴門史学』二六） 二〇一二年
天野忠幸ほか編『戦国・織豊期の西国社会』 日本史史料研究企画部 二〇一二年

天野文雄『能に憑かれた権力者』　講談社　一九九七年
池上裕子『織田信長』（人物叢書）　吉川弘文館　二〇一二年
石田雅彦「天正三年正月南宗寺禅問答と堺の茶人たち―『仙嶽宗洞答問二十一条』―」（『法政史学』四七）　一九九五年
伊藤真昭「織田信長の存在意義―特に京都の門跡、寺社にとって―」（『歴史評論』六四〇）　二〇〇三年
井上鋭夫『一向一揆の研究』　吉川弘文館　一九六八年
今谷明『言継卿記　公家社会と町衆文化の接点』　そしえて　一九八〇年
今谷明『信長と天皇』　講談社　二〇〇三年
宇治市歴史資料館編『宇治茶の文化史』　宇治市教育委員会　一九九三年
江後迪子『信長のおもてなし　中世たべもの百科』　吉川弘文館　二〇〇七年
大鳥寿子「大乗院寺社雑事記の医師たち―上池民部卿胤祐と松井法印―」（『大乗院寺社雑事記研究論集』第三巻）　和泉書院　二〇〇六年
岡田幸三「茶の湯の花」（『茶道学大系』第三巻）　淡交社　一九九九年
奥野高廣『足利義昭』（人物叢書）　吉川弘文館　一九六〇年
奥野高廣「宇治平等院と織田信長」（高橋隆三先生喜寿記念論集刊行会編『古記録の研究―高橋隆三先生喜寿記念論集―』）　続群書類従完成会　一九七〇年

笠原一男『一向一揆の研究』山川出版社　一九六二年
金子拓編『『信長記』と信長・秀吉の時代』勉誠出版　二〇一二年
金子拓『織田信長〈天下人〉の実像』講談社　二〇一四年
金子拓『織田信長権力論』吉川弘文館　二〇一五年
金子拓監修・太陽コレクション編『大信長展―信長とその一族・家臣・ライバルたち―』太陽コレクション　二〇一六年
河内将芳『中世京都の都市と宗教』思文閣出版　二〇〇六年
川崎喜久子「織田政権下の堺―松井友閑の役割について―」（『ヒストリア』九二）一九八一年
神田千里『信長と石山合戦』吉川弘文館　一九九五年
神田千里『一向一揆と石山合戦』吉川弘文館　二〇〇七年
木藤才蔵『連歌史論考』明治書院　一九九三年
金龍静『一向一揆論』吉川弘文館　二〇〇四年
国島浩正「天正五年の松井友閑宛織田信長朱印状」（『香川県立文書館紀要』六）二〇〇二年
桑田忠親『武将と茶道』一条書房　一九四三年
桑田忠親『山上宗二記の研究』河原書店　一九五七年
桑田忠親『日本茶道史』河原書店　一九五八年
桑田忠親『定本千利休の書簡』東京堂出版　一九七一年

五島美術館学芸課編　『五島美術館の名品』　五島美術館　一九八五年
五島美術館学芸部編　『山上宗二記　天正十四年の眼』　五島美術館　一九九五年
小林健彦　「足利義昭（秋）期に於ける越後上杉氏の対外交渉―智光院頼慶の行動を中心として―」（『新潟産業大学人文学紀要』一五）　二〇〇三年
堺市博物館編・刊　『よみがえる中世都市堺―発掘調査の成果と出土品―』　二〇一〇年
佐藤豊三　「将軍家の御成について」一〜四（『金鯱叢書』一〜四）　一九七四〜七七年
茶道資料館編・刊　『わび茶の誕生―珠光から利休まで―（開館三〇周年記念秋季特別展）』　二〇〇九年
滋賀県立安土城考古博物館編・刊　『平成十二年秋季特別展　信長文書の世界』　二〇〇〇年
柴辻俊六　「織田政権下の堺と今井宗久」（『信濃』七六三）　二〇一三年
下村信博　『戦国・織豊期の徳政』　吉川弘文館　一九九六年
白石市教育委員会編　『伊達氏重臣遠藤家文書・中島家文書―戦国編―』　白石市歴史文化を活用した地域活性化実行委員会　二〇一一年
鈴木将典　「織田・豊臣大名細川氏の丹後支配」（『織豊期研究』一六）　二〇一四年
須磨千頴　「賀茂六郷」（『講座日本荘園史』七）　吉川弘文館　一九九五年
染谷光廣　「織田信長の右筆についての序説」（『國學院雑誌』八九―一一）　一九八七年
高橋あけみ　「「宗久・宗易道具書立」を含む伊達政宗伝授書群について」（『仙台市博物館調査研

究報告』一一）　一九九一年
高橋義雄『大正名器鑑』第一編　宝雲社　一九三七年
竹本千鶴「織田政権の奉行人と京都支配」（『書状研究』一五）　二〇〇一年
竹本千鶴「松井友閑と松井友閑文書の総体」（『書状研究』一六）　二〇〇三年
竹本千鶴『織豊期の茶会と政治』　思文閣出版　二〇〇六年
竹本千鶴「茶道史における「淋汗茶湯」の位置付け」（二木謙一編『戦国織豊期の社会と儀礼』）
吉川弘文館　二〇〇六年
竹本千鶴「織田信長と起請文―本願寺との和睦をめぐって―」（『国史学』二一四）　二〇一四年
田中健夫『島井宗叱』（人物叢書）　吉川弘文館　一九六一年
田中秀隆「信長茶会の政治的意図再考」（徳川林政史研究所『研究紀要』三七）　二〇〇三年
田中秀隆「本能寺の変と茶会」（『金鯱叢書』三一）　二〇〇四年
田中義成『織田時代史』　明治書院　一九二四年
田中義成『豊臣時代史』　明治書院　一九二四年
谷口克広『信長の親衛隊』　中央公論社　一九九八年
谷口克広『織田信長合戦全録―桶狭間から本能寺まで―』　中央公論新社　二〇〇二年
谷口克広『信長軍の司令官―部将たちの出世競争―』　中央公論新社　二〇〇五年
谷口克広『信長の天下布武への道』　吉川弘文館　二〇〇六年

谷口克広『織田信長家臣人名辞典』第二版　吉川弘文館　二〇一〇年
谷下一夢『顕如上人伝』　真宗本願寺派宗務所　一九四一年
千々和到「誓約の場の再発見」（『日本歴史』四二二）　一九八三年
千々和到ほか「護符・起請文の調査と研究」（『神道と日本文化の国学的研究発信の拠点形成研究報告Ⅱ』國學院大學二一世紀COEプログラム）　二〇〇七年
辻善之助『日本仏教史　第七巻』　岩波書店　一九五二年
土田将雄『続細川幽斎の研究』　笠間書院　一九九四年
筒井紘一編『茶道学体系十　茶の古典』　淡交社　二〇〇一年
徳川美術館編『室町将軍家の至宝を探る』　徳川美術館　二〇〇八年
徳川義宣『茶壺』　淡交社　一九八二年
戸田勝久『武野紹鷗研究』　中央公論美術出版　一九六九年
豊田武『封建都市』　吉川弘文館　一九八三年
鳥居和郎「後北条氏による医師の招来と近衛家について—新出の北条氏康宛の近衛植家書状から—」（『神奈川県立博物館研究報告人文科学』二二）　一九九六年
永島福太郎『茶道文化論集』上巻　淡交社　一九八二年
永島福太郎『利休の茶湯大成　続茶道文化論集』　淡交社　一九九三年
中村直勝「人としての織田信長」（『大手前女子大学論集』七）　一九七三年

中村幸彦「翻刻・玄旨公御連哥」(『文学研究』六〇) 一九六一年

名児耶明「茶掛としての書」(『茶道大系』第五巻) 淡交社 二〇〇〇年

芳賀幸四郎『千利休』(人物叢書) 吉川弘文館 一九六三年

橋本政宣『近世公家社会の研究』 吉川弘文館 二〇〇二年

原田信男「中世における食生活の周辺―共食と支配をめぐる諸問題―」(『史学雑誌』九三―一二) 一九八四年

原田信男「古代・中世における共食と身分」(『国立歴史民俗博物館研究報告』七一) 一九九七年

半田実「織田信長側近一雲斎針阿弥に関する一研究」(『日本歴史』五四九) 一九九四年

二木謙一『中世武家儀礼の研究』 吉川弘文館 一九八五年

保立道久「庄園制的身分配置と社会史研究の課題」(『歴史評論』三八〇) 一九八一年

堀新編『信長公記をよむ』 吉川弘文館 二〇〇九年

堀新『織豊期王権論』 校倉書房 二〇一一年

堀口捨己『利休の茶』 筑摩書房 一九四一年

水野嶺「足利将軍権力の消失」(『国史学』二二二) 二〇一七年

宮下玄覇「新発見の津田宗及筆信長茶会記」(『茶書研究』六) 二〇一七年

宮本義己「曲直瀬道三と茶道二」(『茶道雑誌』一九七一年九月号) 一九七一年

八尾市立歴史民俗資料館編　『真観寺文書の研究』　八尾市教育委員会　二〇〇一年
山口重正　『典医の歴史』　思文閣出版　一九八〇年
山﨑布美　「織田信孝の継目安堵―織田権力の終焉をみる―」（『国史学』二一五）　二〇一五年
米原正義　「山上宗二とその茶書一～五」（『茶道雑誌』一九六九年二月～八月）　一九六九年
米原正義　『天下一名人　千利休』　淡交社　一九九三年
米原正義　『戦国武将と茶の湯』　吉川弘文館　二〇一四年
連歌総目録編纂会編著　『連歌総目録』　明治書院　二〇〇七年
和田裕弘　『織田信長の家臣団』　中央公論社　二〇一七年
渡辺世祐　「戦国時代関東に於ける天台真言両僧徒の争鬩」（『仏教史学』一―一一・一二）　一九一二年

著者略歴

一九七〇年　神奈川県生まれ
一九九三年　國學院大學文学部史学科卒業
二〇〇四年　國學院大學大学院文学研究科日本史学専攻博士課程後期修了、博士（歴史学）学位取得
現在　國學院大學・京都造形芸術大学講師

主要著書・論文
『織豊期の茶会と政治』（思文閣出版、二〇〇六年）
「戦国織豊期の唐物―唐物から名物へ―」（河添房江・皆川雅樹編『唐物と東アジア―舶載品をめぐる文化交流史―』アジア遊学一四七、勉誠出版、二〇一一年）
「織田信長と起請文―本願寺との和睦をめぐって―」（『国史学』二一四、二〇一四年）

人物叢書　新装版

松井友閑

二〇一八年（平成三十）九月一日　第一版第一刷発行

著者　竹《たけ》本《もと》千《ち》鶴《づ》
編集者　日本歴史学会
代表者　藤田　覚
発行者　吉川道郎
発行所　株式会社　吉川弘文館
東京都文京区本郷七丁目二番八号
郵便番号一一三―〇〇三三
電話〇三―三八一三―九一五一〈代表〉
振替口座〇〇一〇〇―五―二四四
http://www.yoshikawa-k.co.jp/
印刷＝株式会社　平文社
製本＝ナショナル製本協同組合

© Chizu Takemoto 2018. Printed in Japan
ISBN978-4-642-05284-9

JCOPY 〈(社)出版者著作権管理機構　委託出版物〉
本書の無断複写は著作権法上での例外を除き禁じられています．複写される場合は，そのつど事前に，(社)出版者著作権管理機構（電話 03-3513-6969，FAX 03-3513-6979，e-mail：info@jcopy.or.jp）の許諾を得てください．

『人物叢書』(新装版)刊行のことば

人物叢書は、個人が埋没された歴史書が盛行した時代に、「歴史を動かすものは人間である。個人の伝記が明らかにされないで、歴史の叙述は完全であり得ない」という信念のもとに、専門学者に執筆を依頼し、日本歴史学会が編集し、吉川弘文館が刊行した一大伝記集である。

幸いに読書界の支持を得て、百冊刊行の折には菊池寛賞を授けられる栄誉に浴した。

しかし発行以来すでに四半世紀を経過し、長期品切れ本が増加し、読書界の要望にそい得ない状態にもなったので、この際既刊本の体裁を一新して再編成し、定期的に配本できるような方策をとることにした。既刊本は一八四冊であるが、まだ未刊である重要人物の伝記についても鋭意刊行を進める方針であり、その体裁も新形式をとることとした。

こうして刊行当初の精神に思いを致し、人物叢書を蘇らせようとするのが、今回の企図である。大方のご支援を得ることができれば幸せである。

昭和六十年五月

日本歴史学会

代表者 坂本太郎